JÜRGEN KAUBE

Ist die Schule zu blöd für unsere Kinder?

ROWOHLT · BERLIN

1. Auflage Juni 2019
Copyright © 2019 by Rowohlt · Berlin Verlag GmbH, Berlin
Satz aus der Dolly Pro, InDesign,
bei Pinkuin Satz und Datentechnik, Berlin
Druck und Bindung CPI books GmbH, Leck, Germany
ISBN 978 3 7371 0053 3

FÜR HELMUT HOFMANN

Zum Ziele der Erziehungskunst, das uns vorher klar und groß vorstehen muß, ehe wir die bestimmten Wege dazu messen, gehört die Erhebung über den Zeitgeist. Nicht für die Gegenwart ist das Kind zu erziehen – denn diese tut es ohnehin unaufhörlich und gewaltsam –, sondern für die Zukunft, ja oft noch wider die nächste. Man muß aber den Geist kennen, den man fliehen will.

Jean Paul, Levana oder Erziehlehre, § 32

Warum soll man seine Zeit mit Lernen verschwenden, wenn man Dummheit sofort kriegen kann? **Calvin und Hobbes**

INHALT

I. Was die Schule angeblich können soll: alles **11**

II. Was die Schule vergeblich versucht: gesellschaftliche Zukunft zu sichern **29**

III. Was von der Schule vergeblich verlangt wird: sozialer Aufstieg für alle **54**

IV. Was die Schule kann: Denken lehren **85**

V. Was die Schule muss: Lesen, Schreiben, Rechnen unterrichten **109**

VI. Der Sinn von Prüfungen **147**

VII. Die Freiheiten des Unterrichts **165**

VIII. Wovon man die Schule befreien muss: Digitalisierungsphantasien **187**

IX. Wovon man die Schule befreien muss: Lehrillusionen **211**

X. Wovon man die Schule befreien muss: Zentralismus **237**

XI. Schüler sind Kinder, Kinder sind Schüler **254**

XII. Was zu tun ist: Lehrerbildung **270**

XIII. Was zu tun ist: Wettbewerb **295**

XIV. Was zu tun ist: Erziehung **310**

Literaturhinweise **329**

I. KAPITEL

Was die Schule angeblich können soll: alles

Ich bin fast 18 und hab keine Ahnung von Steuern, Miete oder Versicherungen. Aber ich kann 'ne Gedichtsanalyse schreiben. In 4 Sprachen.

Die Kölner Gymnasiastin, die das im Januar 2015 unter ihrem Vornamen Naina twitterte, bekam danach etwas mehr als die fünfzehn Minuten Ruhm, die einem jeden nach Warhol zustehen. In Deutschland war sie in aller Munde. Sie löste nämlich aus, was hierzulande eine Bildungsdebatte genannt wird: ein Meinungs-, Beschwerde- und Reformforderungsgewitter, bei dem der Schall schneller ist als das Licht, was zu eigentümlichen Kulturschauspielen führt.

So wurde Naina recht gegeben, in der Schule lerne man nicht für das Leben, sondern nur für die Schule selbst, mithin unnützes Zeug. Das hatte sie zwar gar nicht behauptet und wollte sie, wie sie in Talkshows umgehend erläuterte, auch gar nicht behauptet haben. Sie hatte nicht schlecht über das Analysieren von Gedichten geredet. Nur dass sie eben über das, was ihr als nächste Schritte im Leben vorschwebte – von zu Hause ausziehen, Geld verdienen, sich versichern –, auf der Schule nichts und auch sonst nirgendwo etwas erfahren habe.

Manche glaubten ihr nicht einmal das mit den Gedichten, sie wurde angegriffen, es heiße nicht «Gedichtsanalyse». Die Kenner der Fugenmorphologie bei Determinativkomposita im Deutschen – haben wir auch nachschlagen müssen – sind seit Jean Paul – der war uns noch erinnerlich – sehr strenge Leute, aber selbst ihnen fällt es schwer zu erklären, weshalb es Geduldsfaden heißt und Gehaltszahlung, jedoch nicht Gedichtsanalyse.

Das mit den vier Sprachen, ging es weiter, sei überdies auch ganz unglaubwürdig. Wer es weit bringt an deutschen Schulen, kann sich danach leidlich in dreien verständigen. Aber wer weiß, vielleicht meinte sie die Sprachen der Gedichte: Goethe, Shakespeare, Catull und Verlaine? Dann hätten in Köln tatsächlich Gedichte eine große Rolle gespielt. Doch weshalb sollte eine Bildungsdebatte denn nur anstoßen dürfen, wer selbst mehr Bildung nachgewiesen hat als ihre eilfertigen Teilnehmer? Andere wiesen die Schülerin darauf hin, dass man im Internet leicht die wichtigsten Informationen zu Mieten und Steuern finden könne. «Es ist eh lächerlich, was im Gym verlangt wird», meldete sich beispielsweise eine Stimme aus Österreich, «die anderen Sachen kann man echt auch selbst lernen.» Weniger höflich: «Für Buchhalter gibt's die Handelsschule.» Aber sie wollte doch gar nicht Buchhalterin werden, sondern nur orientiert sein. Der Präsident des Lehrerverbandes fand, für die Alltagstauglichkeit der Jugend seien die Familien zuständiger als die Handelsschulen. «Auch Humanisten dürfen wissen, wo es langgeht in der Welt», sprang Naina jemand bei, «wobei ich jetzt gar nicht behaupten will, dass Buchhalter wissen, wo es langgeht. Wir züchten Fachidioten.» So, als sei Steuerrecht vor Fachidiotentum geschützt.

Näher an der Frage, die der Tweet aufgeworfen hatte, lag die Bemerkung, es sei schon komisch, für die Kenntnis von

Steuern und Mieten werde man mehr oder weniger freundlich ans Internet verwiesen, aber Gedichte zu analysieren werde unterrichtet. Gedichte bilden den Charakter, wurde entgegnet, Steuererklärungen «eher» nicht, und der damalige «Ressortleiter Auto» von Spiegel Online, der dies schrieb, ermahnte die Schülerin, nicht zu schnell erwachsen werden zu wollen. In der Schule Zeit verplempern zu dürfen, sei doch ein Privileg. Die Sinnlosigkeit dessen, was dort gelehrt werde, bereite außerdem aufs Leben vor, denn man lerne so, sich mit unangenehmen Situationen zu arrangieren und die Frage zu beantworten: «Wie schaffe ich es, mir Materie draufzuschaffen, die mich nicht interessiert?»

Spätestens hier hatte der Tweet Nainas seine Qualität als großartiges schulpädagogisches Rorschach-Bild bewiesen, denn noch einmal: Die Schülerin hatte nichts in Richtung «Gedichte zu analysieren ist sinnlos», «Deutschunterricht, was für eine unangenehme Situation» oder «Interpretieren interessiert mich nicht» geschrieben. Und was wollte der Auto-Onliner ihr und uns nun sagen: «Verschwende deine Jugend», «Bilde deinen Charakter an Gedichten» oder «Absitzen von Zeit ist als Lektion fürs Spätere Gold wert»? Zum Schluss meinte er nämlich noch, sich Dinge anzueignen, die keinen Spaß machen – für ihn offenbar Gedichte –, bereite doch gerade auf Steuererklärungen ganz gut vor. Dann würden ja, möchte man sagen, umgekehrt auch Steuererklärungen auf Gedichte vorbereiten, charakterlich jedenfalls, oder nicht?

Lassen wir es mit diesem Höhepunkt der Kunst, einer jungen Frau zu etwas Bescheid zu geben, das sie nicht gesagt hat, vorerst bewenden. Bildungsdebatten verlaufen oft so. Sie greifen ein Ereignis auf und teilen so schnell eine Meinung dazu mit, dass die Vermutung naheliegt, die Meinung sei ganz unabhängig vom Ereignis und schon vorher gebildet worden.

Mitunter hat die Meinung mit dem Ereignis entsprechend wenig zu tun. Die meisten impliziten Fragen der vielen Stellungnahmen werden im Zuge der Debatte auch nicht geprüft. Was kann jemand, der Gedichte analysieren kann? Eignen sich Steuern, Mieten und Versicherungen als Gegenstand der Fächer «Sozialwissenschaften/Wirtschaft» und «Recht», die es an nordrhein-westfälischen Gymnasien ja gibt? Kann die Schule alltagstechnisch instruktiv sein, soll sie es? Teilt die Jurisprudenz, das Fachgebiet für Steuern und Mieten, mit der Gedichtanalyse die Eigenschaft, Worte so lange anzuschauen, bis sie einen zweiten Sinn, einen Hintersinn zeigen? Wer entscheidet, welche Fächer unterrichtet werden, was in ihnen unterrichtet wird und weshalb, wozu? Sind die Begründungen, die einst dafür galten, noch immer zutreffend – oder gibt es heute erst recht gute Gründe für einen Unterricht, der Dinge lehrt, die man fast nur in der Schule gebrauchen kann, sonst «eher» nirgends?

Die kurz aufflammende Debatte um Nainas Tweet wurde, bevor überhaupt klar war, was denn die damit verbundenen Fragen sein könnten, schnell beendet. Dazu trug auch die damalige Bundesbildungsministerin Johanna Wanka (CDU) mit dem Satz bei, sie finde es «sehr positiv», dass diese Debatte angestoßen worden sei, es sei wichtig, in der Schule stärker Alltagswissen zu vermitteln, aber es bleibe wichtig, Gedichte zu lernen und zu interpretieren. So enden viele Schuldebatten: Man findet das eine gut und das andere, Gedichte und Steuern, Leistung und Gleichheit, Abendland und Ausbildung, Persönlichkeitsbildung und Digitalkompetenz, Zentralismus und lokale Autonomie, G8 und G9 – die Liste dessen, was für Schulen gut gefunden wird, ist lang.

Ein halbes Jahr später regte Wanka an, über ein Schulfach «Alltagswissen» nachzudenken, was implizit den Rest des Stundenplans als «Sonntagswissen» kennzeichnete, demgegenüber das neue Fach beispielsweise über Fallen in Handyverträgen, Behördengänge und richtige Ernährung unterrichten solle. Auch das war mehr so dahingesagt, erkennbar nur als Meinung geäußert – «fände ich gut» –, und blieb selbstverständlich seinerseits ein ganz unpraktischer, operativ folgenloser, von keinerlei politischer Energie angetriebener Vorschlag.

Die Debatte um Nainas Tweet war die soundsovielte Schuldebatte seit dem Pisa-Schock im Jahr 2001. Deutschland hatte in dieser internationalen Vergleichsstudie zu Leistungen Fünfzehnjähriger nicht so gut abgeschnitten, wie es offenbar viele erwartet hatten. Das Echo war, anders als in den meisten anderen Ländern, ungeheuer. Wie konnte es sein, dass deutsche Schulen schlechter als finnische oder belgische Schulen abschnitten? Ganze Armeen von Bildungsforschern wurden ausgehoben, ganze Armeen von Schulreformern setzten sich, vor allem aber die Schule in Bewegung. Es änderte sich alles und nichts. Inzwischen liegt Deutschland etwas weiter vorne, aber immer noch hinter Estland, Macau und Singapur – hinter Singapur schon deshalb, weil dessen Schüler fast in allen Gebieten (Lesen, Mathematik, Naturwissenschaften) Spitzenreiter sind.

Was das heißt, ist allerdings ebenso unklar, wie es in der ersten Runde unklar war, was das deutsche Schulsystem vom damaligen Klassenbesten, Finnland, zu lernen habe. Ob die Aufgaben, die in den Pisa-Tests gestellt werden, tatsächlich Aufschluss über die Klugheit von Schülern geben können, ist kontrovers. Welche Folgerungen aus Rangtabellen zu ziehen wären, in denen so unterschiedliche Schulsysteme wie das finnische, das südkoreanische, das kanadische und das der Schweiz gut abschneiden, kann niemand sagen. Ja, es ist nicht einmal klar, ob «Schulsysteme» auf Schüler wirken, oder deren Leistungen nicht vielmehr von sehr lokalen Umständen abhängen, zum Beispiel den Lehrern. Kurz: Es gibt kaum eine Frage zum Thema Schule, die von Pisa beantwortet worden ist. Aber es war eine große Diskussion, und alle können sagen, sie sind dabei gewesen.

Sie hatte vor allem drei Folgen: 1.) Das umfangreiche Zahlenmaterial über die Lese-, Denk- und Rechenfähigkeit der Fünfzehnjährigen, ihre Schulen sowie über ihre sozialen Hintergründe, das die Pisa-Vergleichstests hervorgebracht hatten, tat seine Wirkung über den Moment hinaus, indem an den Hochschulen die empirischen Bildungsforscher, die derlei Zahlen erzeugen und analysieren, das Heft in den Erziehungswissenschaften in die Hand nahmen. Laien mochten sich fragen, was es denn noch für eine andere als «empirische» Bildungsforschung geben könne, worauf also die Argumente der anderen, nichtempirischen Pädagogen beruhen, wenn nicht auf Tatsachen. Die Antwort gaben all die Schülertests, die nun folgten oder durch Pisa prominent geworden waren: Empirie ist, was Vergleichstests mit großen Schülerzahlen ergeben.

2.) Jedes dieser Ergebnisse diente den bekannten bildungspolitischen Positionen dazu, mit Verweis auf solche Zahlen zu bekräftigen, was auch ganz unabhängig von den Zahlen für die jeweiligen Sprecher schon feststand. Ob es sich um «länger gemeinsam lernen» handelt, um das Beenden des «Akademisierungswahns», die Stadtteilschule oder die Zwangszuteilung von Kindern aus bürgerlichen Vierteln an integrale Gesamtschulen, die stärkere Differenzierung nach Leistung, das Abschaffen von Nichtversetzungen, die endgültige Abkehr vom oder die Rückkehr zum Frontalunterricht – es gibt nichts, was nicht schon unter Berufung auf Pisa-Studien gefordert worden wäre, genauso wie sein Gegenteil.

3.) Die Berichterstattung über Siegerländer und die bildungspolitischen Besuche dort nahmen zu. Zuerst fuhren alle nach Finnland. Dort wurde ihnen mitgeteilt, dass man sich mit dem finnischen Schulsystem an dem der DDR orientiert habe, die durchschnittliche finnische Schule sehr klein sei, nur die besten Studenten Lehrer werden dürften und die Haupteinwanderergruppe nach Finnland Schweden seien. Hm. Dann wurden andere unvergleichliche Länder besucht: Japan und Korea zum Beispiel. Das kühlte die These ab, Leistungsstärke im Pisa-Test liege an einem wenig autoritären Schulsystem. Aus den relativ guten Resultaten der Schweiz und den mäßigen Resultaten in Island, mit zehn Jahren gemeinsamem Lernen, und in Norwegen, das wie Finnland die Gesamtschule neun Jahre lang hat, konnte geschlossen werden, dass die Schulstruktur nicht ausschlaggebend sein kann. Was aber den Gebrauch dieser Behauptung nicht unattraktiv hat werden lassen. Womit wir wieder bei dem Umstand wären, dass Bildungsdebatten selbst ein Beispiel für die Schwierigkeit sind zu lernen.

In Deutschland meinte man, vor allem daraus lernen zu können, dass es eine stärkere Vergleichbarkeit der Schulen auch außerhalb der Pisa-Tests bedürfe. Zwischen 2005 und 2008 führten alle Bundesländer außer Rheinland-Pfalz das Zentralabitur ein. Nächste Debatte: Man stellte fest, dass die Länder, die schon immer Zentralabitur hatten, zunächst besser abschnitten als die anderen. Das war eines der Argumente für die zentrale schriftliche Prüfung aller Schüler eines Bundeslandes gewesen: Das Zentralabitur erlaubt keine lokale Nachgiebigkeit, um durch Aufgaben, die an den Kenntnisstand vor Ort angepasst sind, dessen Schwächen zu verdecken. Kaum war aber das Zentralabitur eingeführt, verloren sich die Unterschiede zwischen den Bundesländern.

Es bedurfte keiner großen Phantasie, um zu fragen, ob der Grund dafür nicht die Absicht war, Schüler aus sehr unterschiedlich guten Schulen das Abitur gleichermaßen gut bestehen zu lassen. Dass also nicht nur Unterschiede zwischen den Bundesländern, sondern auch zwischen den Schulen auffällig sind, man aber verhindern muss, den Schülern eines Gymnasiums, das bis dahin ungestört vor sich hin arbeitete, per Zentralabitur mitzuteilen, dass sie sich am unteren Ende der Leistungsskala befinden und ihre «Einsen» in Wahrheit «Dreier» sind. Der Übergang vom Vergleich zwischen Schülern einer Klasse untereinander zum Vergleich zwischen Klassen verschiedener Schulen sollte nicht zu krassen Bewertungsabstürzen führen. Die Bildungspolitik braucht eine Erfolgsquote, und der Protest gegen Schulen wäre ungeheuer, wenn durch das Zentralabitur nachgewiesen würde, wie groß die Unterschiede zwischen Schulen wirklich sind.

Das aber ist am besten dadurch zu erreichen, dass man die schriftlichen Prüfungsaufgaben und die Korrekturvorgaben – fünfundvierzig Prozent der Lösungen genügen für ein «bestanden» statt bislang fünfzig Prozent – an das Niveau der schwächeren Schulen anpasst. «Stopp dem Abi-Schwindel» («Stop à l'arnaque du bac») hieß eine französische Streitschrift, in der 2007 der ehemalige Präsident der Sorbonne, Jean-Robert Pitte, das bekannteste zentrale Prüfungssystem Europas dafür attackierte, dass es aus politischen Gründen fast nur noch wertlose Zertifikate verteile. Sie hat nicht verhindert, dass die Forderung nach einem bundesweiten Zentralabitur in Deutschland weiter erhoben wird und erste Schritte in diese Richtung erfolgen. Das konnte auch ein Experiment nicht aufhalten, das der Frankfurter Biologiedidaktiker Hans Peter Klein durchführte, indem er 2009 die Aufgaben einer nordrhein-westfälischen Biologie-Leistungskurs-Prüfung Schülern einer neunten Klasse vorlegte, denen das Thema vorher unbekannt war. Nur vier von siebenundzwanzig Schülern und Schülerinnen hätten das Abitur nicht bestanden, eine Arbeit landete bei «sehr gut». Sie war ihrer Klasse in gewisser Hinsicht also drei Jahre voraus. Im Lesen allerdings mehr als in Biologie. Denn es waren die wesentlichen Erwartungen der Abiturklausur durch einfache Umformulierung der Aufgabenstellung zu erfüllen. Eine Klausur aus den Zeiten des dezentralen Abiturs vermochten die Neuntklässler nicht zu lösen, weil sie Wissen voraussetzte und nicht nur das Sich-Zurechtfinden in einem Text. Die Pädagogik, die lieber von «Kompetenzen» spricht als von Können und Wissen, liefert für den entsprechenden Übergang zum leichteren Abitur das Vokabular.

Auch dies ist eine Eigenschaft vieler Bildungsdebatten. Was von der Schule und vom Bildungssystem verlangt wird, ist widersprüchlich. Die Zertifikate sollen Fähigkeiten dokumentieren, aber wenn sie Fähigkeiten nur symbolisieren, ist es auch recht. Es soll gerecht zugehen – alle machen dieselbe Prüfung –, aber wenn die Gerechtigkeit unerwünschte Ergebnisse hervorzubringen droht, wird ein Verfahren bevorzugt, das Gerechtigkeit nur vortäuscht. Ob die Schüler sich dann beispielsweise in der Welt des Lebendigen orientieren können, Kenntnis von ihr erlangt haben, biologisch zu denken vermögen, wird gleichgültig, wenn sie nur mit ansprechenden Zensuren durch die Prüfung kommen. Man lügt sich in die Tasche. So, wie man in der Naina-Frage, ob für die Schule oder für das Leben gelernt werden soll und zu welchen Anteilen für das eine wie das andere, die abschließende ministerielle Auskunft ist: irgendwie für beides. Widersprüchen weicht man am besten nicht aus. Nein, viel besser, man leugnet, dass es sie überhaupt gibt.

Mit dem Hinweis auf die Pisa-Folge Zentralabitur haben wir aber im Zeitablauf der Bildungsdiskussionen vorgegriffen. Geht es am oberen Ende der Schulen um die Frage, was gewusst und gekonnt wird, so geht es am unteren Ende darum, ob überhaupt noch Unterricht im engeren Sinne des Wortes erteilt werden kann. Im März 2006 wurde über die Rütli-Schule in Berlin-Neukölln diskutiert; deren Lehrer hatten wegen der Gewalttätigkeit der Schüler gefordert, sie zu schließen. Im Oktober desselben Jahres kam die Herbert-Hoover-Schule in Berlin-Wedding in die Schlagzeilen. Hier drehte es sich darum, dass Eltern, Schüler und Lehrer verabredet hatten, auf dem Pausenhof der Schule, deren Schüler sehr unterschiedlicher Herkunft sind, solle nur noch Deutsch gesprochen werden. Das, fanden manche Außenstehende, sei eine «Zwangsgermanisierung», auch wenn weder Zwangsmaßnahmen erkennbar waren, noch viele Germanen dabei entstanden.

In beiden Fällen ging es um die Häufung von Sprachbarrieren und abweichendem Verhalten in Hauptschulen. In «Restschulen», wie man sie oft nennt, weil in ihnen vielerorts unter dem Eindruck unterrichtet wird, dass ihre Schüler keine Zukunft außerhalb der sozialstaatlichen Versorgungssysteme haben. Die sozialen Probleme, die sich in solchen Schulen niederschlagen, verflüchtigen sich selbstverständlich auch dann nicht, wenn man sie aufgelöst, mit Realschulen zusammengelegt oder in Gesamtschulen überführt hat.

Aus der Rütli-Schule scheint inzwischen eine geworden zu sein, an der Unterricht wieder in der Bandbreite des Normalen stattfinden kann. Aber kein Bericht darüber vergisst bei den Gründen dafür neben einem Personalwechsel, der Zusammenlegung mit anderen Schulen und staatlichen Fördermitteln zu erwähnen, dass sich auch das Einzugsgebiet der Schule verändert, «gentrifiziert» hat. Andernorts sind die sozialen Brennpunkte, die solchen Schulen inzwischen den Namen geben, nicht verschwunden. Und es entstehen neue: Die Polizeistatistik einzelner Bundesländer – Bayern, Berlin, Nordrhein-Westfalen – verzeichnet einen Anstieg der Straftaten an Schulen, insbesondere der angezeigten Gewalt. Zuletzt war es im Winter 2017 eine saarländische Gemeinschaftsschule, deren Lehrer ihrem Ministerium mitteilten, von 350 Schülern seien 86 Prozent nichtdeutscher Herkunft, darunter 61 ohne oder nur mit geringen Deutschkenntnissen sowie 14 Prozent sogenannte Inklusionskinder mit besonderem Förderbedarf auch sozialpädagogischer Natur. Mit anderen Worten: eine Häufung von Krisenfällen in ihrer Schule, an der sich ein erhebliches Maß an Aggression, Gewalttätigkeit und Angst breitmache. Die Durchsetzung elementarer Normen sei nicht mehr möglich.

Ebenfalls 2006, es war ein Jahr reich an Schuldebatten, erschien das Buch des ehemaligen Direktors der Internatsschule Salem, Bernhard Bueb, in dem er das «Lob der Disziplin» anstimmte und beklagte, nach 1968 seien grundsätzliche Erziehungswerte verlorengegangen: Ordnung, Selbstüberwindung, Gehorsam. Das Buch wurde ein Bestseller, es erschienen Gegenschriften, Talkshows ernährten sich wochenlang von der Frage, ob die Jugend nicht härter angefasst werden sollte. Sie konnten auch darum so lebendig sein, weil der Autor keinerlei Hinweise gab, wie man denn nun die Zeit vor 1968 zurückerobern soll, vor allem wenn man gerade kein Internat am Bodensee zur Verfügung hat, sondern in Neukölln oder Gelsenkirchen lebt. Auch das ist ein Merkmal der Schuldebatten als *querelles allemandes*, wie der Schweizer Erziehungswissenschaftler Jürgen Oelkers einmal bemerkt hat: Streit um Werte und Prinzipien, zu denen dann jeweils die Gegenwerte und Gegenprinzipien aufgerufen und ebenfalls gelobt werden, was aber auf beiden Seiten folgenlos bleibe, weil die Anwendung und damit die heikle Frage ausgespart werde, wie weit das Prinzip gehen soll.

Zwei Jahre später veröffentlichte der Jugendpsychiater Michael Winterhoff mit erheblichem Erfolg sein Buch «Warum unsere Kinder Tyrannen werden». Das war zwar kein Buch über Schulen, sondern eines über Familien. Es stellte aber – zusammen mit den Nachfolgebänden, die erklärten, weshalb Kinder, wenn man weitere Bücher des Autors kauft, nicht zu Tyrannen werden müssen – alarmierende Erziehungsprobleme dar, die, wenn es sie denn so gäbe, keine Schule gleichgültig lassen könnten. Zwei Drittel bis vier Fünftel aller Schüler, hieß es dort, wiesen Störungen auf, fast kein Schulkind sei mehr unauffällig. Die meisten davon gingen auf einen Mangel an psychischer Reife zurück, den Eltern durch einen nichthierarchischen Erziehungsstil verursachen. Für all das gab es allerdings keine Belege außer den sicherlich wertvollen Eindrücken aus Winterhoffs ärztlicher Praxis. Gesundheitsstudien kommen im selben Zeitraum auf umgekehrte Zahlen von etwa achtzig Prozent psychisch unauffälligen Kindern und etwa acht bis elf Prozent, deren Sozialverhalten stark abweicht. Für eine Schulklasse und das, was die Schule kann, ist es aber schon ein Unterschied, ob von fünfundzwanzig Schülern vier oder zwanzig verhaltensauffällig sind. Was weder heißt, dass es keine dramatischen Häufungen solcher Auffälligkeiten gibt, noch dass Unterricht nicht auch durch das Verhalten von vier Kindern geprägt oder verhindert werden kann. Aber was an Schulen und in der Erziehung tatsächlich der Fall ist, wird durch Übertreibungen, freihändig entwickelte Trenddiagnosen und eine Kombination aus Untergangs- und Rettungsvokabular nicht klarer: Bildungskatastrophe, Erziehungsnotstand, Pisa-Schock, digitale Demenz und so weiter.

Das waren nur einige Beispiele für das Problem unserer Schuldebatten. Sie werden zu prinzipiell geführt. Sie beschwören

Werte ohne Anschauung des Unterrichtsgeschehens, zünden Kerzen an, sobald das Wort «Bildung» fällt, operieren mit nahezu uninterpretierbaren Zahlen («520 Punkte in Lesekompetenz») und überziehen die Schulen mit Dutzenden von Sollenserwartungen, hinter denen sie nur zurückbleiben können, was die Debatte mit Daueralarm versorgt. Als wäre das Erziehungsgeschehen in den Familien und den Schulen nicht schon schwer genug und als würde irgendjemand rundum gelungene Bildung durch Schule kennen. Es gibt immer etwas an ihr auszusetzen, aber es hat keinen guten Sinn, auf den Beschwerdelisten auch Einträge zu führen, die sich darüber beklagen, dass die Abschaffung der Klassengesellschaft nicht von der Schule verwirklicht wird, dass sie zu wenig zur pädagogischen Auflösung der Unterschicht beiträgt, dass dem Abitur keine Abendländer im vollumfänglichen Sinne entspringen oder Leute, die auf die Herausforderungen des Weltmarkts ausreichend vorbereitet sind, wobei sie natürlich auch klassische Musik machen können sollen.

Auffällig an solchen Erwartungen ist aber nicht nur, wie überzogen sie sind und wie wenig Wirklichkeit sie unterstellen, an der die Schule nichts ändern kann. Erstaunlich ist auch, dass die Schule oft nur noch als Vorstufe zum Eigentlichen betrachtet wird, als eine Art sozialer und persönlicher Durchlauferhitzer. Sozial für gesellschaftlichen Aufstieg, mit Bildungspolitik als wahrer Sozialpolitik. Persönlich als Einrichtung, die irgendwo anders hinführt: zur Lehre, zum Abitur, zum Studium, zum Beruf, zur Karriere. Das gilt jedenfalls für gut drei Viertel eines Jahrgangs, für die anderen wird sie zum Symbol dafür, wie unwahrscheinlich es für sie sein wird, irgendetwas von alledem je zu erreichen. Der Sinn der Schule liegt dann in beiden Fällen außerhalb der Schule. Und weil viele aus nachvollziehbaren Gründen wie aus Mangel an Verständnis, denn sie sind jung, keinen Zusammenhang erkennen können zwischen dem, was an Schulen geschieht, und der Welt außerhalb, erscheint ihnen, was ein Durchlauferhitzer sein soll, in Wahrheit als Warteraum, in dem sinnlos Zeit vergeht. Nicht wenige Eltern unterstützen ihre Kinder in diesem Gefühl, indem die Schule auch für sie vor allem Anlass zur Klage ist. Das eigentliche Leben, diesem Eindruck können sich Schüler nur schwer entziehen, findet woanders statt, was eine deprimierende Einsicht für jemanden ist, der Zigtausende von Stunden des seinen – etwa fünfzehntausend Schulstunden können bis zum Abitur zusammenkommen – in der Schule zu verbringen hat. Die Maxime «Verschwende deine Jugend» erhält so eine merkwürdige Bedeutung.

Dass die Schule auf diese abenteuerliche Weise schlechtgeredet wird, heißt nicht, dass sie durchweg gut ist. «Die» Schule gibt es ohnehin nicht, jeder Schüler muss auf eine ganz bestimmte gehen, die dann wiederum eine Klasse, eine Reihe von Lehrern, eine Abfolge von Stunden, ein Pausenhof und eine mehr oder weniger gut funktionierende Immobilie ist. Außerdem ist sie eine Stundentafel, eine Reihe von Lehrmitteln, eine Reihe von Unterrichtsausfällen (wegen Krankenstand, Fortbildung, Brückentagen, Bundesjugendspielen, Prüfungen), ein paar Elternabende und Lehrergespräche und ab und an eine Klassenfahrt.

Fast alles daran sind Festlegungen, die auch anders getroffen werden könnten und die andernorts auch anders getroffen werden. Halbtag oder Ganztag. Ganztag mit nachmittäglichem Unterricht oder mit anderen Aktivitäten. Koedukativ oder getrennt. 45-Minuten-Stunde, Doppelstunde oder andere Zeiteinheiten. Eine Lehrkraft oder zwei oder gar keine (Vertretungsstunden mit desengagierter Aufsicht). Fachunterricht, freies Spiel, AGs, Projektunterricht, Projektwoche. Schulbuch,

Arbeitsblatt, Heft, neue Medien. Von der Vielfalt denkbarer und praktizierter Unterrichtsstile haben wir dann noch gar nicht gesprochen, auch nicht vom sinnvollen Gehorsam oder sinnvollen Ungehorsam gegenüber dem Lehrplan, von Beurteilungsstrenge und Beurteilungsmilde oder Beurteilungsindifferenz.

Zu allem gibt es eine andere Möglichkeit, nur zur Schule selbst nicht. Und weil es zu allem andere Möglichkeiten gibt, kann in ihrem Licht alles kritisiert werden. Wir kommen darauf zurück, dass selbst jahrzehntelang bewährte Arten des Unterrichtens, etwa im Schrifterwerb, auf einmal Reformen unterzogen werden, oder Schulen, die keinerlei Probleme mit neun Klassenstufen hatten, auf acht verpflichtet werden, um kurz danach wieder auf neun verpflichtet zu werden. Wir haben neulich von jemandem gehört, der seinen Hund «Reform» genannt haben soll, weil von diesem Namen die meiste Angst ausgeht.

Gibt es also Kriterien dafür, was die Schule soll, die weder unsachlich sind, weil sie etwas Unmögliches von ihr verlangen, noch an ihrer Praxis vorbeigreifen, indem sie unter Einsatz von Glücks- und Fortschrittsversprechen – «Erziehung vom Kinde aus», «employability», «fit für die digitale Welt» – den Unterrichtserfolg gefährden? Was ist Unterrichtserfolg? Gibt es realistische Sollenserwartungen an die Schule, die in Rechnung stellen, wer dort handelt: Lehrkräfte, Schüler, Verwaltungen, Eltern?

Für die Antwort, die ich im Folgenden versuche, sind drei Begriffe wichtig: Freude, Anregung und Denken. Schulen sind schlecht, wenn sie der Langeweile, der Ablenkungsgeneigtheit und dem Desinteresse nichts entgegensetzen. Das Wachhalten von Aufmerksamkeit, die nicht von vornherein unterstellt werden kann, das Hervorbringen von Lernfreude, von Freude an Konzentration also, von der das Gleiche gilt, sind zentrale

Möglichkeiten der Schule. Kinder, heißt es, sind neugierig. Sie sind aber auch das Gegenteil. Lehrer, heißt es, sind von ihren Unterrichtsgegenständen begeistert. Manche sind es, manche waren es einmal, manche nicht einmal das. Schlechter Unterricht ist langweiliger Unterricht, wobei mir die Durststrecken rund um den Ablativus absolutus, Sinus und Cosinus oder den Unterschied zwischen Sulfat und Sulfit bewusst sind. Keine Lehrkraft erreicht alle Schüler, aber eine Lehrkraft, die niemandes Lernfreude weckt, nicht einmal die eigene, macht Fehler. Schlechter Unterricht ist also Unterricht, der für alle langweilig ist.

Dabei geht es aber nicht um Spaß. Im Vergleich zu YouTubern können die meisten Lehrer nur verlieren, im Vergleich zu dem, was Computerspiele, Einkaufen und Musikhören bieten, fallen viele Unterrichtsstoffe stark ab. Vielleicht kann hier eine Unterscheidung helfen, die für die Auseinandersetzung mit Kunstwerken in der europäischen Ideengeschichte weichenstellend war. Sind Kunstwerke, so die Frage, Gegenstände, die dem Geschmack, der Sinnenfreude, dem Unterhaltungsbedürfnis ihrer Betrachter entgegenkommen? Sind sie eine höhere Form von Speiseeis, wo dem einen Zitrone und der anderen Pistazie besser schmeckt? Es liegt auf der Hand, dass Kunstwerke sich an die Sinne wenden und noch bei tragischen Gegenständen vom «Vergnügen» des Publikums gesprochen werden kann. Doch dieses Vergnügen, so der Einwand jener Philosophen, die auch für die Theorie der Bildung ausschlaggebend wurden, ist nicht ganz von derselben Art wie das an den Leistungen der Kochkunst. Denn es ist ein Vergnügen daran, zu Gedanken angeregt zu werden, Gedanken über Gefühle, Erzählungen, Taten, Konflikte, Farben, Zeit und Raum und Sprache. Kunstwerke reizen also nicht nur die Sinne, sondern sagen, indem sie es tun, auch etwas über die Welt.

Unterricht, der nicht langweilt, dient nicht der Unterhaltung, sondern regt an (und auf und ab). Er kann von der Gewissheit getragen sein, dass es schlechterdings nichts gibt, was an sich langweilig ist. Weder Mathematik noch die Nebenflüsse der Donau oder die Kiemenatmung der Fische müssen langweilig sein. Noch über Leute, die langweilig sind, und über die Langeweile selbst lässt sich gedankenanregend reden. Über Gedichte und Mieten sowieso. Das Unterrichtsgespräch in der Zone zu halten, in der es für einige Motive erzeugt, sich daran zu beteiligen, weil Gespräche, Kontroversen, unerwartete Beiträge das Gegenteil von Langeweile sein können, wäre eine daraus abgeleitete Aufgabe. Es wird in den Schulen nicht immer gelingen, deshalb lautet die Formulierung ja auch «Was die Schule soll». Wenn es durchgehend nicht gelingt, bleibt wenig mehr als ihre sozial durchaus nicht geringe Aufbewahrungsfunktion übrig. Von Bildung müsste man dann nicht weiter sprechen.

Schließlich das Denken. Es steckt schon in den Gedanken, zu denen guter Unterricht anregen sollte. Der Begriff markiert darüber hinaus, dass Gedanken einer bestimmten Ordnung folgen, wenn sie sich von Vorstellungen, Einfällen oder Worten unterscheiden. Etwas zu sagen ist leichter, als einen Gedanken zu haben. Unterricht soll es den Schülern nicht leichtmachen. Denn er dient der Übung, Schwierigkeiten zu überwinden. Schwierigkeiten, die sich an Gedichten und an Mieten wie an Steuern zeigen, sprachliche, rechnerische und (was nicht dasselbe ist) mathematische Schwierigkeiten, solche der genauen Beobachtung und solche des handwerklichen Geschicks, technische Schwierigkeiten, solche des Gedächtnisses und solche des Körpereinsatzes. «Wo andere einen Abgrund sahen, dachte er an eine Brücke», heißt es bei Paul Valéry über Leonardo da Vinci. Wo man angesichts von Schwierigkeiten an jemanden denken kann, der sie für einen löst – ein Taschenrechner, eine Enzyklopädie, ein Experte, Leonardo da Vinci –, ist es die Aufgabe der Schule, den Sinn für die Fähigkeit wachzuhalten, die Schwierigkeiten selbst zu lösen oder es auch nur zu versuchen. Das heißt nicht zuletzt, den Sinn für verschiedene Arten von Schwierigkeiten zu entwickeln: ästhetische und logische, rhetorische und rechtliche, kommunikative und emotionale. Und es heißt, urteilsfähig in Bezug auf Lösungen zu machen. Was ist eine, was ist keine, was ist eine befriedigende und was eine großartige? Was sind Nebenfolgen von Lösungen? Was war das Problem, was war nicht das Problem?

In der Schule, hat Jürgen Oelkers einmal formuliert, ist nicht entscheidend, ob es mehr Stellen gibt, sondern was die Schulen damit anfangen. Und entscheidend ist auch nicht, dass Stunden ausfallen, sondern was geschieht, wenn sie stattfinden. Über alles andere kann man reden, die Schulstruktur und die Finanzierung, die Bürokratie und den Föderalismus. Ich werde es beim Entwickeln meines Argumentes tun. Doch im Zentrum steht, dass Struktur- und Ressourcen- und Verteilungsfragen allein im Dienste dessen beantwortet werden sollten, worum es in einer Schule gehen muss, die unseren Kindern und den Lehrern nicht zu blöd erscheint: um Lernfreude bei der Lösung schwieriger Probleme.

II. KAPITEL

Was die Schule vergeblich versucht: gesellschaftliche Zukunft zu sichern

Auf die Frage, wofür die Schule da ist, gibt es zwei gängige Antworten. Zum einen stattet die Schule Individuen mit Wissen über die Welt aus. Sie vermittelt zwischen denen, die neu in ihr sind, und deren Zukunft. Zum anderen macht sie Gesellschaften zukunftsfähig. Das Erste führt zum Zweiten. Individuen erdulden die Schule, weil sie alle auf das vorbereitet, was unvermeidlich für sie kommt, das Erwachsenenleben, vor allem das berufliche, aber auch das staatsbürgerliche und kulturelle. Die Gesellschaften wiederum investieren in Bildung, weil sie das wohlhabender macht, wobei Wohlstand durchaus in einem mehr als ökonomischen Sinne verstanden werden kann.

Beide Antworten leiten die Aufgabe der Schule aus der Gesellschaft ab, in der wir leben. Die Schule, wenn sie richtig eingerichtet sein soll, muss zu dieser Gesellschaft passen. Viele Antworten auf die Frage, wie sie richtig eingerichtet werden kann, benutzen deshalb das Wort «heute», denn sie schreiben der Schule heute eine andere Aufgabe zu als früher. Heute, so lautet die Diagnose, befinden wir uns in einer Wissensgesellschaft. In ihr leben die meisten Menschen davon, dass ständig besonderes Wissen hervorgebracht wird. Es ist eine Gesellschaft, die sich stark von wissenschaftlichem Fortschritt abhängig gemacht hat, und zwar von solchen Erkenntnissen, die nützlich sind, die sich in Technologien, Rezepte, Programme umsetzen lassen. Gesundheit, Ernährung, Mobilität und Energieversorgung sind heute nicht ohne die Anwendung neuen Wissens denkbar. Aber auch die Filmindustrie, die Versicherungen, die Museen und die Gerichte leben von neuen Kenntnissen.

Außerdem heißt es, dass diese Kenntnisse schnell veralten. Angeblich leben wir in einer Gesellschaft bislang unbekannter Veränderungsgeschwindigkeit. Es ist zwar unklar, wie man das genau messen soll und ob die Leute, die im Zeitalter der Reformation, um 1789 oder im letzten Drittel des 19. Jahrhunderts gelebt haben, nicht mindestens so großem Wandel ausgesetzt waren wie wir. Fast wäre das ein Thema für den Geschichtsunterricht am Gymnasium: Was ist wirklich neu? Und ist die Welt nicht in vielen Hinsichten auch alt, stabil, bekannt? Die Schule sieht sich heute jedenfalls aufgefordert, weniger Wissen als solches zu vermitteln, als vielmehr seine Aneignung, den kreativen Umgang damit, die kooperative Hervorbringung von neuem Wissen und seine Kommunikation.

Dieses «Heute» der Schule hat spätestens nach dem Zweiten Weltkrieg begonnen. Seitdem expandiert der Bildungssektor auf historisch beispiellose Weise, und zwar weltweit. Etwa zwanzig Prozent der Weltbevölkerung befinden sich in Schulen und Hochschulen, die dazugehörigen Lehrer gar nicht mitgerechnet. Um 1970 war dabei die Zahl der Lehrer im Grundschulbereich, im Bereich der weiterführenden Schulen und im Bereich der Hochschulen weltweit etwa gleich groß. Seitdem sind vor allem die Sekundarschulen (je nach Bildungssystem ab Klasse 4, 6, 9 oder sogar 10) und der Hochschulsektor gewachsen. Die Zeit, die an Schulen verbracht wird, hat sich entsprechend ausgedehnt. Schulische Erziehung ist heute eine Erfahrung aller, eine lange Erfahrung und eine Tatsache, die auf der Seite der Unterrichtsinstitutionen mit einem riesigen, fast immer staatlich beschäftigten Personal einhergeht. In Deutschland waren es im Schuljahr 2016/17 allein an allgemeinbildenden Schulen mehr als 750 000 Lehrer. Nur zum Vergleich: Beamte insgesamt gibt es hierzulande 1,9 Millionen; Ingenieure etwa 1,6 Millionen; Juristen nicht mehr als 250 000; die Post beschäftigt rund 520 000 Angestellte. Soll heißen: Die Schule ist, sowohl was ihre «Kundschaft» als auch was ihre Vertreter anlangt, einer der auffälligsten Bereiche der modernen Gesellschaft.

Wenn davon gesprochen wird, dass Bildung eine Investition ist, die dem wirtschaftlichen Wohlergehen Einzelner wie ganzer Nationen nutzt, dann ist also zunächst festzuhalten, dass es sich beim Bildungssektor selbst um eine riesige gesellschaftliche Institution handelt. Zu den Schülern und Lehrern, den Gebäuden und Verwaltungskosten der Schulen kommen noch die Ausgaben für Lehrmittel hinzu, die für ständige Weiterbildung im Bereich Erziehungswissenschaften, Pädagogik und Didaktik, also für die Ausbildung der Lehrer. Dass wir in einer Gesellschaft leben, in der Erziehung und Bildung in historisch beispiellosem Umfang betrieben werden, steht außer Frage.

Die Schule wirkt also auf die Lebensläufe, und sie bringt Personen hervor, die an der Produktion von Wohlstand in der Wissensgesellschaft beteiligt sind. Ohne mehrere Schulen erfolgreich absolviert zu haben, wird es einerseits immer schwieriger, einen Beruf zu finden. Ohne dass in Bildung investiert würde, scheint andererseits Wirtschaftswachstum nicht möglich. Bildung soll zu einer zufriedenstellenden Karriere befähigen, und sie wird als entscheidende Ressource der

Wirtschaft wie der Demokratie betrachtet. Wann immer ein gesellschaftliches Problem auftaucht – Fortschrittsrückstände gegenüber China oder Estland, Migration, Rechtsradikalismus, Cybermobbing –, lautet die Antwort «mehr Bildung» und insofern mehr Schule.

Von beiden Antworten auf die Frage nach dem Sinn der Schule gibt es dabei politisch eine eher sozialstaatliche und eine eher wirtschaftsliberale Variante. Die linke Variante sieht die Schule in engem Zusammenhang mit den Aufstiegschancen von Kindern wirtschaftlich schwacher Herkunft. Für sie ist Bildungspolitik ein Instrument der Sozialpolitik. Der Staat soll sozialen Ungleichheiten entgegentreten, die sich durch das dafür unempfindliche Wirtschaftsgeschehen ergeben. Kinder können nichts dafür, wenn ihre Eltern arbeitslos oder bildungsarm sind, und jedem Kind sollte ungeachtet der Nachteile, die seine Herkunft mit sich bringt, die Möglichkeit zu einem aufsteigenden Lebenslauf gegeben werden.

Durch schulischen Ausgleich sozialer Nachteile, so die Vorstellung, hebt der Staat die sogenannte Begabungsreserve. Der englische Ökonom, Labour-Abgeordnete und Bildungsminister Anthony Crosland hat dieses Argument in seinem Buch «Die Zukunft des Sozialismus» von 1956 vielleicht als Erster vorgetragen. Damals machten die Sozialdemokraten ihren Frieden mit einem Kapitalismus, der zu Vollbeschäftigung und humaner Arbeit zu führen schien, und schalteten von ihrem Ziel eines gesellschaftlich tiefgreifenden Wandels auf die Forderung um, alle Schichten müssten an den Erträgen der Wirtschaft beteiligt werden, und zwar möglichst gleichmäßig. Die Umverteilung von Einkommen über große Investitionen in ein Bildungssystem, das mehr Schüler auf weiterführende Schulen und zu höheren Abschlüssen bringt, lohne sich dabei für alle, weil so einerseits Begabungen nicht verlorengehen und andererseits die sozialstaatlichen Kosten der Vorsorge für Bürger, die sich nicht selbst versorgen können, begrenzt werden. Gerechtigkeit ist effizient, so lautet das Argument.

Die wirtschaftsliberale Sicht auf die Schule ist hiervon nicht weit entfernt. Auch sie betont, dass in der Wissensgesellschaft alles darauf ankomme, an zukünftige Wachstumschancen zu denken und in Bildung zu investieren. Wohlstand hänge in fortgeschrittenen Industriegesellschaften immer mehr «von den Köpfen» ab. Die Schulen sollen auf die nächste Zukunft dieses Wirtschaftens ausgerichtet werden. Sie und die Hochschulen haben für die «employability», die Beschäftigungsreife der Jugendlichen zu sorgen, nicht zuletzt, weil das die Schüler selbst und ihre Eltern so wollen. Unter den Bedingungen einer Ökonomie, die von technologischen Innovationen lebt, etwa von Maschinenbau, Chemie und Kommunikationstechnik, heißt das heute, dass die Schulen auf eine digitalisierte Welt, vor allem auf eine digitalisierte Wirtschaft vorbereiten sollen. Immer weniger werden gering qualifizierte Arbeitskräfte, wird manuelle Arbeit eine Rolle spielen; es gibt fast keinen Beruf, der nicht von wissenschaftlich hervorgebrachten Neuerungen berührt würde. Bildungspolitik ist insofern ein Instrument der Wirtschaftspolitik. Weil nur verteilt werden kann, was zuvor erwirtschaftet wurde, lautet hier das Argument: Innovation ist die Voraussetzung für Gerechtigkeit.

Soweit die beiden Deutungen der gängigen Antworten auf die Frage, was Schulen sind. Im Zuge der starken Angleichung politischer Programme haben diese Vorstellungen seit gut zwanzig Jahren Eingang in die bildungspolitischen Grundsätze fast jeder Partei gefunden. Hinzugekommen ist ein erweitertes Verständnis der sozialpolitischen Aufgabe von Schulen, weil wir unterdessen in einer stark von Migration geprägten Gesellschaft leben, in der ein erheblicher Teil von Einwanderern unter erzieherisch ungünstigen Umständen aufwächst. Manche Forscher sprechen von «ethnischer Unterschichtung», um die Kombination von Nachteilen zu bezeichnen, die sich aus sozioökonomischer Schwäche, Fremdsprachigkeit und kultureller Herkunft ergeben können. Die Aufgabenstellung, Schulen hätten hier für Ausgleich zu sorgen, gehört ebenfalls zum breiten Konsens der bildungspolitischen Positionen. Wer eine Rede hört, in der beim Thema Schule von «Investition in die Köpfe», «Chancengleichheit», «Vorbereitung auf die Digitalisierung» und «Integration» gesprochen wird, weiß darum noch nicht, aus welcher Richtung diese Rede kommt. Alle reden inzwischen so. Bildungspolitisch kontrovers wird es, wenn die Frage folgt, wie die Schulen denn die Aufgaben erfüllen sollen.

Doch diese Frage lohnt sich erst, wenn zuvor zwei andere gestellt worden sind. Erstens: Können Schulen diese Aufgaben überhaupt erfüllen? Und zweitens: Hat die Schule nicht ganz andere Aufgaben, als Individuen auf die Zukunft vorzubereiten und den nationalen Wohlstand durch den Bildungsaufstieg für alle zu steigern? Anders formuliert: Gibt es nicht etwas Besseres, das Bildung bewirken kann, als beruflichen Aufstieg? Und etwas Besseres als Wirtschaftswachstum in einer global digitalisierten Welt?

Um an dieser Stelle richtig verstanden zu werden: Es ist nichts gegen beruflichen Aufstieg, nichts gegen Wirtschaftswachstum als solches einzuwenden und nichts gegen soziale Chancengleichheit. Das alles sind Werte, und Werte haben die Eigenschaft, schwer ablehnbar zu sein, freilich auch einander im Wege zu stehen und keine konkrete Information zu geben, wie sie sich verwirklichen lassen. Für die Schule ist aber entscheidend, was sie zu all dem beitragen kann und ob das, wozu sie am meisten beitragen kann, irgendetwas mit diesen Zwecken zu tun hat. Können die Schulen, was sie sollen, und wenn nicht, was können sie stattdessen?

Beginnen wir mit der Frage, ob Bildung geeignet ist, die Zukunft von Individuen und nationalen Wohlstand zu sichern. Und beginnen wir mit Zweifeln, die aus einer unverdächtigen Richtung kommen, nämlich von Ökonomen. In ihrem Buch «Does Education Matter?» hat sich die englische Ökonomin Alison Wolf, die inzwischen als Baroness Wolf of Dulwich im Oberhaus des britischen Parlaments sitzt, mit der Behauptung beschäftigt, Bildungsinvestitionen seien der Schlüssel zum Überleben auf dem Weltmarkt und Lernen sei der Schlüssel zu individuellem Wohlstand. Was Letzteres angeht, scheint die Sache klar. Nach zwanzig Jahren beruflicher Tätigkeit hat eine Person mit einem akademischen Abschluss durchschnittlich doppelt so viel verdient wie jemand, der keinen Abschluss vorweisen kann, aber dafür zehn Jahre früher begonnen hat, Einkommen zu erzielen. Ein Jahr länger im Bildungssystem zu bleiben, führe zu einem Gehaltszuwachs von etwa zehn Prozent, schätzen manche Arbeitsökonomen. Die Abstände sind je nach Land unterschiedlich, doch das Bild, das sich ergibt, ist einheitlich: Leute ohne Abitur verdienen ungefähr ein Viertel weniger als Leute mit Abitur, die mit einem Hochschulabschluss ungefähr zwei Drittel mehr.

Andere Vorteile wie Arbeitsplatzsicherheit, Festanstellung oder sogar eine erhöhte Lebenserwartung kommen hinzu. Natürlich gilt das alles nicht für jede Person, die mit einem höheren Zertifikat abschließt. Grundschullehrerinnen verdienen weniger als selbständige Schreiner, der berühmte Taxifahrer mit Magister in Philosophie verdient insgesamt weniger als jemand, der mit achtzehn schon ins gleiche Auto stieg, und das Lebenseinkommen von Mesut Özil wird auch ein Chefarzt in der Herzchirurgie nicht so leicht einholen. Aber es gilt im Durchschnitt. Für Deutschland ist errechnet worden, dass jemand mit Hochschulabschluss durchschnittlich siebzig Prozent mehr verdient als jemand mit abgeschlossener Lehre: Bildung zahlt sich aus, und das trifft auch zu, wenn man die Erträge mit den Kosten der verschiedenen Schullaufbahnen verrechnet.

Diese Berechnungen beruhen alle auf einer Annahme: dass die Gehälter an die Produktivität der Arbeitnehmer geknüpft sind und die Produktivität an deren schulische Bildung. Unterstellt wird also, dass die Arbeit eines Hochschulabsolventen, der das doppelte Gehalt eines ungelernten Arbeiters bezieht, für die Volkswirtschaft auch ungefähr doppelt so wertvoll ist, weil er sich so viel Wissen und Können auf Schulen und Hochschulen angeeignet hat. Unterstellt wird weiterhin, dass wenn sowohl der Hochschulabsolvent als auch der ungelernte Arbeiter je eine Tochter haben, die Volkswirtschaft davon profitiert, wenn nun beide ihrerseits Hochschulabsolventen werden. Dass die Töchter selbst davon profitieren, liegt auf der Hand.

Lassen wir zunächst Alison Wolfs Scherz beiseite, dass diese Logik «Wenn Bildung uns wohlhabend macht, macht uns mehr Bildung noch wohlhabender» auf den Satz «Vier Aspirin sind besser als zwei» hinausläuft. Er deutet an, dass die Steigerung von etwas Gutem eine Sache nicht notwendig besser macht, weil jede Steigerung auch etwas kostet – Zeit, Geld, die Beschäftigung mit anderem als Bildung – und die zusätzlichen Erträge eines verlängerten Aufenthalts im Schulsystem stark davon abhängen, was dort mit den Schülern geschieht. Das gilt schon für jeden Einzelnen. Natürlich variieren die Gehälter auch innerhalb der Gruppe der Hochschulabsolventen oder innerhalb der Gruppe derjenigen, die mit einem Realschulabschluss eine Lehre durchlaufen haben. Wie viel die jungen Erwachsenen von ihrem Studium profitieren, hängt unter anderem davon ab, was sie studieren: Germanistik oder Flugzeugtechnik. Und davon, wie sie studieren: gleichgültig, ängstlich, nachdenklich. Gerade der Umstand, dass nicht alle, die das Abitur bestanden haben, daran ein Studium anschließen, sondern einige von ihnen ihren Abschluss einsetzen, um eine attraktive Lehrstelle zu bekommen, macht deutlich, dass es auch Handwerksberufe gibt, die als mindestens so erstrebenswert und ertragreich empfunden werden wie Berufe, für die man sich nur durch ein Studium qualifizieren kann. Dass Akademiker durchschnittlich mehr verdienen, nützt denjenigen nichts, die zu dieser Durchschnittsbildung von unten beitragen, weil sie gegenüber denjenigen, die die richtige Lehre machen, das – rein ökonomisch betrachtet – Falsche studiert haben. Es gibt außerdem Tätigkeiten, deren Produktivität zu messen, vor einige Probleme stellt: Bei Anwälten, Lehrern, Polizisten beispielsweise dürfte es nicht einfach sein.

Das entscheidende Argument gilt aber dem Zusammenhang von schulischer Bildung und Einkommen. Er symbolisiert inzwischen geradezu den Sinn, der dem langen Aufenthalt an Schulen und dem Erwerb mehrerer Bildungszertifikate (Abitur, Bachelor, Master, Promotion) zugeschrieben wird, und zwar auch dann, wenn richtigerweise ergänzt wird, dass Geld nicht alles ist, was im Leben zählt. Geld allein macht nicht unglücklich. Doch auch wer einen Beruf nicht wegen des damit verbundenen Einkommens anstrebt, sieht sich der Forderung gegenüber, entsprechende Abschlüsse vorzuweisen. Wodurch also wird jener Zusammenhang von schulischen Leistungen und Beruf hergestellt? Wie kommt es dazu, dass Leute, die in Schulen und Hochschulen erfolgreich waren, durchschnittlich mehr Gehalt beziehen als diejenigen, die früher ausgestiegen sind?

Die naheliegende Antwort lautet: weil sie dort Fähigkeiten erworben haben, die nachgefragt sind. Sie können und wissen etwas, das nützlich ist und das andere nicht können oder nicht wissen, und die Schulen haben ihnen dieses Etwas vermittelt. Wir sind wieder bei Naina. Denn inwiefern steigert die Kenntnis von Goethes erstem Roman, von «Gedichtsanalyse in vier Sprachen» und der Grundzüge des pflanzlichen Stoffwechsels sinnvollerweise die Attraktivität von Bewerbern um eine Lehrstelle als Kunstschreiner oder die Chancen beim Zugang zum Medizinstudium? Schüler quälen sich, um eine Eins vor dem Komma ihrer Abiturnote zu haben, damit sie Psychologie, Zahnheilkunde oder «BWL in Mannheim» studieren können – aber wieso sie das eher dürfen, wenn sie einmal viel über den Föderalismus, Napoleon oder lineare Algebra gewusst haben, ist unklar. Was trägt die Schule durch Geographieunterricht, die Bestimmung von Wendepunkten in kubischen Funktionen und durch Wissen über den Konjunktiv im Französischen zur «employability» ihrer Absolventen bei?

Wie immer die Antwort lautet, sie liegt nicht auf der Hand. Auf der Hand liegt zu sagen: so gut wie nichts. Wenn es die Absicht der Schulen und Hochschulen wäre, aus ihren Klienten allesamt Wissenschaftler zu machen, könnte man leicht begreifen, weshalb sie unterrichten, was sie unterrichten. Denn die meisten Schulfächer leiten sich aus wissenschaftlichen Disziplinen ab, die Lehrer erhalten ihre Ausbildung in diesen Disziplinen, und sogar das Lehren selbst hat man, nach einigem Zögern, unter den Titeln «Pädagogik», «Didaktik» und «Erziehungswissenschaft» zu einer wissenschaftlichen Angelegenheit gemacht. Da der Sinn der Schule aber nicht darin liegen kann, aus Kindern vornehmlich Wissenschaftler oder Lehrer zu machen, muss sich die Erklärung dafür, dass hohe Bildungsabschlüsse auch außerhalb wissenschaftlicher Berufsfelder honoriert werden, von den unterrichteten Fächern und Stoffen lösen. Wir lernen nicht die Photosynthese, um Biologen, nicht Shakespeare, um Literaturhistoriker zu werden.

Das Rätsel der schulischen und universitären Bildung liegt also nicht darin, dass wir leider für die Schule lernen, obwohl wir besser für das Leben lernen würden. Sondern darin, dass wir für die Schule lernen und sich das in einem Leben auszahlt, das außerhalb der Schule stattfindet und auch ganz anders als die Schule ist. So formuliert es der Ökonom Bryan Caplan: Nicht die schwache Verbindung zwischen den Inhalten des Unterrichts und dem, was wir später tun, ist das Rätsel, sondern diese schwache Verbindung bei einer zugleich ganz engen Verbindung von Bildungserfolg und Berufserfolg.

Dass Elektronen kleiner als Atome sind, weiß unter den Erwachsenen ungefähr noch ein Drittel aller dazu Befragten. Gewiss, Sie und ich wussten es natürlich – aber wüssten wir auch noch, wozu mathematische Matrizen da sind, was «erlebte Rede» ist und wo Zitronensäure eine Rolle spielt? Wir erinnern gegebenenfalls diese Worte. Menschen mit Abitur erkennt man manchmal daran, dass der Begriff «Zitronensäure» bei ihnen ein Déjà-vu, ein Déjà-entendu, ein Déjà-lu auslöst. Meistens aber nicht viel mehr. Immerhin, sagt man dann, ich glaube, ich wüsste ungefähr, wo ich nachschauen müsste, es war irgendetwas mit Pflanzen, und vielleicht würde ich mich wieder hineinfinden.

Das Vergessen des meisten, das einmal «dran war», hängt damit zusammen, dass die Elementarteilchen wirklich sehr klein sind und genauso wenig wie das Wissen von Zitronensäure und erlebter Rede im Alltag der meisten Erwachsenen eine Rolle spielen. Doch die spätere Kenntnis ist nicht nur bei speziellen Schulstoffen wie Latein oder dem Beweis von

Unstetigkeitsstellen in Kurven schwach, die nur von den wenigsten weiterverwendet werden. Selbst das, was wichtig sein könnte, wird später nicht mehr erinnert. An den Universitäten werden Nachholkurse mit Themen wie Potenzrechnung eingerichtet, bevor man Abiturienten auf Volks- und Betriebswirtschaftslehre loslässt, oder diese auf sie. Wie man Potenzzahlen addiert oder dividiert, ist Stoff im Mathematikunterricht der Klasse 8. Manche behaupten sogar, so etwas werde von den meisten Schülern nicht erst nach Jahren, sondern ziemlich sofort wieder vergessen, nämlich kurz nachdem es dabei half, durch die entsprechende Prüfung zu kommen. Regelmäßig regt sich die Öffentlichkeit auf, wenn bei Siebzehnjährigen festgestellt wird, dass sie nicht über elementare Daten der Geschichte verfügen, obwohl Auschwitz, die Wiedervereinigung, Willy Brandt oder die DDR gerade erst im Unterricht behandelt wurden. Die meisten Sachen gehen, mit einem Wort von Karl Kraus, bei den Schülern zum einen Ohr rein und zum selben Ohr wieder heraus.

Das gilt, nebenbei gesagt, dann natürlich auch für alle Zukunftsthemen. Die Forderung, man müsse an den Schulen unbedingt mehr Wirtschaft unterrichten, mehr Programmieren, mehr Ökologie, mehr Gesundheits- und Ernährungskunde, ist verständlich. Man stellt sich den entsprechenden Unterricht wie einen Erste-Hilfe-Kurs vor, dessen Absolventen danach in Notsituationen elementare Techniken beherrschen. Es ist an sich auch gar nichts dagegen zu sagen, solche Themen und Fächer aufzugreifen. Allerdings werden die neuesten Erkenntnisse über Banken, die jüngsten Programmiersprachen, die aktuellsten Befunde der Medizin bereits veraltet sein, wenn die Schüler aus der Schule heraustreten. Es ereilt also gerade die erwartete Zukunft das sichere Schicksal, Vergangenheit zu werden, manchmal sogar, ohne jemals Gegenwart geworden zu sein. Viel wichtiger aber: Es ereilt auch das vermeintlich noch so nützliche Wissen über Computer, die Börse und den Klimawandel dasselbe Schicksal wie Latein, Trigonometrie und Sonaten – es wird ebenso vergessen wie alles Wissen, das nicht ständig weiterbenutzt wird, und alles Können, das nicht regelmäßig geübt wird.

Amerikanische Untersuchungen deuten übrigens darauf hin, dass das auch für Schüler gilt, die in den entsprechenden Fächern gut abgeschnitten haben. Die Erklärung ist also nicht, dass sich die Klugen merken und aneignen, was im Unterricht geboten wird, und nur die weniger Klugen es an sich vorbeiziehen lassen. Wer sich für klug hält, kann es ja an sich selbst testen, ein paar Schulbücher der achten oder zehnten Klasse aufschlagen und sich ans Lösen der Aufgaben machen.

Was aber honoriert der Arbeitsmarkt dann an erworbenen Bildungsabschlüssen, wenn sie nur verblasste Kenntnisse dokumentieren, von denen drei Viertel nicht einmal für die jeweiligen Stellen nützlich wären? Die Antwort ist, dass er die Intelligenz und den Fleiß derjenigen honoriert, die sich in der Lage zeigten, all die Prüfungen zu bestehen, die für den jeweiligen Abschluss erforderlich waren. Wer alles konnte und wusste, sich aber nicht zur Prüfung angemeldet hat, wird behandelt wie jemand, der nichts konnte und wusste. Und das nicht etwa, weil nur die Prüfung bestätigen kann, dass nützliches Wissen tatsächlich erworben wurde. Sondern weil die Prüfung bestätigt, dass eine Person sich in einen Zusammenhang von Leistungserwartungen eingefügt hat und sowohl in der Lage wie willens war, Aufgaben irgendeiner Art zu lösen, die ihr gestellt wurden.

Die Beobachtung ist nicht neu. Der englische Historiker Thomas Babington Macaulay hat sie schon 1833 in einer Rede über Indien gemacht: «Ich weiß, es wird gesagt, dass Examen in Latein und Griechisch und in Mathematik nicht prüfen können, wodurch sich Menschen im Leben bewähren. Mir ist völlig klar, dass es sich nicht um unfehlbare Tests handelt; aber dass es Tests sind, daran halte ich fest ... Welche Sprachen auch immer, welche Wissenschaften auch immer, das mag in jedem Zeitalter oder Land der Mode des Unterrichtens folgen – doch diejenigen, die sich am meisten in solchen Sprachen und solchen Wissenschaften auszeichnen, werden im Allgemeinen die Blüte der Jugend sein, die Scharfsinnigsten, die Fleißigsten, die Ambitioniertesten, was ehrenvolle Auszeichnungen angeht. Wenn in Cambridge anstatt des Newtonschen das Ptolemäische System unterrichtet würde, würde der Ehrgeizige trotzdem meistens dem Holzkopf überlegen sein. Wenn wir anstatt Griechisch die Sprache der Cherokee lernten, würde derjenige, der es am besten verstünde und die fehlerfreiesten und melodischsten Cherokee-Verse schriebe, er, der die Grammatik der Cherokee-Präpositionen am besten durchschaute, demjenigen überlegen sein, der all das nicht könnte.»

Der zwingende Schluss: Es liegt nicht an den Inhalten. Jedenfalls nicht die Tatsache, dass höhere Bildungsabschlüsse zu höheren Einkommen auch in Bereichen führen, die kaum eine Verbindung zu den dort gelernten Inhalten haben. Ökonomen würden sagen, es liegt an den Signalen. Suchen Arbeitgeber nämlich fähiges Personal, ist der hohe Bildungsabschluss ein Signal für Fähigkeiten, die jemand nicht aufgrund des Wissens in bestimmten Schulfächern hat. Die Fähigkeiten, die den Arbeitgeber interessieren, wurden in diesen Fächern nur unter Beweis gestellt, aber nicht im Sinne eines zuvor unbekannten Wissens erlernt. Genauer: Wer Abitur hat, dem wird unterstellt, auf der Schule lesen, schreiben und rechnen gelernt zu haben (Letzteres, wie gesagt, oft kontrafaktisch). Darüber hinaus hat, wer sich in linearer Algebra und deutscher Literatur der Klassik mehr oder weniger gut zurechtgefunden hat – das «und» ist von Gewicht, denn mit einer Spezialität allein ist man auf der Schule nicht erfolgreich –, zweierlei demonstriert: erstens die Fähigkeit, ein bestimmtes Wissen kurzzeitig aufzunehmen, zu reproduzieren und eventuell sogar anzuwenden. Und zweitens eine Fülle von Tugenden. Die Schule erfolgreich abzuschließen, setzt Ausdauer voraus, Konzentrationsfähigkeit, Geschick bei der Personenbeobachtung, die Bereitschaft, sich den merkwürdigsten Aufgabenstellungen hinzugeben oder sie jedenfalls akkurat zu erledigen. Man muss mitunter ein interessiertes Gesicht machen können, auch wenn einen die Sache langweilt. Man muss in Maßen pünktlich sein. Man muss sich selbst einschätzen können. Es ist von Vorteil, mit seinen Klassenkameraden zurechtzukommen. Man muss sich auf wechselnde Themen und wechselnde Autoritäten, die hier «Lehrer» heißen, einstellen können. Man muss lernfähig sein. Nicht immer ist alles davon nötig. Wer geschickt ist, kommt um vieles herum, hat dadurch aber wiederum Geschick bewiesen.

Die Schule lehrt, dass es Aufgaben gibt, die man allein bewältigen muss, dass es abstrakte Leistungskriterien gibt und dass man nur als Schüler, also ohne Rücksicht auf andere Rollen, behandelt wird. Deshalb kann man sie, wie es einst der Soziologe Robert Dreeben getan hat, als Vorbereitung auf das Berufsleben in Organisationen interpretieren. Doch man lernt in ihr auch, von solchen Normen abzuweichen; sie honoriert auch Beiträge, die dem späteren Organisationsleben eher fremd sind; und sie hat schließlich eine weltenerschließende Dimension, die sich weder durch die Funktion erklären lässt, objektiv notwendiges Kulturgut zu tradieren, noch durch die Sozialisationsaufgaben des geheimen Lehrplans, für die der öffentliche, das war ja die Pointe, ganz gleichgültig ist. Die Cherokee, wir haben es von Macaulay gehört, wären für das

Einsozialisieren universeller Verhaltensnormen als Stoff so gut wie die Griechen oder Bismarck, statt Geographie könnte man es auch mit Geologie oder Ikonographie versuchen und statt Literatur mit Architektur.

Für die Schule ist daran entscheidend: Was Schüler in ihr beweisen können, jene Mischung aus Lernbereitschaft und Lernfähigkeit, Disziplin, Konzentration und Konformismus, sind Dinge, die man in Auseinandersetzung mit Goethe und der Photosynthese genauso beweisen kann wie in der Beschäftigung mit der Geschichte Finnlands, mit den Prinzipien des Bierbrauens oder mit der Maya-Schrift. Was die erforderliche Geduld angeht, hat Latein keinen Vorteil gegenüber Schach oder Gärtnerei. Beim Pokern und im Beobachten von Singvögeln muss man sich genauso oder sagen wir besser: genauso sehr konzentrieren wie beim Chorsingen oder beim Kochen eines Soufflés. Aus dem, was Arbeitgeber einem Bildungsabschluss an Hinweisen auf die kognitiven Fähigkeiten und das Arbeitsverhalten, die Belastbarkeit, Disziplin und Kreativität einer Person entnehmen, lässt sich also nicht ableiten, was an Schulen unterrichtet werden sollte. Genauso wenig erlaubt umgekehrt das, was unterrichtet wird, den Schluss, es steigere genau dieser Unterricht und kein anderer die Produktivität, geistige Beweglichkeit und Urteilskraft seiner Teilnehmer.

Schulische Erziehung ist also nicht in erster Linie ein Transfer von Wissen. Die Metapher vom Humankapital führt hier leicht in die Irre. Das geringste Problem mit diesem Begriff ist, dass er nicht menschenfreundlich genug angelegt ist und deswegen von Leuten, die seine Funktion nicht verstehen, einmal zum «Unwort des Jahres» erklärt werden konnte. Er suggeriert nur etwas völlig Falsches, dass nämlich die Schule auf einem Konto, das des Schülers, etwas einzahlt, was sich später womöglich verzinst abheben lässt. So gut wie kein Arbeitgeber hebt bei seinen Angestellten das ganze Wissen ab, das sie auf der Schule erworben haben. Sie selbst heben es auch nicht ab. Weil sie es nicht brauchen. Und weil das meiste davon gar nicht mehr da ist.

Hinzu kommt, dass das Einkommen von Personen von sehr viel mehr abhängt als von ihren produktiven Fähigkeiten. Einen Autobus in Kenia zu fahren, das ist Alison Wolfs Beispiel, und ihn in Deutschland zu fahren, unterscheidet sich, was die erforderlichen Fähigkeiten des Busfahrers angeht, sicher nicht so sehr wie der jeweils gezahlte Lohn, der in Deutschland dreizehnmal höher ausfällt. Also hängt der Lohn nicht mit seinem auf Schulen erworbenen Können und überhaupt nicht wesentlich mit seinem Können zusammen. Darauf weist auch die Tatsache hin, dass die Einkommen für Berufsanfänger nicht prozentual um so viel mehr gestiegen sind, wie sich deren Verweildauer auf den Schulen verlängert hat. Nach wie vor steigt das Einkommen vielmehr mit der Erfahrung, die auf bestimmten Stellen gesammelt wurde, und mit Leistungen im Beruf, die nicht auf die Schulzeit zurückgehen.

Vereinfacht kann man also sagen: Die Einkommen hängen mehr an den Stellen als an den Personen, und es wäre eine schlichte Sicht der Dinge, wenn man annehmen würde, dass die Personen wiederum nur durch die Kenntnisse, die sie in den Schulen und Hochschulen erworben haben, die Stellen bekommen und sich dort bewähren. Mithin ist es keine gute Idee, den gesellschaftlichen Nutzen von mehr Bildung einfach dadurch bewiesen zu sehen, dass es eine private Einkommenssteigerung durch mehr Bildung gibt. Wer glaubt, mehr Personen zum Abitur und zum Hochschulstudium zu führen, bedeutet automatisch eine bessere Vorbereitung des Landes auf die berühmten «Herausforderungen des 21. Jahrhunderts» und der Wissensgesellschaft, lässt außer Acht, dass die

Schüler in den Schulen nicht zu höheren Abschlüssen voranschreiten, weil sie dort etwas Spezifisches für spätere Berufe lernen. Vielmehr schreiten sie voran, weil sie lesen, schreiben und rechnen können, weil sie sich in Texten zurechtfinden, vor allem aber weil sie mit der Schule und den schulspezifischen Anforderungen zurechtkommen, also mit einem bestimmten Verhalten im Unterricht, dem Lösen von Aufgaben und dem Bestehen von Prüfungen.

Die bessere Abiturnote zeigt dabei weder zwingend an, dass jemand intelligenter ist als andere, noch dass die Person fleißiger war. Jedenfalls dann nicht, wenn an Schulen so unterrichtet wird, dass man mit beidem einen guten Abschluss erreichen kann. Kommt man nur mit Reproduktion von Wissen durch, wird das Signal, das ein Abschlusszeugnis sendet, einerseits eindeutiger, andererseits uninteressanter, wenn es im Beruf nicht nur auf Fleiß ankommt. Und auch nicht nur, wie Bryan Caplan annimmt, auf Intelligenz, Gewissenhaftigkeit und Konformismus. Eine gute Schule wäre eine, die möglichst viele der Tugenden honoriert und übt, die später im Leben erfreulich sind. Das aber wiederum heißt, dass sie ganz unterschiedliche Eigenschaften von Schülern wertschätzen muss: Sorgfalt genauso wie Exzentrizität, Teamgeist genauso wie Eigensinn, Bescheidenheit wie die Freude an rhetorischem Glanz, Gedächtnis genauso wie Improvisationsfreude, Phantasie genauso wie Disziplin. Die sozialen Erwartungen an Personen sind gegensätzlich, niemand kann sie alle erfüllen. Der Bildungsabschluss dokumentiert nur, dass man von seinen Besitzerinnen irgendwelche dieser Tugenden erwarten darf.

Will die Schule mittels ihrer Zeugnisse und Prüfungen informative Signale senden, muss sie daher den Unterricht so gestalten und die Stundentafel so ausstatten, dass ganz verschiedene Tugenden sich bewähren können. Gemeinsam muss dabei allem Unterricht nur eines sein, denn nur dann ist gesichert, dass Bildungsabschlüsse eine Information beinhalten: Die Schule muss die Schüler vor Schwierigkeiten stellen. Es darf nicht leicht sein zu erfüllen, was sie verlangt. Wenn alle Aufgaben von allen gleichermaßen gut gelöst werden, ist das ein schönes Ergebnis des Unterrichts – aber nur, wenn Probleme überwunden wurden, wenn Konzentration nötig war, wenn Gedächtnis, Denken, Urteilskraft und Sprachvermögen eingesetzt werden mussten.

Das ist der einzige Unterschied zwischen Latein oder linearer Algebra und dem Kochen eines Soufflés oder Gärtnerei oder Schach oder Tanz: dass wir Letztere an den Schulen als Kurse anbieten, die Erholung vom schwierigen Stoff ermöglichen sollen. Dass wir es also nicht ernst meinen mit diesen «praktischen» Stoffen, sondern sie lediglich für eine Art innerschulische Freizeitverwendung vorsehen. Würde man das Kochen oder Theaterspielen oder die Beschäftigung mit Comics oder YouTube genauso behandeln wie die alten Römer, nämlich als ein Gebiet voller Wissensansprüche, Weltkunde, Gedächtnisanforderungen und handwerklicher Erwartungen im Zugriff auf Wirklichkeit, wäre kein Unterschied zu traditionellen Schulfächern zu sehen.

Je leichter die Schule ist, je mehr Schüler Abitur machen und je dichter sie alle im oberen Notenbereich liegen, desto weniger Information lässt sich dem Zeugnis entnehmen – und also müssen weitere «Filter» wie ein Hochschulstudium passiert werden, um ein verlässliches Signal zu geben. Das amerikanische Bildungssystem, in dem ein Highschool-Abschluss als solcher so gut wie gar nichts aussagt und deshalb nicht Abschlussprüfungen der Schulen, sondern Eingangsprüfungen der Hochschulen ausschlaggebend sind, illustriert diesen Zusammenhang anschaulich. Wächst der Hochschulzugang und verzichten dann irgendwann auch die Hochschulen in vielen Fächern darauf, informativ zu prüfen, kommt es auch hier zu einer Noteninflation. Entsprechend verschiebt sich die Aufgabe des Signalisierens neuerlich: Es werden als Zusatzinformation zum guten Hochschulabschluss Auslandsstudien bedeutsam, das Studium an renommierten Universitäten, Doktortitel, Leistungen in Assessment-Centern.

Ganz gleich, wie man diese Aufstufung, Verlängerung und Verteuerung der Bildungslaufbahnen im Einzelnen beurteilt – die dabei anfallenden Kosten können jedenfalls nicht als Beleg dafür genommen werden, dass sich die Produktivität in Form berufsnützlichen Wissens und Könnens proportional vermehrt. Wie viel die Nationalstaaten von der erzwungenen Konkurrenz ihrer Bürgerkinder um Bildungszertifikate haben, ist eine völlig offene Frage. Die Schulen allein werden uns nicht reich machen. Sie sind, ökonomisch betrachtet, nur ein Mechanismus, individuelle Zugänge zu Einkommen zu beeinflussen. Wird von ihnen ein Beitrag zur allgemeinen Wohlfahrt erwartet, lässt er sich nicht durch Bildungsaufstieg für alle verwirklichen, weil der Sinn der höheren Zertifikate gerade nicht darin besteht, produktivitätswirksame Kenntnisse zu dokumentieren. Sozialer Aufstieg hängt davon ab, ob es Stellen gibt, und welche es sind, nicht von einem inneren Kapital der Absolventen.

Wer darum mittels Schule und Investitionen in sie versucht, die Gesellschaft zukunftsfähig zu machen, begeht einen Irrtum, wenn das durch möglichst viel zukunftsträchtige Unterrichtsinhalte bewirkt werden soll. Die Schule ist ein Ort, an dem geübt werden kann, was in jeder Zukunft nützlich ist, nicht nur in derjenigen, von der wir glauben, sie stünde unmittelbar bevor. In der Zukunft wird uns helfen, was uns auch bislang geholfen hat. Es ist kein Einwand gegen die Beschäftigung mit Sinus und

Cosinus, dass die meisten von uns vergessen haben, wer diese beiden Klassiker sind und was genau sich mit ihnen anfangen lässt. Denn das, was man übt, wenn man sich an ihnen abarbeitet, braucht man in jeder Zukunft, selbst wenn es eine Zukunft ohne Elektrizität oder Mechanik wäre: Genauigkeit, Folgerichtigkeit, die Fähigkeit, Ähnlichkeiten zu erkennen, die Insistenz, etwas Schwieriges verstehen zu wollen, aber auch die Gelassenheit, wenn das partout nicht klappt, samt der Ersatztechniken, trotzdem durch eine Prüfung zu kommen.

Der Schulunterricht ist also nicht gescheitert, wenn nach dreizehn Jahren nur die wenigsten noch wissen, was es mit Sinus und Cosinus auf sich hat. Er ist gescheitert, wenn es gar niemand mehr weiß. Und er ist gescheitert, wenn diejenigen, die es nicht mehr wissen, auch bei allen anderen Gebieten und Fächern mit den Achseln zucken. Denn das Ziel des Unterrichts muss sein, alle Schüler mit interessanten, lehrreichen, gedankenanregenden und schwierigen Fragen zu konfrontieren, von denen dann einige Schüler dabeibleiben, es genauer wissen wollen, sich an ihrer Fähigkeit zu verstehen erfreuen und sich überbieten möchten. Die Weiterverwender sind in jedem Fach in der Minderheit, es ist eine zu pflegende Minderheit, aber sie zur Mehrheit zu machen, würde die Schule vergeblich versuchen. Andere, die es nicht mit Trigonometrie haben, kommen vielleicht über die Statistik zur Mathematik zurück und interessieren sich hier womöglich für das statistische Denken mehr als für das statistische Rechnen oder für das geometrische Zeichnen mehr als für die Zahlenwelt. Wieder andere kehren der Mathematik ganz den Rücken zu, und die Schule ist immer noch nicht gescheitert, wenn sie nämlich in anderen Fächern dabeibleiben. In diesen werden teils ähnliche, teils völlig unterschiedliche Fähigkeiten geübt; die Tugenden, die man in Trigonometrie beweisen kann, sind auch andernorts hilfreich, aber wessen Stärke sie nicht sind, ist weder für das Abendland noch für die Wissensgesellschaft verloren.

Nur gar nirgendwo dabeizubleiben, würde den Sinn des Unterrichts in Frage stellen, wobei es an den Schülern oder am Unterricht liegen kann, wenn das geschieht. Bildung, hat der Philosoph Hans Blumenberg einmal gesagt, ist ein Horizont. Sie weicht zurück, wenn man sich ihr nähert; sie ist eine Aufgabe, die mit jeder Lösung weitere Aufgaben hervorbringt, weil es in Bildungszusammenhängen, auf Schulen, darum geht, die eigenen Möglichkeiten zu erproben, eine Grenze hinauszuschieben. Bildungsabschlüsse, die informativ sind, deuten an, wie weit so etwas einer Person in bestimmten Hinsichten und im Vergleich zu anderen gelungen ist.

Darum sind die Weiterverwender in jedem Fach eine zu pflegende Minderheit, und darum hat auch jedes gut unterrichtete Fach für die Nichtweiterverwender einen Sinn, weil die Schule den Schülern je nach ihrem Alter, je nach ihren Begabungen, je nach ihrem Leistungsstand immer etwas mehr abverlangen muss als das, was sie schon können. Die Vielfalt der Schulfächer existiert unter anderem, weil es verschiedene Arten von Schwierigkeiten gibt, an denen sich zu erproben eine lohnende Anstrengung ist. Die Schwierigkeit, genau hinzuhören, etwa in Musik oder in Deutsch, ist etwas anderes als die Schwierigkeit, Begriffe zu bilden, oder die Schwierigkeit, ein Zahlenrätsel zu lösen. Sich in eine soziale Situation hineinzuversetzen, hilft bei Romanen, räumliche Phantasie in Geometrie wie in Kunst, Logik fast überall; die Fähigkeit, sich über etwas Unbekanntes zu wundern, schult sich in Geschichte wie Biologie, wo auch der Sinn für Kategorienbildung – sind Pilze Pflanzen? Was ist ein Lebewesen? Wie entstehen Arten? – vieles erschließt; Erinnerungsvermögen wiederum ist in jedem Fach hilfreich.

Der Einwand, dass all dieses Wissen für die meisten später keine Rolle mehr spielt, greift also am Sinn der Schule vorbei. Die Schule bereitet auf die Welt vor, aber sie ist nicht die Welt, auf die sie vorbereitet. Sie ist sie schon deshalb nicht, weil die Welt die Schule umgibt und die Schüler auch wissen, dass die Schule irgendwann aufhört: mittags, nachmittags, in den Ferien, spätestens, wenn es gutgeht, nach dem Abitur. Schüler lernen in der Schule zuerst, dass es mehr als eine Welt gibt und mehr als eine Welt Aufmerksamkeit verlangt und belohnt.

«Es gibt nichts Unnützeres als Utilitaristen», spottete einst der englische Schriftsteller Gilbert K. Chesterton. Im Zusammenhang mit der Schule heißt das: Wenn von der Schule verlangt wird, nützlich zu sein, für die Einzelnen und für die Gesellschaft, hängt alles davon ab, was unter Nützlichkeit verstanden werden soll. Wer, wie manche Ökonomen, überhaupt nur den Unterricht in der Landessprache, in Mathematik und Naturwissenschaften sehr nützlich findet, stellt sich Erziehung offenbar immer noch als Transfer von Beständen vor: als Übertragung dessen, was man in die meisten Berufe mitnehmen kann. Findet man hingegen auch das Wecken und das Verfolgen von Interessen nützlich, erweitert sich sofort der Aufgabenraum der Schule. Findet man Erzählenkönnen eine wichtige Fähigkeit, die in der Filmindustrie genauso nützlich ist wie vor Gericht oder in Vertragsverhandlungen, könnte die Beschäftigung mit den Gerichtsszenen in Shakespeares Dramen auf einmal nützlich erscheinen. Dass Fremdsprachenkenntnisse nur für Übersetzer nützlich sind, wie der ansonsten so scharfsinnige Bryan Caplan meint, entspricht der unfreiwilligen Karikatur eines utilitaristischen Amerikaners. Doch selbst wenn man sich Schüler nicht als spätere Kosmopoliten oder Touristen oder Unterhändler vorstellen will, könnte das

Hineindenken in eine fremde Sprache nützlich sein. So wie die Beschäftigung mit fremden, vergangenen Welten. So wie überhaupt die Beschäftigung mit etwas Unbekanntem.

Die Dinge so anzuschauen, als wären sie nicht vertraut, ist eine Einstellung, die das wissenschaftliche Denken charakterisiert. Denn Wissenschaft kombiniert das Interesse an Unvertrautem mit Sachlichkeit. Wer forscht, schaut sich die Dinge – darunter auch Menschen und soziale Tatsachen – an, als seien sie unbekannt. Einerseits sehr genau, andererseits mit der Distanz, die früh im griechischen Wort «theoria» festgehalten wurde. Wissenschaft übt verfremdende Blickweisen ein. Etwas erforschen heißt, es mit etwas anderem zu vergleichen, es in seine Bestandteile zu zerlegen, es umzuformen, auf den Kopf zu stellen, zu fragen, ob man es durch etwas anderes ersetzen kann, wofür es sich nutzen lässt und so weiter.

Die Schule ist keine wissenschaftliche Einrichtung, und sie hat auch nicht die Aufgabe, auf Wissenschaft vorzubereiten. Aber weil Kinder Neuankömmlinge sind, die wenig kennen, und umso weniger, je weniger Kenntnis ihnen schon in ihren Familien vermittelt wurde, stellt sich in den Schulen fast natürlich eine Situation her, die Fremden geläufig ist. Die Biologie zeigt uns, dass wir nur denken, wir wüssten, was eine Pflanze ist. Ein guter Deutschunterricht lehrt uns Worte, von denen wir nicht wussten, was man mit ihnen ausdrücken kann. Die Mathematik zeigt, dass man Rechnen können muss, um zu begreifen, dass sich mit Zahlen noch ganz anderes anstellen lässt. Und bei den Griechen sind wir ohnehin Römer, die sie nicht verstehen oder eben nur halb. Fast möchte man sagen: Aller Unterricht ist sinnvollerweise Fremdsprachenunterricht. Deswegen kann es geradezu nützlich sein, die Fähigkeiten, sich in der Welt zurechtzufinden, auch an Gegenständen zu üben, die man nicht nur so anschaut, als wären sie unbekannt, sondern die tatsächlich unbekannt sind und bei denen die Schüler – und auch die Eltern – gar nicht auf die Idee kommen zu denken, sie wüssten schon, was es mit diesen Dingen auf sich hat. Denn genau das ist ja die Zukunft, auf die Schulen vorbereiten sollen: unbekannt. Für die Gesellschaft weitgehend unbekannt, für die Individuen weitgehend unbekannt. Hierin kann, wenn sie diese Möglichkeit gut verwirklicht, der Sinn der Schule liegen – was immer es dann für das Bruttosozialprodukt und die Lebensläufe der Schüler bedeutet.

III. KAPITEL

Was von der Schule vergeblich verlangt wird: sozialer Aufstieg für alle

Bildungserfolg und soziale Herkunft hängen zusammen. Was aus einem Kind schulisch wird, wird auch davon beeinflusst, in welcher Familie es aufwächst. Manche behaupten, Bildung vererbe sich. Nicht biologisch, sondern sozial: Die Kinder erlangen im Durchschnitt die Zertifikate der Eltern. In Deutschland, heißt es, sei dieser Zusammenhang besonders stark. Zum Beleg werden die unterschiedlichsten Zahlen vorgetragen: Akademikerkinder haben bei gleicher Leistung in der Grundschule eine viermal höhere Chance, ein Gymnasium zu besuchen, als alle anderen. Ein Beamtenkind hat unabhängig von der Leistung eine dreieinhalbmal höhere Chance, ein Gymnasium zu besuchen, als ein Arbeiterkind. Die Hälfte aller Studienanfänger stammt aus einem Akademikerhaushalt, aber nicht einmal zwanzig Prozent aus einer Arbeiterfamilie. Die Erfolge in Leistungsvergleichen hängen schon bei Viertklässlern vom Familienhintergrund ab; Kinder, die beim Eintritt in die Grundschule schon ein wenig buchstabieren und rechnen können, verlieren diesen Vorteil nicht mehr.

Kann eine anders eingerichtete Schule hieran etwas ändern? Um diese Frage zu beantworten, ist zu klären, mit wie vielen Problemen genau man es zu tun hat und was solche Zahlen (x-fach höhere Chance) und Begriffe (Arbeiterkind, Akademikerhaushalt) überhaupt besagen.

Als vor gut fünfzig Jahren ein Mangel an qualifizierten Arbeitskräften in Deutschland festgestellt wurde, kam der Ausdruck «Begabungsreserve» auf. Damit waren soziale Gruppen gemeint, deren Anteil an den Gymnasiasten und Studenten weit unterhalb ihres Anteils an der Bevölkerung lag. Man identifizierte damals Mädchen, Landbewohner, Arbeiterkinder und Katholiken als solche «Gruppen», woraufhin die Modellfigur der katholischen Arbeitertochter vom Land geschaffen wurde. Sie trug alle Merkmale, die zu Benachteiligungen im Bildungssystem führten.

Der Begriff der Benachteiligung hat allerdings nur einen Sinn, wenn er nicht einfach «stärkere Abwesenheit auf bestimmten Bildungsstufen» meint. Denn dafür, dass eine Person nicht aufs Gymnasium geht oder nicht studiert, kann es viele Gründe geben. Unter ihnen sind eine ungerechte Behandlung, die Verweigerung von Zugängen, die ausbleibende Anerkennung von Leistungen nur drei Möglichkeiten unter anderen. Es gibt den manifesten Ausschluss, etwa durch ein ungemein kostspieliges Schulsystem. Das war in Deutschland damals wie heute nicht das Hauptproblem, auch wenn das, was für die einen kostenloser Schulzugang ist, die anderen beim Kauf von Büchern, Schreibgeräten, Lehrmitteln und bei der Finanzierung von Ausflügen durchaus vor Belastungen stellt. Viel stärker wirkte vor fünfzig Jahren, dass überhaupt nur sehr wenige Plätze an den höheren Schulen und Hochschulen vorgesehen waren. 1950 gab es an deutschen Universitäten 110 000 Studierende, Anfang der sechziger Jahre waren es 250 000, heute sind es 2,8 Millionen. Es liegt nahe, dass bei einer geringen Zahl an Gymnasien und Hochschulen die wenigen Plätze sehr wahrscheinlich von denen eingenommen werden, die schon in anspruchsvollen Bildungswelten aufwachsen und sich von vornherein prädestiniert fühlen dürfen. Wenn hingegen fast die Hälfte eines Jahrgangs studiert, kann man sich den Zugang nicht mehr als Privileg des Bildungsbürgertums vorstellen.

Es gibt also Chancenungleichheit aufgrund äußerer Umstände. Es gibt aber auch Chancenungleichheit aufgrund unterschiedlichen Abschneidens an den Schulen. Manche Antworten sind richtiger, durchdachter, kenntnisreicher oder besser formuliert als andere. Das wiederum kann zu Teilen auf unterschiedliche Unterstützung in Familien oder auf ihr kulturelles Selbstverständnis zurückgeführt werden. Die Orte, an denen Chancenungleichheit hervorgebracht wird, sind nicht allein die Klassenzimmer. Die seit fünfzig Jahren wiederholte Formel, Bildungspolitik sei die wahre Sozialpolitik, enthält aber die Behauptung, die Klassenzimmer seien der Ort, an dem die Chancenungleichheit aufgrund von Herkunft beseitigt werden könne.

Die vier Merkmale des Modellmädchens hatten, je nachdem, welche Gründe für ungleiche Chancen hinter ihnen steckten, eine ganz unterschiedliche Aussagekraft. So waren die Katholiken stark unter den Landbewohnern und den Arbeitern vertreten, weshalb der Soziologe Ralf Dahrendorf die Konfession damals ohnehin nur mit Einschränkung als einen eigenständigen Chancennachteil bezeichnen wollte. Heute redet niemand mehr davon, aber viele über den Islam, für den womöglich dasselbe gilt: hohe Übereinstimmung der religiösen Zugehörigkeit mit Zugehörigkeit zu anderen bildungsarmen Gruppen der Unterschicht, oft zusätzlich begleitet vom Merkmal der Fremdsprachigkeit. Sollte es darüber hinaus besondere bildungsfeindliche Einstellungen bestimmter religiöser Gruppen geben, etwa gegenüber Mädchen, träte ein weiterer von der Schule schwer erreichbarer Umstand ungleicher Chancenverteilung hinzu.

Stadt/Land-Unterschiede fallen heute nicht mehr stark ins Gewicht. Es gab in den sechziger Jahren schlicht nur wenige höhere Schulen auf dem Land, die Gymnasien konzentrierten sich in den Städten; die Benachteiligung von Landbewohnern führte zu einer bildungspolitischen Ressourcen- und Verteilungsfrage. Das war beim Merkmal «Arbeiterkind» nicht ganz so eindeutig. Denn Arbeiterkinder gab es eben auch, und unsere Intuition sagt: gerade in den Städten und also in der Nähe von Gymnasien.

Hier setzt ein, was Soziologen den primären und den sekundären Effekt der Herkunftsabhängigkeit nennen. Der primäre Effekt: Arbeiterhaushalte verfügen über weniger Ressourcen (Geld, Wissen, Zeit, Kontakte), um Bildungsaufstieg zu ermöglichen. Außerdem erziehen sie oft nicht in diese Richtung, sondern – wie viele Milieus – konservativ auf Übernahme oder nur vorsichtige Veränderung des Lebensstils durch die Kinder. Dadurch bleiben Arbeiterkinder im Durchschnitt hinter den Leistungen von Akademikerkindern zurück. Der sekundäre Effekt: Auch wenn die Arbeiterkinder nicht dahinter zurückbleiben, sondern gleich gute oder sogar bessere Noten mit nach Hause bringen, verfolgen Eltern und Schüler oft eine schichtabhängige, risikoscheue Planung des Lebenslaufs. Sie wählen die Realschule, obwohl die Leistungen fürs Gymnasium ausreichen würden. Und umgekehrt wählen Eltern, die ein Gymnasium besucht haben, diese Schulform für ihre Kinder auch dann, wenn diesen Kindern die Realschule empfohlen wird. Hinzu kommen mitunter Empfehlungen von Lehrern, die ähnlich konservativ sind, wenn nicht schon vorher in die Notenvergabe und die Wahrnehmung der Schüler das Wissen um ihre Herkunft eingegangen ist, und zwar ungerechterweise negativ. Was jemand kann, hängt auch davon ab, was jemandem zugetraut wird und was jemand sich selbst zutraut. Die Mädchen waren in diesem Sinne bildungsbenachteiligt, weil das Vorurteil wollte, dass sie ohnehin nicht für Berufstätigkeit, am wenigsten für eine akademische, sondern vor allem für die Mutterrolle bestimmt seien.

Es liegt auf der Hand, dass solche Benachteiligungen nicht einfach durch die Einrichtung von mehr Gymnasien und Hochschulen zu überwinden waren. Es brauchte nicht zuletzt 1968 dazu, den Feminismus, das Fernsehen und die Lehrerbildung, um von den entsprechenden Stereotypen allmählich wegzukommen. Eine bloße Ressourcenfrage ist ihre Auflockerung schon deshalb nicht, weil es sich auch um in den Familien selbst verankerte Benachteiligungen handelt. Man könnte auch sagen: um Entscheidungen, denn es kann dem Arbeiterkind, das mit guten Noten eine Lehre anstrebt und nicht aufs Gymnasium wechselt, diese Wahl ja nicht als biographischer Fehler vorgeworfen werden.

Welchen Irrtum begehen gute Oberstufenschüler aus Arbeiterfamilien, wenn nur 43 Prozent von ihnen studieren wollen, gegenüber Schülern aus Beamtenfamilien, von denen die Hälfte, selbst diejenigen mit mittleren Leistungen, ein Studium ergreift. Sie haben keinen Chancennachteil, sie ergreifen nur das nicht, was Ungleichheitsforscher als Chance verstehen; sie wählen eine andere Chance: eine Lehre, eine Ausbildung in der Verwaltung, Selbständigkeit. Sie machen so wenig einen Fehler wie junge Frauen, die sich früh für eine eigene Familie entscheiden und ihre Berufsausbildung darum zurückstellen. Oder wie Frauen, die eher ein Studium der Geistes- oder Sozialwissenschaften ergreifen als ein naturwissenschaftliches oder technisches. Wenn sie später dadurch im Durchschnitt weniger Einkommen erzielen, ist es doch kein Irrtum gewesen, weil sie ihr Leben ja nicht als Gruppe und nicht im Durchschnitt führen und weil es auch keine Pflicht für Individuen gibt, sich bei ihren Karriereentscheidungen vorher die Genehmigung von Soziologen oder Gleichstellungsaktivisten zu holen.

In alle diese Entscheidungen gehen Überlegungen ein, die abhängig von Ressourcen und insofern von bildungs- und gesellschaftspolitischen Umständen sind. Hat die Universität einen Kindergarten? Gibt es Ganztagsschulen? Gibt es einen zweiten Bildungsweg? Gibt es Stipendien? Wo gibt es Arbeitsplätze? In alle diese Entscheidungen gehen aber auch die Sozialisation der Eltern wie ihrer Kinder ein, ihre Lebensentwürfe, ihr Verständnis sozialer Arbeitsteilung in den Familien sowie Zufälle, glückliche wie unglückliche. Und schließlich sind Schüler Individuen, bei denen es im konkreten Fall sehr Verschiedenes bedeuten kann, ein Arbeiter- oder Akademikerkind zu sein, denn keine Person kann nur das sein, sondern ist immer auch ein Mädchen oder ein Junge, eine Muslima, eine Schülerin, die auf zugewandte oder nichtzugewandte Lehrer trifft, ein Akademikerkind, aber Arbeiterenkel und so weiter. Ob die Tochter eines Arbeitervaters auch die Tochter einer Arbeitermutter ist, ob das katholische Mädchen einen protestantischen Vater hat, ob Haushalte, in denen es wenig Bücher gibt, auch Haushalte sind, in denen ständig der Fernseher läuft, das alles sind Fragen, die von dem oft stereotypen Vorgehen der Ungleichheits- und Bildungsforscher nicht beantwortet werden. Für Bildungschancen sind sie aber bedeutsam. Auch in den Schulklassen werden nämlich keine Durchschnitte und keine statistischen Aggregate unterrichtet, sondern Personen.

Schulkinder haben je nach Herkunft, wie es heißt, «ungleiche Chancen», einen höheren Schulabschluss zu machen. Das wird so ermittelt: Vor fünfzig Jahren beispielsweise besuchten 36 Prozent der Beamtenkinder ein Gymnasium, aber nur 4 Prozent der Arbeiterkinder. Lassen wir für einen Augenblick beiseite, was genau das ist, ein «Beamtenkind», wenn dieser Begriff die Kinder von Polizisten im Streifendienst ebenso einschließt wie die Kinder von Polizeipräsidenten oder Verfassungsrichterinnen. 36 von 100 Beamtenkindern gehen also auf ein Gymnasium, 64 nicht; 4 Arbeiterkinder und 96 nicht. Das ergibt – 36 × 96 / 64 × 4 – eine 13,5-mal höhere Chance für die Beamtenkinder. (Es ergibt übrigens nicht eine neunzehnfach höhere, wie es in der Originalstudie heißt, deren Rechenfehler danach alle abgeschrieben haben.)

Warum von Chance gesprochen wird, wenn einfach faktisch vorliegende Verteilungen herangezogen werden, bleibt das Geheimnis der Ungleichheitsforschung. Man berechnet jene Chancen so, als ob die Kinder wie Kugeln aus einer Lostrommel gezogen würden und dabei vorab festgelegt wäre, wie viele blaue und weiße Kugeln jeweils zum Zuge kämen. Die empirische Verteilung wird nachträglich als Chancenverteilung interpretiert, so als hätten es von vornherein nur vier Arbeiterkinder aufs Gymnasium schaffen können, wenn es vier geschafft haben. Es wird damit in klar ideologischer Absicht suggeriert oder mindestens die Suggestion in Kauf genommen, es habe im Grunde nur vier Plätze für Arbeiterkinder gegeben.

Der Wert lag dann beim Vergleich des Beamten- mit dem Arbeiternachwuchs 1989 bei etwa 11, in den neunziger Jahren bei 9, 2000 bei 7; gegenwärtig liegt er, je nach Studie, um 5. Je nach Studie werden aus den Arbeiterkindern auch Facharbeiterkinder, Kinder ungelernter Väter oder Kinder von Eltern (Väter?) ohne Abitur, und umgekehrt aus den Beamtenkindern Angestelltenkinder oder Akademikerkinder. Die errechneten Chancenungleichheiten schwanken, meistens wird in den

Studien auch gar nicht ausgewiesen, wie sie berechnet wurden, und ebenfalls nicht erläutert, was in Begriffe wie «untere Dienstklasse» oder «Arbeiter» alles eingeht. In den Medien kommen dann meist ohnehin nur die Missstände anzeigenden Zahlen an und werden dort von Moderatoren mit anklagender Stimme Politikern vorgehalten, die nicht in der Lage sind, auch nur eine dieser Untersuchungen sinnentnehmend zu lesen. Wieso denn nachdenken, Hauptsache Empörung. Nicht, dass es für Kritik und vielleicht sogar Empörung keinen Anlass gäbe, aber der Zustand der Ungleichheitsforschung und der Berichterstattung über sie ist selbst ein solcher Anlass.

Ein Konzept der Chancengleichheit, das darauf hinausliefe, dass die Schule die Herkunft der Schüler komplett neutralisieren muss, wäre abenteuerlich. Nein, nicht wäre, es *ist* abenteuerlich, denn dieses Konzept von Chancengleichheit findet sich überall dort, wo die Erwartung lautet, dass gesellschaftliche Gruppen proportional zu ihrem Anteil an der Bevölkerung auch auf allen Ebenen des Bildungssystems vertreten sein sollten. 26 Prozent Arbeiter unter allen Erwerbstätigen – also sind 19 Prozent Arbeiterkinder an der Universität zu wenig. Als gäbe es nicht Gründe dafür, dass es Arbeiterkinder schwerer haben und ihre Eltern und sie selbst zurückhaltender sind, was die Risikobereitschaft beim Bildungsaufstieg angeht. Aber man phantasiert sich lieber eine Schule herbei, der gelingen soll, was selbst politische Revolutionen nicht vermochten: gesellschaftliche Gleichheit herzustellen.

Wenn die Hälfte aller Beamtenkinder aufs Gymnasium geht, aber nur ein Viertel der Facharbeiterkinder, dann wird schon dies für ungerecht erklärt, ohne dass zuvor gefragt würde, welchen Anteil daran die primären und welche die sekundären Effekte haben – und ob die sekundären Effekte als Entscidungen von Elternhäusern mittels Schulpolitik wirklich beseitigt werden können. «Je weiter die Bildungsrealität vom Gruppenproporz der Gesamtbevölkerung entfernt ist, umso größer ist die angenommene Ungleichheit im Bildungssystem» – die typische Aussage eines Forschers, der zugleich konzediert, dass es nur beim Geschlecht, nicht aber bei Schichtherkunft und Ethnie sinnvoll ist zu unterstellen, dass alle das gleiche «Leistungspotenzial» haben. Der Gruppenproporz ist folglich nur ein Maß für nicht weiter aufgeklärte Ungleichheit. Man könnte ihn kürzer und ehrlicher ein selbst sinnloses Maß nennen, wenn es nicht immerhin die Möglichkeit geben würde, ihn im Zeitablauf zu verfolgen. Dann stellt sich nämlich heraus, dass die Klage über siebenmal höhere Chancen der Angestelltenkinder um die Behauptung gekürzt werden muss, man befände sich erneut in einer Situation, wie sie Dahrendorf vor fünfzig Jahren analysiert habe – damals waren die «Chancen» der Beamtenkinder, wie gesagt, fast vierzehnmal so hoch.

Der wichtigste Effekt der Bildungsexpansion seit den sechziger Jahren waren die ansteigenden Bildungslaufbahnen der Mädchen aus bildungsfreundlichen Milieus und der Landbewohner. Bei den Arbeiterkindern hingegen, darunter auch den Arbeitertöchtern, kam es zwar zu der eben erwähnten Verbesserung, aber nicht zu einem proportionalen Aufstieg. Zwischen 1965 und 1989 erhöhte sich der Anteil der Arbeiterkinder an den Gymnasiasten von vier auf elf Prozent. Für die Frage, wie solche Zahlen einzuschätzen sind, ist erheblich, dass die Kinder eines jeden Arbeiterkindes, das ein Studium absolviert hat, ihrerseits als Akademikerkinder gelten. Was also soeben noch das Ergreifen einer unwahrscheinlichen Bildungschance war, verstärkt in der nächsten Runde rein rechnerisch die Bildungsungleichheit. Arbeiterenkel erfasst die Ungleichheitsforschung dabei so selten wie Akademikerenkel mit Arbeitervätern und Müttern, die das Abitur abgelegt haben. Überhaupt leidet die Ungleichheitsforschung daran, die Haushalte nach wie vor als Haushaltsvorstandshaushalte zu verstehen: Hat der Vater nicht studiert, handelt es sich um ein Nichtakademikerkind. Hat er kein Abitur und begann seine Laufbahn als Facharbeiter, während die Mutter mit Abitur einer Tätigkeit als Hausfrau nachging, erscheinen die Kinder womöglich auch dann als Arbeiterkinder aus einem Nichtakademikerhaushalt, wenn beide Großväter einen Universitätsabschluss hatten und der Vater am Ende seiner Karriere eine Fabrik leitete. Hat wiederum eine Mutter zwar studiert, aber nicht abgeschlossen, und ist sie alleinerziehend, wird den Kindern nur ein Abitur als Bildungshintergrund zugeschrieben. Was will man eigentlich auf eine Bildungsforschung geben, die ständig das Individuum hochhält, aber es in ihrem Vorgehen mit Füßen tritt?

Sie starrt lieber auf Zahlen, die keiner sozialen Situation zugeordnet werden können, weil der Blick auf den konkreten Fall zeigen würde, wie wenig aussagekräftig eine Variable wie «bildungsschwache Herkunft» ist. Sie hat, mit anderen Worten, meistens gar nicht Schulen im Sinn und das, was dort getan werden könnte, um Bildungschancen für Kinder aus einkommensschwachen Familien zu erhalten; vielmehr sucht sie mit Forderungen nach einem Systemwechsel und dem haltlosen Versprechen, er werde soziale Gerechtigkeit und Leistungsgerechtigkeit zugleich bringen, ausschließlich das Gehör der Bildungspolitik.

Das lenkt den Blick zurück auf die primären und sekundären Ungleichheitseffekte. «Wenn es gelänge», schreibt der Soziologe Rainer Geißler, «das Leistungsprinzip schichtunabhängig durchzusetzen, wenn es also gelänge, die leistungsstarken Schüler aus sozial schwachen Schichten häufiger als bisher zum Besuch von Gymnasien und Hochschulen zu bewegen und leistungsschwache Kinder aus den höheren Schichten häufiger als bisher von diesen Einrichtungen fernzuhalten, dann hätte ein Mehr an Chancengerechtigkeit keine Absenkung, sondern einen Anstieg des Leistungsniveaus zur Folge.»

Was die Schule hierzu beitragen kann, ist dreierlei: Sie kann dem Skandal entgegenwirken, dass Kinder aus besonders bildungsschwachen Familien ein Vielfaches an Begabung und Fleiß zeigen müssen, um eine Gymnasialempfehlung zu erhalten; sie kann leistungsstarke Schüler ohne Ansehen ihrer Herkunft ermutigen und in Ansehung ihrer Herkunft das Gespräch mit den Eltern suchen; und schließlich kann sie, dies aber nicht ohne bildungspolitische Lizenz, Aufnahmetests an Gymnasien etablieren und danach herkunftsblind zulassen, um die leistungsschwächeren Kinder der oberen Mittelschicht «fernzuhalten». (Dass die meisten dieser Schüler und Schülerinnen, von denen die Ungleichheitsforschung behauptet, sie gehörten gar nicht an ein Gymnasium und seien «fernzuhalten», dort trotzdem das Abitur erlangen, sei nur nebenbei notiert. Wahrscheinlich ist auch das wieder nur eine Machenschaft der Bildungsschichten.)

Das «herkunftsblind» zulassende Gymnasium freilich wird nicht den Effekt haben, den sich der Ungleichheitsforscher davon erträumt. Zum einen wissen wir, wie viel in Bildungssystemen, die mit Aufnahmeprüfungen statt mit Abschlussbeurteilungen operieren, von einkommensstarken Familien in die Vorbereitung auf jene Tests investiert wird. Die englischen und amerikanischen Preparatory-Schools, die auf prestigereiche Sekundarstufen oder Elite-Colleges vorbereiten, und die französischen Classes préparatoires für die Zulassung zu den Grandes Écoles sind besonders deutliche Beispiele. Zum anderen würde eine strikte Durchsetzung des Leistungsprinzips abgewiesenen Kindern aus höheren Schichten den Weg in die Privatschulen, Konfessionsschulen, Internate offen lassen. Von den Effekten einer Schulpolitik, die bayerische Strenge beim Schulübergang mit nordrhein-westfälischem Bestehen auf der Gesamtschule als Zentralmodell kombinieren wollte und dann noch die von vielen Bildungssoziologen und -journalisten empfohlene Zwangsmischung aller Herkünfte, also die gleichmäßige Verteilung der Kinder aller Wohnquartiere auf die Schulen anschlösse, von den Effekten einer solchen Politik bei Landtagswahlen ahnen diejenigen, die sie vorschlagen, offenbar weniger als die Politiker, die Konzepte dieser Art in den Schubladen lassen.

Die Bildungspolitik kann die Grundschulen stärken und in Vorschulerziehung investieren, um krasse Ungleichheiten aufgrund unterschiedlicher Familienhintergründe zu dämpfen. Sie kann sich aber nicht als die eigentliche Sozialpolitik darstellen und behaupten, die Schule eigne sich dafür, der Ort des Ausgleichs jedweder gesellschaftlicher Asymmetrien zu sein. Nehmen wir nur die Tatsache, dass inzwischen Mädchen im Durchschnitt bessere Leistungen als Jungs erbringen. Sie werden nicht so oft von der Einschulung zurückgestellt, sie bleiben in allen Schulformen weniger oft sitzen, sie sind in den höheren Schulen überrepräsentiert und brechen seltener die Schule ab. Die Forschung hält das für ein Ergebnis geschlechtsspezifischer Sozialisation: Mädchen sind fleißiger, aufmerksamer, arbeitsamer, weniger störungsfreudig, weniger gewalttätig.

All das sind bildungsgünstige Voraussetzungen für den Unterricht, die aber die Schule nicht durch irgendwelche Maßnahmen nun bei den Jungs herstellen kann, wenn sie darin nicht von den Familien unterstützt wird. Bevor noch die Schule wirksam wird, verfestigen sich Haltungen und ein bildungsungünstiger Habitus, den zu brechen, wenn das Wort gestattet ist, dem allgemeinen Vokabular des selbstwirksamen Schülers, der recht hat, wenn er Autoritäten die kalte Schulter zeigt, widerspräche. Wer in einem heruntergekommenen Viertel und in Familien aufwächst, in denen wenig gesprochen, geschweige denn argumentiert wird, dem wäre mehr durch eine Schule geholfen, die alle ihre Ressourcen in den Versuch steckt, Basisqualifikationen und Disziplin zu sichern, als durch eine, die Bildungsaufstiege im Blick hat und sich in die Frage der vierfach geringeren Chance beim Gymnasialzugang verbeißt. Doch Zahlen darüber, wie x-fach ungleich die jeweiligen Kinder in den Schulen ankommen, werden weniger laut über die Kanäle der Massenmedien verbreitet.

Einen gewissen Bedarf an Ungerechtigkeit muss man bei den Ungleichheitsforschern wohl konstatieren, wenn man beispielsweise sieht, dass sie es sogar ungerecht finden, wenn Arbeiterkinder, die das Abitur gemacht haben, danach nicht studieren. Das Arbeiterkind ist selbst dann ein Opfer, wenn es sich, volljährig und im Besitz der Hochschulreife, dafür entscheidet, lieber Beamtin zu werden, etwa Polizeibeamtin, statt ein Studium der soziologischen Ungleichheitsforschung oder Erziehungswissenschaft anzuschließen. Oder nehmen wir die Auswertung der Pisa-Studien, bei der es gewissermaßen a priori feststeht, dass Deutschland ein besonders ungerechtes Schulsystem hat. Wieso a priori? Im Durchschnitt der OECD-Länder, so wurde zuletzt ausgerechnet, erklären sich 13 Prozent der Leistungsunterschiede zwischen den Schülern in diesem Test durch ihre soziale Herkunft. In Deutschland wie in der Schweiz und Österreich sind es 16 Prozent. Das kommentierte die OECD so, dass der Zusammenhang von Leistung und Herkunft in Deutschland «noch immer sehr ausgeprägt» sei. Dass er beim Pisa-Sieger Singapur mit 17 Prozent noch ein wenig größer ist, blieb ebenso unkommentiert wie die Zahlen von Frankreich (20 Prozent) oder von Algerien, das nach diesen Berechnungen das gerechteste Bildungssystem hat und zugleich die zweitschwächsten Leistungen erzielte.

Ein anderes kleines Beispiel für die Dynamik der Gleichheitsforderungen gibt ein gerade aktueller Fall. An Berlins Grundschulen fehlen Lehrer. Die Gründe sind verschieden, aber interessant, weil sie nicht nur auf der Fehlplanung der Wissenschaftsbehörde unter den Senatoren Zöllner (SPD) und Scheeres (SPD) beruhen. Die hatte einen engen Numerus clausus auf das Studium manchen Lehrberufs gelegt und zu spät gemerkt, dass 189 Studienplätze für eine Metropole womöglich viel zu wenig sind. Die Pensionierung der ersten Baby-Boomer-Jahrgänge kam gewissermaßen für die Behörde ebenso überraschend wie die Zuwanderung nach Berlin. Anderes kommt hinzu, denn nicht nur ist Berlin, das sein Schulpersonal seit einiger Zeit nicht mehr verbeamtet, im Wettbewerb um Lehrer weniger konkurrenzfähig als andere Bundesländer. Es sind auch innerhalb Berlins, wie in jeder Großstadt, nicht alle Schulbezirke für Lehrer gleichermaßen attraktiv. Bei den vorzeitig aus Berufsunfähigkeit ausscheidenden Lehrern sind Rekordstände erreicht, die mehr als doppelt so hoch sind wie die Zahlen von vor zehn Jahren. Bei den einfachen Kündigungen ist die Zahl sechsmal so hoch wie 1998. Die Lehrer zieht es in andere Bundesländer, beispielsweise ins Umland Berlins. Nun wird es aber schulpolitisch nicht für tragbar gehalten, die Klassengrößen dem anzupassen oder das Arbeitspensum für die verbliebenen Lehrkräfte zu erhöhen. Und tatsächlich würde das die Ausstiegsneigung in der Lehrerschaft aller Voraussicht nach weiter erhöhen.

Also werden siebenhundertfünfzig «Quereinsteiger» mit einem Fachstudium ohne pädagogische Ausbildung und mehr als neunhundert Lehrkräfte ohne Ausbildung im jeweiligen Unterrichtsfach rekrutiert, die aus anderen Berufsfeldern kommen und nach kurzer Einweisung zumeist Grundschulunterricht geben. Sie wiederum teilen mit, sie hätten noch nie unterrichtet und fühlten sich «alleingelassen». Warum sie sich zu einem Beruf entschließen, von dem sie das Gefühl haben, ihn ohne Unterstützung nicht ausüben zu können, werden sie nicht zurückgefragt. Warum sie sich nicht auf eigene Faust weiterbilden, auch nicht. Wie viel jahrelange Zusatzqualifikation nötig ist, um mit Sechsjährigen das Addieren und Buchstabieren zu üben, wird nicht diskutiert. Dass die hektische, aber verständliche Neuschaffung von achthundert Studienplätzen fürs Grundschullehramt Qualitätsprobleme nach sich zieht, da ja über Nacht weder die Dozentenstellen an den Hochschulen mitwachsen noch die Senkung des Numerus clausus automatisch mit «besseren» Bewerbern einhergeht, bleibt ebenfalls unerwähnt.

Aber hier scheint nicht die eigentliche Schwierigkeit zu liegen, sondern in Unterrichtssituationen, die ganz unabhängig vom Lehrermangel belastend sind: Inklusionsklassen, Klassen mit einem hohen Anteil fremdsprachiger Kinder, Klassen, in denen es mehrere Schüler mit Verhaltensproblemen gibt. Zu Hause Deutsch sprachen von den Berliner Kindern im Jahr 2005 etwa drei Viertel, 2017 waren es nur noch sechzig Prozent. Also steigt der Lehrerbedarf auch deshalb, weil von vierzig Prozent Kindern nichtdeutscher Herkunftssprache an zusätzliche Lehrkräfte vorgesehen sind. Dasselbe gilt für den sonderpädagogischen Bedarf. Weil es viele Schulen gibt, an denen das der Normalfall ist, und sich die Lehrer ebendarum gern aus den entsprechenden Quartieren wegbewerben, werden die meisten Quereinsteiger dort eingestellt. Das wiederum ruft die Bildungsungleichheitsforscher – und natürlich die

Bertelsmann-Stiftung – auf den Plan, weil in dem Umstand, dass die schwächsten Schüler nun die meisten Quereinsteiger als Lehrer bekommen, eine weitere Quelle sozialer Ungleichheit erkannt wird. Es gibt also einen eindeutig politisch verschuldeten Notfall, es erfolgen Sofortmaßnahmen, die strukturelle Probleme jenseits des Notfalls nicht beheben können, man weiß auch noch gar nicht, wie sie wirken, denn sie sind soeben erst eingeleitet – und die Lautsprecher aus der Begleitforschung und den Redaktionen haben nichts anderes zu tun, als weitere Ungleichheit festzustellen. Um es mit dem amerikanischen Soziologen James Coleman zu sagen: «Governmental assumption of responsibility for persons in need creates increased need» – die Annahme, dass der Staat für bedürftige Personen verantwortlich ist, schafft mehr Bedürftigkeit, und zwar auf jedem Erfüllungsniveau.

Hierauf reagieren die Familien je nach ihren ökonomischen Ressourcen und je nach ihrer Einstellung zur Schule unterschiedlich. Der Anteil der Eltern steigt, die von der Schule erwarten, dass sie zusammen mit den Kindern die wesentlichen Bildungsprobleme ganz allein löst. Aber das kann die Schule nicht. Starke kognitive Unterschiede bestehen schon beim Eintritt in den Kindergarten. Dass sich die Chancen der Kinder vermindern, wenn die Eltern nicht Deutsch sprechen, scheint viele Eltern nicht genug zu bekümmern. Genauer: Sie sorgen sich oft, dass ihre Kinder schulisch zurückbleiben, wissen aber nicht, wie sie dagegen angehen können. Beides, Sozialisation wie außerschulische Erziehung, wirkt vor und während der Schulzeit auf Schüler ein. Schüler sind, mit anderen Worten, auch Kinder. Kinder ihrer Eltern, Kinder ihrer Lebensumstände, Kinder der Gesellschaft, in der sie aufwachsen, Stadtkinder, Landkinder, Arbeiterkinder und Arbeitslosenkinder, Polizistenkinder, Alleinerziehendenkinder, Migrantenkinder, Professorenkinder. Und all das auch in den unterschiedlichsten Kombinationen: Kinder von alleinerziehenden und bei der Polizei arbeitenden Migranten in der Stadt, Kinder von Bauern, die studiert haben, Arbeiterkinder und zugleich Akademikerenkel und so weiter. All das beeinflusst die Bildungschancen eines Kindes, lange bevor es in der Schule ankommt. «Beeinflusst» heißt dabei nicht «determiniert». Es heißt nur, dass nicht jede Umwelt gleichermaßen gut auf die Schule vorbereitet, weil die Schule eben ganz bestimmte Erwartungen an die Kinder richtet.

Begriffe wie «Armut», «sozial schwache Schichten» oder «Familien mit geringem Einkommen» erfassen diesen Umstand nur sehr oberflächlich. Denn es ist nicht einfach die ökonomische Lage einer Familie, die sich nachteilig auf Bildung auswirkt. Studenten beispielsweise leben im Sinne der europäischen Armutsdefinition – Verfügung über weniger als die Hälfte des durchschnittlichen Nettoeinkommens – oft unterhalb der Armutsgrenze; es liegt aber auf der Hand, dass ihre Kinder eine andere Chance haben, schuladäquat sozialisiert zu werden als die Kinder in Haushalten, die auf Sozialhilfe angewiesen sind. Nicht das zu geringe Einkommen bewirkt, dass Kindern nicht vorgelesen wird oder dass sie unregelmäßig die Schule besuchen. Dass die Hälfte aller Schulverweigerer aus den mittleren Schichten kommt und nur jeder Dritte aus sozioökonomisch schwachen Haushalten, Kinder mit Migrationshintergrund sogar nur fünfzehn Prozent der häufig Fernbleibenden ausmachen, unterstreicht diese Tatsache. Die Selbständigkeit, die für den Kindergartenbesuch entscheidend ist – motorische Fähigkeiten, die Bereitschaft, sich für Stunden von den Eltern zu trennen, Erfüllung von Hygienestandards, eigene Verhaltensregulation –, wird ebenfalls nicht durch das elterliche Einkommen bewirkt.

Die Vorstellung, die Schule könne die Unterschiede ihrer Umwelten so neutralisieren, dass alle die gleichen Chancen haben, am Ende auf einer Hochschule zu landen, etwa indem die schulische Erziehung möglichst frühzeitig einsetzt, ist abwegig. Wenn es Stadtteile wie Mannheim-Jungbusch gibt, wo fast zwei Drittel der Bevölkerung Deutsch nicht als Muttersprache haben und zugleich eine vollständige türkischsprachige Infrastruktur dafür sorgt, dass es nicht notwendig ist, in die Sprache des Einwanderungslandes zu investieren, dann gibt es auch keine gleichen Bildungschancen. Denn weder sind die Ressourcen der Kinder aus einem solchen Ghetto – so nennen es die Bewohner wie die Außenstehenden – gleich, noch ist ihre Herkunft gleich, die auf sie einwirkt, noch sind sie es selber. Schulklassen mit siebzig bis neunzig Prozent Migrantenanteil, Klassen mit Kindern aus vierzehn Nationen. Was die Schule erreichen kann, ist nicht Gleichheit der Chancen, sondern allenfalls eine Reduktion des Einflusses ungleicher Umwelten.

Dass Lehrer angesichts der gegenteiligen Behauptung, sie produzierten soziale Ungleichheit, nicht verrückt werden, ist ein Wunder. Denn nach Auskunft mancher Psychiater gibt es eine typische Situation, die, wenn man ihr immer wieder ausgesetzt ist, sehr geeignet ist, einen verrückt zu machen. Es ist die Situation des sogenannten «Double-bind». In ihr befinden sich die Lehrer schon seit einiger Zeit.

Double-bind, eine Doppelbindung, liegt vor, wenn jemand vor eine Alternative gestellt wird, beide Möglichkeiten einander ausschließen, die Aufgabenstellung jedoch auch nicht kritisiert oder zurückgewiesen werden darf. Das klassische Sprichwort dafür ist: «Wasch mir den Pelz, aber mach mich nicht nass.» Die klassische Situation ist die eines Beschenkten, der von zwei Hemden, die er bekommen hat, eines freudig überstreift und daraufhin hört: «Das andere gefällt dir nicht?»

Seit Jahren wird über die Lehrer und die Schulen Beschwerde geführt, und seit Jahren geschieht es im Stil des Doublebind. Die Lehrer, heißt es, sollen so unterrichten, dass alle Kinder die gleichen Chancen haben. Sie sollen Nachteile ihrer Herkunft ausgleichen. Das leuchtet ein, auch wenn meistens nicht dazu gesagt wird, wie es gehen soll. Dann aber heißt es, die Lehrer sollten jedem einzelnen Kind gerecht werden, die Individuen fördern. Das läuft auf die Stärkung von Unterschieden und nicht auf die Stärkung von Gleichheit hinaus. Die Politik verlangt von den Schulen, dass möglichst viele Schüler zu hohen Abschlüssen geführt werden. Aber man soll sich auch und – Double-bind! – vor allem um die Zurückbleibenden kümmern: «No child left behind.» Die Lehrer sollen Klassen unterrichten, die in Pisa-Tests gut abschneiden, und sie sollen die Inklusion von lernbehinderten Schülern ins Zentrum ihres Tuns stellen. Sie sollen die Schüler zügig unterrichten, damit der Arbeitsmarkt nicht so lange auf sie warten muss: vorwärts zu G8. Sie sollen aber auch Persönlichkeitsbildung betreiben und tiefe Kenntnisse vermitteln, denn dem Arbeitsmarkt und den Hochschulen nutzen ja keine unreifen Kandidaten, die in allem nachgeschult werden müssen: zurück zu G9. Die Schüler sollen allgemeingebildet sein, aber sie sollen auch mit nützlichem Wissen ausgestattet werden. Wenn sie nicht wissen, wer Adenauer war, stöhnt die Öffentlichkeit genauso, wie wenn sie nicht wissen, weshalb in Krankenhäusern die Wäsche heiß gekocht wird. Der Klimawandel und die EU sollen vermittelt werden, aber natürlich auch die Tradition und die Kultur. Und die Teamfähigkeit, die Power-Point-Präsentation, die Medienkompetenz, aber auch musische Fähigkeiten. Und das alles natürlich in einem gegebenen Zeitrahmen, die Kinder sollen nicht zusammenbrechen unter den Leistungserwartungen, und sie sollen mit guten Noten nach Hause kommen. Wenn die Noten dauerhaft ungut sind, hat die Schule, haben die Lehrer einen Fehler gemacht.

Ist es nicht zum Verrücktwerden? Lehrer und Schulen sollen dies und das Gegenteil, das Praktische und das Theoretische, Chancengleichheit und Pisa-Leistungen, Arbeitsmarkt und Abendland. Natürlich sollen sie dabei auch noch Einwanderer integrieren, allen ambitionierten Eltern gefallen, keine der Rechtsverordnungen verletzen, die auf sie herabregnen, den Übergang in eine digitale Welt unterstützen und die Handy-Sucht bekämpfen. Am Ende wundern sich dann alle, dass es Lehrermangel gibt und man mancherorts Grundschullehrerinnen das Gehalt von Studienrätinnen geben muss, damit sie sich für eine Stelle interessieren.

Im Zentrum dieser verrückten Überforderung steht das Dogma, Schule müsse in erster Linie Ungleichheit und nicht Unwissenheit bekämpfen. Folgerichtig sind die Anhänger dieses Dogmas erst dann mit einem Schulsystem zufrieden, wenn es möglichst viele Schüler zum selben Abschluss führt, ganz gleich, welche Auswirkungen das auf die Bekämpfung des Unwissens hat. Dass dann die Abschlüsse an Aussagekraft verlieren, so wie sie es längst getan haben, ist ihnen egal; womöglich wissen sie es nicht. Und dass der Druck auf diejenigen, die keinen höchsten Abschluss erzielt haben, so sehr steigt, dass sie unter dem Eindruck stehen, gar keinen Abschluss von Wert zu besitzen, ist ihnen offenbar auch egal. Das Aufrollen des gegliederten Systems von unten aber hat genau dies zur Folge. Man redet die Hauptschulen, statt Gedanken und Geld in sie zu investieren, zu Restschulen herunter, fügt sie den Realschulen hinzu, ohne dass sich vielerorts damit etwas an den Schülern ändern würde, überlässt sich der Magie, der

Geist färbe von oben (den Realschülern) nach unten (auf die ehemaligen Hauptschüler) ab, ohne dass es oben Verluste an Lernerfolgen gibt, und stellt sich einen unspezifisch wirksamen Unterricht für alle vor. Folgerichtig werden alle verbleibenden Probleme darin erkannt, dass die letzte Bastion, die des Gymnasiums, noch nicht geschliffen ist. Es entwertet alle Abschlüsse unterhalb des Abiturs und verschiebt das Beobachten von Unterschieden einfach auf die nachfolgenden Stufen des Bildungs- oder Berufssystems. Denn der Mangel an Sinn für Ungleichheit macht ja nicht bei den Abschlüssen halt, er erfasst auch den Weg dorthin, wenn längst eine Zwei oder gar Drei im Abitur mit gemischten Gefühlen zur Kenntnis genommen wird und insgesamt das Niveau der Noten angehoben worden ist.

Die Schulstrukturreform folgt in Deutschland einem bestimmten Schema: Zuerst wird festgestellt, am besten unter Einsatz von Vokabeln wie «Bildungskatastrophe», «Schock», «Ruin», dass es vor allem am unteren Ende der weiterführenden Schulen nicht gut läuft. Das dramatischste Ergebnis der ersten Pisa-Studie war solch eine Feststellung. Es verfehlten dort deutlich mehr Fünfzehnjährige die niedrigsten Leistungsniveaus, als es Schulabbrecher in Deutschland gibt. Die niedrigsten Leistungsniveaus aber erreicht bei Pisa schon, wer die Umformulierung einfacher Sätze erkennt oder weiß, dass der Flächeninhalt eines Rechtecks sich aus Länge mal Breite errechnet. Das deutete darauf hin, dass die Schulen hierzulande Jugendliche mit Abschlüssen, in erster Linie Haupt- und Realschulabschlüssen, ausstatten, die faktisch Analphabeten sind.

Natürlich tun das nicht alle Schulen, aber manche wissen sich nicht anders zu helfen. Nicht zuletzt deshalb, weil die Schulpolitik dazu neigt, für eine Häufung schwacher Schüler in einer bestimmten Schule ebendiese Schule verantwortlich zu machen. Man redet weniger über das sozial schwache Wohnquartier, aus dem die Schüler stammen, nicht über Eltern, die schulinadäquat erziehen, nicht über die Schüler selbst, die es an Einsatzbereitschaft im Unterricht mangeln lassen, ja nicht einmal über den Kapitalismus oder Migration, die Bildungsarmut als Effekt der allgemeinen Verelendung am unteren Rand der Wohlfahrtsschichtung hervorbringen. Dass die Erwerbslosigkeit der Eltern, deren fehlende Berufsausbildung und ein Familieneinkommen diesseits der Armutsgrenze die größten Risikofaktoren für Jugendliche sind, was ihren Bildungserfolg angeht, ist zwar bekannt. Doch nicht die Wohnungsbau-, die Sozial-, die Familien- oder die Beschäftigungspolitik werden gerügt. Nein, es hat die Schule versagt. Und zwar die Hauptschule. Genauer müsste es heißen: Am Scheitern mancher Hauptschüler ist das Gymnasium schuld. Das klingt paradox, entspricht aber einem Argument vieler Soziologen, Erziehungswissenschaftler und Bildungspolitiker.

Weil sich in der Hauptschule die Fälle von Schülern häufen, die das Bildungssystem entweder ohne Abschluss oder mit Abschluss, aber ohne am Arbeitsmarkt nachgefragte Fähigkeiten («Berufsreife» war einst der Begriff dafür) verlassen – oder mit solchen Fähigkeiten, aber trotzdem ohne große Chancen auf dem Arbeitsmarkt –, wird die Hauptschule abgeschafft. Das klingt merkwürdig, denn wenn man die praktischen Ärzte abschaffen würde, nur weil ihre Qualität vermeintlich gesunken ist, verschwänden ja mit ihnen die gesundheitlichen Krisen nicht. Bei der Hauptschule scheint man an eine solche Magie zu glauben. Im Schuljahr 2015/16 besuchten noch etwa 12 Prozent aller deutschen Schüler an weiterführenden Schulen eine Hauptschule – zwischen 10 Prozent in Hessen und Rheinland-Pfalz und 30 Prozent in Bayern –, 19 Prozent eine Realschule,

20 Prozent eine integrierte Gesamtschule und 48 Prozent ein Gymnasium. Die Zahl der Hauptschulen hat sich seit 2008 halbiert, es gibt diese Schulform nur noch in sechs Bundesländern.

Das hat das deutsche Schulsystem nicht viel übersichtlicher gemacht. Es gibt in ihm die Mittelschule (Bayern, Sachsen), die Integrierte Sekundarschule (Berlin), die Regionale Schule (Rheinland-Pfalz) und die Erweiterte Realschule (Saarland), die Regelschule (Thüringen), die Stadtteilschule (Hamburg) und die Gemeinschaftsschule (Schleswig-Holstein, Berlin) – alles Bezeichnungen für mehr oder weniger ähnliche Schulkonzepte.

Zuerst gab es also Hauptschulen, Realschulen und Gymnasien sowie Gesamtschulen, die alle drei Bereiche umfassen und die Schüler je nach Leistung in einem Fach auf unterschiedlichen Niveaus unterrichteten. Der Pisa-Schock ließ zwar keine Rückschlüsse auf einen Zusammenhang zwischen Schulstruktur und Leistung zu, aber es musste eine Reform her. Vor allem in den Stadtstaaten – Berlin, Bremen und Hamburg – hatten sich in den Hauptschulen leistungsschwache Schüler konzentriert, und hier war auch der Zusammenhang von sozialer Herkunft und «Kompetenzen» besonders hoch. Ob das an spezifischen Problemen von Großstädten lag, war kein Gegenstand langer Diskussionen. Woher die Leistungsschwäche der Schwachen kommt, wurde überhaupt nicht gefragt, beziehungsweise es wurde vorausgesetzt, dass sie vor allem daher kommt, dass nicht «länger gemeinsam gelernt» wird – obwohl in Berlin fast alle Schüler sechs Jahre lang gemeinsam die Grundschule besuchen und in der Pisa-Studie Länder mit langem gemeinsamem Lernen gut (Finnland) und weniger gut (Frankreich, Island, Norwegen) abschnitten. Auch dem Vergleich der deutschen Bundesländer untereinander ließ sich schwerlich entnehmen, dass an Gesamtschulen besser und sozial chancenreicher unterrichtet wird als an Haupt- und Realschulen.

Aber das, so die Befürworter des langen gemeinsamen Lernens, liegt ja nur daran, dass den Gesamtschulen in Deutschland Teile der Schülerschaft verweigert werden, nämlich all die, die aufs Gymnasium gehen. Das ist, bildungshistorisch betrachtet, richtig. In Deutschland hängt der Hochschulzugang am Abitur, also an einer Abschlussprüfung. In Finnland beispielsweise, in den Vereinigten Staaten und Frankreich lernen alle lange gemeinsam – sofern sie nicht auf Privatschulen gehen –, aber ein Recht auf Zugang zu allen Hochschulen ergibt sich daraus nicht. Über den Hochschulzugang entscheiden die Universitäten, was von den Anhängern der Gesamtschule oft und, wie man vermuten muss, absichtsvoll verschwiegen wird. In den Vereinigten Staaten und Frankreich setzt sich an dieser Schwelle die soziale Ungleichheit durch, weil der Zugang zu den interessanten Universitäten durch ein Nadelöhr erfolgt, das zu passieren von den meisten Schülern aufwendige Vorbereitungen verlangt, die privat bezahlt werden müssen. Die deutschen Debattenbeiträge, die eine Einheitsschule mit allgemeinem Hochschulzugang und einer hohen Akademikerquote bei unentgeltlichem Studium und nicht-elitären Universitäten favorisieren, können sich dabei nicht auf viele Bildungssysteme der Welt berufen und auf keines der ständig mahnend hochgehaltenen. Sie sind, indem sie den Eindruck eines deutschen Bildungssonderwegs hervorrufen, auf dem das offensichtlich Gute nicht verwirklicht wird, unehrlich.

Genauso unehrlich ist es, noch von der Schulform des Gymnasiums als einer Bastion von Privilegien zu sprechen; der Anteil der Abiturienten an der Gesamtschülerschaft beträgt immerhin fast die Hälfte. Die Krise der Hauptschule ist ein Effekt der Öffnung, nicht der Schließung höherer Schulen. Natürlich kann man die Öffnung des Gymnasiums als neuer Gesamtschule der Nation, deren Quote unterhalb der französischen Baccalauréat- oder der italienischen Maturità-Zahlen (sechzig bis achtzig Prozent eines Jahrgangs) liegt, noch für unzureichend halten. Aber die Erfahrungen dieser Länder werden nur selten herangezogen, um ein noch inklusiveres Gymnasium zu fordern. So selten wie die Rate der Jugendarbeitslosigkeit in Finnland, derzeit bei etwa siebzehn Prozent, was selbst dann, wenn man alle deutschen Verfahren, mittels Langzeitaufenthalten von Jugendlichen in Weiterbildungsphasen die Jugendarbeitslosigkeit-Statistik aufzuhübschen, in Rechnung stellt, von den hiesigen 6,2 Prozent weit entfernt ist. Soll heißen: Wer nur auf Zertifikate, Abschlüsse und Schulbildungserfolge schaut, hat noch kein komplettes Bild der ungleichen Lagen in einem Bildungssystem. Tausche soziale Gleichheit, die durch den Erwerb von Abschlüssen hergestellt wird, mit denen ihre Besitzer dann aber nicht unbedingt etwas anfangen können, gegen soziale Ungleichheit bei Beschäftigungschance – das könnten jedenfalls noch immer viele deutsche Schüler sagen, die kein Abitur machen. Sie könnten auf die Schweiz verweisen. Hier schließen nur um die zwanzig Prozent eines Jahrgangs mit der Hochschulreife ab, die meisten machen eine Berufslehre, und es gibt kaum Jugendarbeitslosigkeit.

Auf die Krise der Hauptschule reagierte man nicht mit ihrer Stärkung, etwa einer besseren Versorgung mit Personal, mit Lernen an erfolgreichen Modellen von Hauptschulen, mit Sozialpolitik in den kritischen Quartieren. Vielmehr schaffte man sie, als die Zahl derjenigen abnahm, die ihr Kind dorthin noch schicken mochten, auf dem Verwaltungsweg ab. Es gibt nun also im Grunde nur noch zwei Schultypen: Gesamtschulen und Gymnasien.

Nehmen wir das Berliner Beispiel, weil es besonders illustrativ ist für die Art, wie in Deutschland Schulstrukturen und ihre Reform diskutiert werden. Hier verbesserten sich nach der Strukturreform weder die Leistungen an den neuen Gesamtschulen, noch verlor der Zusammenhang von Herkunft und Bildungserfolg an Gewicht. Woran liegt das? Die Befürworter der Reform sagen, was Befürworter von gescheiterten Reformen immer sagen: Der Bruch war nicht radikal genug, es war nur eine Reform, kein Systemwechsel, keine Revolution. Beweis: Es gibt das Gymnasium ja noch immer und nach wie vor die Aufteilung der Schüler nach der sechsten Klasse. Forscher stellen enttäuscht fest, dass «Schulkulturen an Einzelschulen in sozial benachteiligten Stadtteilen auch in neuen Schulstrukturen überdauern und mitunter die schulpolitische Zielsetzung einer Egalisierung von Schulformen bei der Schulwahl unterlaufen». Man spricht von problematischen Standorttraditionen, nur in einem Sechstel der Fälle hätten Haupt- und Realschulen fusioniert, gar keine Gesamtschule sei mit einer Hauptschule fusioniert und meistens die jeweilige Hauptschule nur umbenannt worden. Die Lehrkörper hätten sich gar nicht durchmischt. Außerdem seien die Eltern veränderungsresistent. Am beliebtesten seien bei ihnen Gesamtschulen mit Oberstufe, unbeliebt hingegen Integrierte Sekundarschulen, die in Wahrheit nur Hauptschulen unter neuem Namen seien.

Veränderungsresistent, wenn sich gar nichts verändert hat? Schulkulturen, die schulpolitische Zielsetzungen «unterlaufen»? Wie macht die Kultur das, eine Reform unterlaufen, von der zugleich gesagt wird, sie sei gar keine richtige Reform? Die höheren Schichten, so wird erklärt, würden bei allen schulrechtlichen Veränderungen immer versuchen, ihre Interessen durchzusetzen. Weshalb Interessen hier im Plural stehen, erschließt sich nicht, wird den höheren Schichten, die beim türkischstämmigen Einzelhändler und bei der Grundschullehrerin beginnen, doch nur ein einziges Interesse zugeordnet: Statusreproduktion.

Schulstrukturreformen, heißt das, scheitern nicht an ihrem Unsinn, sondern daran, dass den bürgerlichen Kreisen (noch einmal: Polizisten, wissenschaftliche Mitarbeiterinnen von Hochschulen, Anwälte, kaufmännische Angestellte) Ausweichmöglichkeiten gelassen werden. «Ausweichen» meint dabei so viel wie «die eigenen Kinder fördern». Strukturreformen, heißt das weiter, gelingen nur, wenn man die Schlupflöcher im Bildungssystem stopft. Und wie stopft man sie? Indem sowohl das Gymnasium als auch Privatschulen abgeschafft werden. Denn natürlich würde die Schließung des letzten Gymnasiums nicht ausreichen, weil die starken Interessen der höheren sozialen Schichten sofort einen Markt entstehen lassen und ausweiten würden, auf dem sich schon heute Waldorf- und Montessorischulen befinden, konfessionelle Schulen und kommerzielle Bildungsanbieter.

Das Ärgernis mit den Privatschulen ist vor allem, dass sie selbst darüber entscheiden, wen sie aufnehmen. Das Ärgernis mit den grundständigen Gymnasien, also solchen, die von Klasse vier an Schüler aufnehmen, ist, dass sie dadurch Kinder der «normalen», also schulpolitisch für normal erklärten Grundschule entziehen. Wenn Gymnasien Aufnahmeprüfungen machen, die keine Rücksicht auf die Schichtherkunft der Kinder nehmen, ist es den Schulreformern und ihrer wissenschaftlichen Begleitforschung aber auch nicht recht, denn selbstverständlich sind die Teilnahme an solchen Prüfungen und das Ergebnis sozial ungleich. Außerdem schrecken die höheren sozialen Schichten vor keinem Trick zurück und behaupten, sie wollten, dass ihre Kinder Latein und Griechisch lernen nur damit sie mit dieser Ausrede auf ein grundständiges Gymnasium kommen, wo von Klasse 5 an Latein unterrichtet wird und die Oberschicht in Gestalt von Tankstellenbetreiber-, Webdesigner-, Journalisten- und Taxifahrerkindern unter sich ist. Es ist, man kann es nicht oft genug sagen, eine Oberschicht, deren Kinder fast die Hälfte eines Jahrganges ausmachen. Es ist überdies die Oberschicht, der auch alle Professoren der empirischen Bildungsforschung und Ungleichheitssoziologie, die Forschungsdirektoren des Wissenschaftszentrums Berlin und der Bertelsmann-Stiftung angehören. Wollen wir eine kleine Wette abschließen, in welcher Schulform ihre Kinder, so sie welche haben, sich befinden oder einst befanden?

Dass Eltern ihre Kinder der normalen Schule entziehen, ist eine zweifelhafte Formulierung. Denn tatsächlich sehen Bildungsforscher, die so reden, eine Pflicht von Mitgliedern der höheren sozialen Schichten, ihre Kinder den Schulreformen vorbehaltlos zur Verfügung zu stellen. Es erinnert ein wenig an die Lage der DDR vor dem Mauerbau, wo sich ebenfalls Bürger der Pflicht, an einem sozialen Experiment mitzuwirken, durch Wegzug entzogen haben. Von den drei Formen, mit denen dem Wirtschafts- und Sozialwissenschaftler Albert O. Hirschman zufolge auf Qualitätsverschlechterungen reagiert wird – Exit (Abwanderung), Voice (Widerspruch) und Loyality (Loyalität) –, ziehen Eltern offenbar seit langem schon den Exit vor. Es spricht sich bei ihnen herum, welche Grundschulen in einer Großstadt gut funktionieren. Solche Schulen bekommen Zulauf. Können sie die Nachfrage nicht durch Wachstum decken, entstehen private Grundschulen. Solange also keine Zwangseinschulung in bestimmte Schultypen gesetzlich verankert und in Karlsruhe als verfassungsmäßig erklärt wird, müssen Strukturreformen damit leben, dass Eltern eigenständige Akteure sind. Akteure, die ihre Kinder gegebenenfalls nur ungern

Egalisierungsprojekten zur Verfügung stellen, deren Erfolg durch nichts bewiesen ist – sondern lediglich behauptet wird aufgrund prinzipieller Überlegungen von Disziplinen wie Erziehungswissenschaft und Ungleichheitsforschung, die sich vom Handel mit solchen Prinzipien ernähren. Kann man es Eltern ernsthaft verdenken, wenn die Aussicht, ihr Kind in eine Grundschule zu schicken, in der das Gros der Schüler kein Deutsch spricht, nicht durch das wolkige Versprechen aufgeheitert werden kann, dereinst würde von solchen Schulen Gerechtigkeit im Sinne der gleichen Bildungschancen ausgehen? Es heißt dann im Kleingedruckten beziehungsweise in den Nebensätzen, solche Schulstrukturreformen «könnten» soziale Ungleichheiten nivellieren. Dieser Konjunktiv wiegt leicht für Bildungsforscher, schwer für Eltern. Ist ihre Sorge, es entstehe dort, wohin sie ihre Kinder schicken sollen, nicht gleiche Bildung, sondern gleiche Bildungsarmut, völlig aus der Luft gegriffen?

Will man vom Exit zum Widerspruch oder gar zur Loyalität zurückkehren, dürfte etwas anderes nötig sein als Reformen, die großen Teilen der Bevölkerung nicht einleuchten. Die Schule als Instrument der Sozialpolitik einzusetzen, gehört zu diesen nicht einleuchtenden Programmen. Das hat einen nachvollziehbaren Grund. Schüler zu unterscheiden, Unterschiede ihrer Leistungsfähigkeit, ihres Könnens und Wissens festzuhalten und zu entwickeln, ist keine von außen an die Schule herangetragene Aufgabe. Wenn die Gesellschaft den Einzelnen keinen sicheren Status mehr verleiht, sondern sie zu Karrieren auffordert, hält das Erziehungssystem, wie es der Soziologe Niklas Luhmann formuliert hat, «ob es will oder nicht ein Stück Karriere in der Hand». Es bewertet fortlaufend, ob Antworten adäquat waren, was erwartet werden kann, ob das Können ausreicht, um zur nächsten Aufgabe, zur nächsten

Klasse, zur nächsten Schule fortzuschreiten. Die Schule lobt und tadelt, empfiehlt, rät ab, prüft und entlässt mit einem sehr pauschalen Befund über die Gesamtheit der in ihr erworbenen Fähigkeiten und bewiesenen Hinnahmebereitschaften. Dadurch erzeugt sie aus sich heraus und im Zusammenspiel mit den Schülern Ungleichheit, nicht zufälligerweise, sondern absichtlich.

Wenn von dieser Ungleichheit nun behauptet werden soll, es handele sich um eine falsche, weil von sozialen Vorurteilen bestimmte Ungleichheit, müssen Leistungstests herangezogen werden, die außerhalb der Schule stattfinden (Intelligenztests, Pisa-Tests, Iglu-Tests etc.), um von ihnen sagen zu können, sie seien adäquatere Überprüfungen als die intern durchgeführten. Nur so lässt sich argumentieren, die Schule werte Schülerleistungen ab, wenn sie von Schülern mit sozioökonomisch schwachem Hintergrund erbracht würden. Und zwar systematisch, nicht nur lokal aufgrund tiefsitzender Vorurteile des Lehrpersonals. Diese externen Tests spielen dabei so lange keine ausschlaggebende Rolle, wie sie nur für Beschwerden, aber nicht für Entscheidungen herangezogen werden, etwa bei Übergangsentscheidungen oder der Vergabe von Zeugnissen. Würden sie es, dürfte man sicher sein, dass eine gewaltige Diskussion über die Art dieser Tests aufkäme, über ihre Aussagekraft und über ihre blinden Flecken. Die Klagen über schulische Chancenungleichheit laborieren also daran, dass sie den Nachweis dafür nur fiktiv führen können.

Die Schule behandelt die ungleiche Herkunft ihrer Schüler insofern gleich, als zunächst alle denselben Unterricht erhalten. Es gibt keine Punktabzüge für Akademikerkinder und keine «affirmative action» bei der Versetzung. Ausnahmen wie der Umgang mit Legasthenie und Dyskalkulie beziehen sich nicht auf die Herkunft. Alle sonstigen ungleichen Leistungen werden dem Unterricht und der Beteiligung der Schüler gut- beziehungsweise schlechtgeschrieben. Der Unterricht, heißt das, erfolgt gleich, sein Resultat sind Ungleichheiten. Das gilt ebenfalls in Gesamtschulen, und es gilt auch in Finnland. Ein Programm, die Begabungs-, Erziehungs- und Sozialisations- unterschiede der Kinder von vornherein zu berücksichtigen, liefe auf Eingangstests und eine Differenzierung des Unter- richts schon von der Grundschule an hinaus. Und auf erheb- liche Investitionen in die schwierigsten Schulen. Dem aber steht das Märchen entgegen, einfach nur länger gemeinsam zu lernen, gleiche die herkunftsbedingten Unterschiede zwischen Kindern aus Haushalten, in denen kein oder kaum Deutsch gesprochen wird, solchen, die auch mit deutscher Sprache bil- dungsarm sind, und den «Beamtenkindern» aus. Es hat keine empirische Grundlage. Gerade wenn soziale Ungleichheit über so viele Faktoren (Einkommen, Wohnen, Bildung, Sprache, Medienkonsum) verstärkt wird, ist es eine soziologisch völlig blinde Phantasie, von der Schule zu erwarten, sie könne die Gesellschaft auf dem Weg über Mathematik- und Deutsch- stunden ändern. Sozialpolitik ist die beste Sozialpolitik, Bil- dungspolitik die beste Bildungspolitik.

IV. KAPITEL

Was die Schule kann: Denken lehren

Es heißt, die Schule soll aufs Leben vorbereiten. Kinder werden erwachsen, und die Schule soll dabei helfen, dass sie die Schwierigkeiten, die das mit sich bringt, nicht als Schicksal erleben. Welche Schwierigkeiten sind das? Gegenüber den gängigen Beschreibungen des Lebens, das nach der Schule kommt, ist zunächst festzuhalten, dass es nicht einfach nur die Schwierigkeiten des beruflichen Lebens sind. Zwar sind die Sorgen, die sich auf die Berufswelt richten, groß: Finden die Kinder den richtigen Beruf, was heißt überhaupt «richtig», sind sie hinreichend darauf vorbereitet, sich zu entscheiden? Zu allem anderen fallen meistens nur noch sehr allgemeine Stichworte wie «Persönlichkeitsbildung» oder «soziale Kompetenz», von denen manche dann sofort wieder auf das Wirtschaftsleben bezogen werden: Teamfähigkeit soll erlernt werden oder innovatives, «kreatives» Verhalten gefördert.

Doch zu Lebensläufen gehört ersichtlich viel mehr als der Aufenthalt auf bezahlten Stellen. Das Individuum wird eine Wählerin sein und ein Konsument, religiös und musikalisch oder irreligiös und unmusikalisch, es liebt, es kocht, und es führt Prozesse, schließt Verträge und wird krank, ist Tourist, geht ins Kino und gründet womöglich eine Familie. Ist das

Individuum beruflich erfolgreich, ruiniert dabei aber seine Ehe, seine Gesundheit, seinen Verstand, sprechen wir nicht von einem gelungenen Leben. Der Beitrag der Bildung zum Lebenslauf einer Person erschöpft sich nicht darin, ihre Konsumchancen zu erhöhen. Herauszufinden, wer man ist, wofür das eigene Herz schlägt, was man genauer wissen und wohin man weiter vordringen möchte – auch darauf könnte schulischer Unterricht vorbereiten. Zudem kann er helfen, Fähigkeiten herauszubilden, etwa die, Langeweile zu ertragen, Personen einzuschätzen, nicht zu verzweifeln oder eine Rede zu halten.

Für die Frage, was die Schule kann, ist dabei die Unterscheidung zwischen dem wichtig, was ein beiläufiger Effekt der Schule ist, und dem, was sie sich bewusst vornimmt, um es zu unterrichten, was zu lernen sie also ausdrücklich auffordert. So wäre es nicht sehr sinnvoll, eigens Schulstunden einzurichten, die «Personeneinschätzung» oder «Konfliktfähigkeit» heißen. Das Lesen von Romanen und der Besuch im Theater tragen zu Personenkenntnis bei, aber nichts kann die Lerneffekte ersetzen, die sich im Umgang mit Personen ergeben, die nicht Theater spielen oder jedenfalls glauben, sie täten es nicht. Inszenierter Dissens, etwa in Form von Debattierwettbewerben oder Rollenspielen, hat ebenfalls seinen eigenen Wert, doch auch hier ist die wahre Übung der echte Streit. Die Abfolge der Lehrpersonen, die im Klassenraum erscheinen und sich den Schülern unwillkürlich als eigentümliche Merkmalskombinationen zeigen, lehrt über die verschiedenen Arten, eine Rolle auszufüllen, viel mehr, als es psychologische Kurse könnten. Unterrichten heißt, sich der Beobachtung durch ein unerfahrenes, aber immer erfahrener werdendes Publikum auszusetzen. Die Schüler reden über die Lehrer, vergleichen sie – untereinander, mit anderen Erwachsenen und mit sich selbst –, kommen mit ihnen unterschiedlich gut zurecht. Dasselbe gilt für das Lernen an Konflikten. Im Unterricht, wenn es Konkurrenz um Aufmerksamkeit, Beschwerden über ungerechte Behandlung und Klagen über die Menge oder Art des Stoffes gibt. Oder außerhalb des Unterrichts, wenn Konflikte der Schüler untereinander ausgetragen werden. Womit dringt man durch, was behält man besser für sich, auf wen kann man sich verlassen, auf wen nicht, und wie zieht man Dritte als Helfer zu einem Streit hinzu? Lange bevor die Schüler in der Lage sind, Shakespeare oder Fontane oder J. K. Rowling auf solche Fragen hin zu lesen, haben sie in Tausenden von Stunden Erfahrungen damit gemacht. In Form dieser Erfahrungen tragen sogar weniger geschickte Lehrer und langweilige Unterrichtsstunden zur Bildung bei, denn auch am Durchschnittlichen und am Misslingenden, am Normalen kann gelernt werden.

Demgegenüber erfolgt der Versuch, am Stoff zu lernen, absichtlich. Was kann die Schule hier bewirken, wenn es nicht, wie in den vorigen Kapiteln ausgeführt, die sichere Übertragung von Wissensbeständen, die Vorbereitung auf das Arbeitsleben und der Ausgleich von Unterschieden zwischen den Schülern ist? Genauer gesagt: Wenn das alles eine Folge von schulischem Unterricht sein mag, aber keine, die der Unterricht selbst verlässlich ansteuern kann. Wenn also bei den meisten Schülern weder die Nebenflüsse der Elbe noch die Beweisführung für Unstetigkeitsstellen in Funktionen im Gedächtnis haften bleiben. Wenn die meisten von ihnen in ihrem Berufsleben damit auch gar nichts anfangen können. Und wenn schließlich der «Aufstieg durch Bildung» mehr von der Einstellung zum Unterricht und zur Schule – der Einstellung in den Familien und bei den Schülern – abhängt als vom Unterricht selbst.

Die Antwort, die inzwischen in jedem Lehrplan, in jeder Didaktik und in jedem erziehungswissenschaftlichen Aufsatz steht, lautet: Die Schule fördert «Kompetenzen». Damit sind nicht im alten Wortsinn «Zuständigkeiten» gemeint, sondern alle denkbaren Fähigkeiten, die Schülern zugeschrieben werden können, wenn sie sich mit Aufgaben im Unterricht beschäftigen. Kompetenzen, heißt es beispielsweise, seien «die bei Individuen verfügbaren oder durch sie erlernbaren kognitiven Fähigkeiten und Fertigkeiten, um bestimmte Probleme zu lösen sowie die damit verbundenen motivationalen, volitionalen und sozialen Bereitschaften und Fähigkeiten, um die Problemlösungen in variablen Situationen erfolgreich und verantwortungsvoll zu nutzen». Eine Schülerin kann etwas, sie löst ein Problem, sagen wir: Sie überträgt den Satz «Ich bin gerne am Meer» richtig in die Vergangenheit und in die Zukunft. Welche Kompetenzen hat sie damit bewiesen? Grammatikkompetenz, Zeitformenkompetenz, Sprachkompetenz, Formulierungskompetenz und, weil sie das Verb identifizieren musste, um die Aufgabe richtig zu lösen, Verbidentifikationskompetenz?

Man lache nicht, denn genau so sehen es viele Pädagogen, die den Begriff der «Kompetenz» verwenden. Wenn die Schülerin nicht nur die richtige Antwort gegeben hat, sondern auch versteht, dass «Ich war gerne am Meer» je nach Betonung zu Sätzen überleiten kann wie «Jetzt bin ich aber nicht mehr gerne am Meer» oder «Ich war einst lieber am Meer als in den Bergen» oder «Ich war lange nicht mehr am Meer, war aber immer gerne dort und würde auch gerne einmal wieder dort sein», können ihr weitere Kompetenzen zugeschrieben werden. Sich darüber klarzuwerden, was man einst mochte, jetzt aber nicht mehr, was man einst etwas anderem vorzog, was man gerne mag, aber lange nicht mehr getan hat, könnte so zu einer eigenen Kompetenz werden, die ihrerseits auf der Fähigkeit aufbaut, die Worte «ich», «gern» und «am Meer» richtig zu verwenden, etwa im Unterschied zu «wir», «glücklich» und «am Strand».

Man sieht sofort, was alles in einem schlichten Satz steckt.

Der Begriff «Kompetenz» und alle seine Ableitungen erinnern stark an den Arzt bei Molière, der auf die Frage, warum das Opium schlafen mache, antwortet: aufgrund seiner dormitiven Kraft. Wer ein Problem in die Form einer mathematischen Gleichung bringen kann, hat entsprechend eine «Mathematisierungskompetenz»; wer weiß, dass man mittels eines Registers nachzuschlagen vermag, wo im Buch etwas über Kiemenatmung steht, beweist «Selbstregulationskompetenz des Wissenserwerbs». Das ist nicht falsch, lässt aber zusätzliche Fragen aufkommen, etwa die, ob alles, was jemand kann, vermöge eines Vermögens geschieht, wie die Kompetenzen alle untereinander zusammenhängen und was es für den Unterricht besagen soll, dass einem Schüler beispielsweise die Kompetenz zugeschrieben wird, wichtige Worte in einem Text unterstreichen zu können. Um bei Molières Beispiel zu bleiben: Wenn jemand einschläft, nachdem er Opium eingenommen hat, könnte sein Schlaf immerhin noch auf etwas anderes zurückgehen als auf das Opium. Man muss «Opium eingenommen» hier nur durch «Dressurreiten angeschaut» oder «Paulo Coelho gelesen» ersetzen, um zu sehen, dass an die Zuschreibung eines dormitiven Vermögens sofort weitere Fragen anschließen: Was genau an Paulo Coelho macht dich müde? Was genau befähigt dich, in einem Text zu erkennen, welche Worte die wichtigen sind?

Früher hätte man weniger aufgedonnert gesagt: Jemand «hat einen Sinn» für Mathematik, Deutsch, Bücher, die Beschreibung von Tieren oder das Erzählen von Geschichten. Mein Großvater unterschied analog zur Musik Physiker von Physikanten. Manche dieser Fähigkeiten bringen es aber bei den Vertretern des Kompetenzdenkens nicht zu höchstem Ansehen. Unter den wichtigsten «Kulturwerkzeugen», als die solche Kompetenzen angesprochen werden, finden sich beim einstigen deutschen Pisa-Chef Jürgen Baumert die Beherrschung der Verkehrssprache, Mathematisierungskompetenz, fremdsprachliche Kompetenz, IT-Kompetenz und jene Selbstregulationskompetenz des Wissenserwerbs. Logik hingegen findet sich nicht, so wenig wie die Fähigkeit zu argumentieren oder die, Absichten zu erkennen. Es liegt auf der Hand, weshalb nicht. Denn wenn man alles, was zur kognitiven Orientierung einerseits, zum Sichzurechtfinden in einer Kultur – welcher eigentlich? – andererseits hilfreich ist, also die «Summe des deklarativen Wissens, der prozeduralen Fertigkeiten und der persönlichkeitsbezogenen Kompetenzen und (!) allgemeinen kognitiven Fähigkeiten, die es einem Menschen erlauben, Handlungen auszuführen», wie der Europarat Kompetenzen definiert, wenn man also all das in eine Tabelle eintragen möchte, wird es eine sehr umfangreiche Tabelle. Es ist noch freundlich, wenn dazu angemerkt wird, es handele sich bei «Kompetenz» offenbar um einen Megacontainerbegriff, in dem dann weitere Minikartons voller Kompetenzteildimensionen gestapelt sind. Man könnte etwas unfreundlicher von bloßen Redensarten sprechen, die voneinander nicht abgrenzbare «Fähigkeiten» (Wissen, Verstehen, Können, Erfahrung, Motivation, Handeln) in Katalogform bringen, um nicht konkret darüber sprechen zu müssen, wie sie voneinander abhängen und wie unterrichtet werden soll.

Nehmen wir ein Beispiel jenseits der Schule. Einer guten Köchin wird man Kochkompetenz nicht absprechen können. Sie drückt sich, müsste man dann in Anlehnung an die pädagogische Kompetenzliteratur formulieren, darin aus:

1. wie gut man unterschiedlichen Erwartungen eines Gastes entspricht (Handeln und Erfahrung),
2. wie gut man Rezepte unterschiedlicher Art versteht (Verstehen),
3. wie gelungen die eigenen Gerichte sind (Können),
4. dass die Wirkung verschiedener Zutaten aufeinander und ihre Reaktion bei der Verarbeitung beherrscht wird (Fähigkeiten und Wissen),
5. offen für neue Kreationen und unbekannte Zutaten zu sein (Motivation).

Es liegt auf der Hand, dass zu Punkt 2 auch Wissen, zu Punkt 5 auch Verstehen, zu Punkt 3 Wissen, Fähigkeiten und Verstehen und zu Punkt 1 auch Motivation gehört. Erfahrung gehört wohl zu allem, für Wissen gilt dasselbe. Man sieht: Die Kompetenzauffächerung dient vor allem dazu, den Eindruck zu erwecken, die empirischen Bildungsforscher und ihre Patrone in der Allgemeinen Pädagogik könnten das alles unterscheiden und der Unterricht könne es nach ihren Maßgaben separat bearbeiten. Köche würden vielleicht sagen, dass ein guter Koch jemand sein muss, der mindestens zehntausend Stunden vor einem Herd gestanden hat, also viel gekocht und oft mit einem guten Koch zusammengearbeitet hat. Empirisch betrachtet, setzt sich die Fähigkeit, gut zu kochen, dann aus tausend kleinen in die Routine übergegangenen Handgriffen und aus tausend Wissenselementen zusammen, die Techniken und Zutaten betreffen.

Unter den Kompetenzen, die von der Schule «gefördert» werden – sie werden natürlich nicht unterrichtet, denn wie sollte man beispielsweise Motivation oder Verstehen direkt unterrichten? –, finden sich auffällig viele, die das Kommunikationsverhalten der Schüler betreffen. Konstruktive Beteiligung an einem Gespräch, die eigene Meinung begründet vertreten, Gesprächsregeln einhalten, das eigene Gesprächsverhalten nach Kriterien beurteilen – das alles soll vom Schuleintritt an geübt werden. Weshalb es viele Gesprächsformate im Unterricht geben soll: Dialog, Referat, Arbeitsgespräch, Buchvorstellung, Streitgespräch. Dass man eine eigene Meinung erst einmal haben muss, bevor man sie auch nur unbegründet vertreten kann, bleibt unerwähnt. Stattdessen lässt man die Schüler Referate zu Themen ausarbeiten, von denen sie nichts wissen und am wenigsten wissen, warum sie jetzt ausgerechnet zu diesem Thema und nicht zu einem anderen vortragen sollen. Um Fragen geht es dabei meistens nicht, sondern eben um Themen (Afrikanischer Elefant, Luthers Kindheit, die Voralpenlandschaft). Der vollends sprechkompetente Mensch kann dann zu allem einen Vortrag halten, der niemanden interessiert. Die Auseinandersetzung mit widerständigen Objekten, Problemen und Rätseln tritt demgegenüber zurück. Denn sie würde zu dem für altbacken gehaltenen Unterrichtsstil zurückführen, in dem nicht um der Kommunikation willen kommuniziert wird, sondern wenn es etwas zu sagen gibt, etwas gefragt und nachgefragt werden muss, wenn Dissens aufgekommen ist oder Verständnisschwierigkeiten bestehen. Außerdem müssten die Bildungsforscher sich dann ja entscheiden, was sie inhaltlich für wichtig halten. Wobei Inhalte ihrer tiefen Überzeugung nach doch schon deshalb zweitrangig sind, weil das Lernen selbst und nicht etwas davon Unterschiedenes gelernt werden soll. Wie aber sollen Schüler «kompetent» werden, wenn sie nicht wissen, worum es sich bei der Sache, die sie kompetent bearbeiten sollen, überhaupt handelt? Die wichtigsten Informationen aus einem Zeitungstext über Arbeitslosigkeit kann am besten die Leserin erfassen, die weiß, wie Arbeitslosigkeit gemessen wird, was eine hohe Arbeitslosenrate ist und wie es um die Arbeitslosenversicherung in einem Land steht. Kompetentes Lesen ist hier praktisch gleichbedeutend mit dem Wissen, worum es geht.

Wie anders dort, wo Kompetenz wirklich «gelebt» wird, beispielsweise im weitverbreiteten sogenannten Methodentraining des Pädagogen Heinz Klippert! Dabei handelt es sich um eine besonders dramatische Art, den Unterricht zu verblöden. Hier wird das «Lernen des Lernens» direkt angesteuert, weil es sogar noch vor dem eigentlichen Lernen von Inhalten stattfinden soll. Bevor also wirklich gelernt wird, werden Techniken eingeübt. Die Schüler lesen beispielsweise Texte und sollen dann wichtige Informationen, die im Text enthalten sind, in vorgesehene Formulare eintragen. Sie lesen, dass an irgendetwas Kopernikus beteiligt war, um dann die Frage zu beantworten: «Wie heißt der Forscher, der daran beteiligt war?» Das bereitet gut auf Preisausschreiben des Einzelhandels vor, aber auf sonst nichts. Markieren, markierte Texte vergleichen, Regeln fürs Markieren aufstellen, Worte in Tabellen eintragen, selektives Lesen unter Zeitdruck, rasches Nachschlagen, eine Bibliotheks-Rallye: Wer findet etwas zuerst – und so weiter. Texte sollen diagonal gelesen werden, um die wichtigsten Informationen schnell zu entnehmen «oder aber einen Eindruck davon zu gewinnen, um was es in dem jeweiligen Text geht».

Ja, worum geht es? Um Kopernikus? Um seinen Namen? Um irgendeinen Typ mit einem seltsamen Namen, der «die Sonne als Mittelpunkt unseres Weltalls», wie es heißt, «erkannte», obschon er das damals «nur vermuten» konnte? Die Schüler, denen unterstellt wird, zu etwas anderem seien sie noch nicht fähig, werden aufgefordert, sich das Allerunwichtigste an einem Text zu merken, nämlich den Namen von jemandem, der etwas erkannt hat. Sie erzielen einen leichten Erfolg, denn natürlich hieß der Forscher weder Kalender noch Weltall oder

Sonne: «Kopernikus» ist der einzige Name im betreffenden Text. Darum wäre die Frage allenfalls sinnvoll, wenn es darum gehen würde, die Wortart «Eigenname» einzuüben. In puncto Informationsgewinn in der Sache aber ist die Methode völlig steril. Wie man das macht, die Sonne als Mittelpunkt unseres Weltalls zu erkennen, wäre eine sinnvolle Frage. Gibt es denn noch andere Weltalle als «unseres»? Wäre die Sonne, wenn es mehrere Weltalle gäbe, denn auch der Mittelpunkt des Ganzen? Was heißt es überhaupt, der Mittelpunkt von etwas zu sein, das keine Grenzen hat? Und wie kann man denn etwas erkennen, es zugleich aber nur vermuten?

Das wären sinnvolle Unterrichtsfragen. Vielleicht wären sie für eine Altersgruppe, der das Finden von Namen in einem Text beigebracht werden soll, noch zu schwierig, aber wer weiß? Doch es geht eben nicht um die Sache, sondern die Sache ist nur ein Mittel, um die Technik des Querlesens und Namenfindens einzuüben. Der Name fällt im betreffenden Text darum auch erst spät, er wird wie ein Osterei behandelt, das vom Kind ja nicht zu schnell gefunden werden soll. Welche Kompetenz dadurch gestärkt wird, ist unerfindlich; es handelt sich mehr um eine Art Beschäftigungstherapie, nur dass es nichts zu therapieren gibt. Die Klasse ist ruhig, weil alle mit den Suchspielen beschäftigt sind, und die Erfolge sind so leicht zu erzielen, dass sich bei allen der Eindruck einstellt, wirklich etwas geleistet zu haben. Der Pädagoge Helmut Stövesand hat zu Recht angemerkt, dass solche Didaktiker ganz entgegen ihrer Phrasen, es gehe um selbstwirksames Lernen des Lernens, Schüler im Blick haben, denen man nichts anderes als nahezu sinnfreie Ordnungsaufgaben zumuten darf.

Unterrichtsverrücktheiten dieser Art gibt es in deutschen Schulen auf allen Niveaustufen. In einem Vortrag über didaktische Konzepte des Deutschunterrichts haben auf dem

Germanistentag in Freiburg 2010 zwei Lehrer aus Baden-Württemberg, die in der Schulbehörde auch noch für Lehrpläne zuständig sind, einen Kurs über «Liebe in der romantischen Literatur» vorgestellt; in diesem Kurs wurden fünfzehnjährige Schüler dazu angehalten, in den «Hymnen an die Nacht» von Novalis alle Metaphern, die für die irdische Liebe stehen, rot zu unterstreichen, und alle für die himmlische Liebe blau. Was das für einen Text bedeuten soll, der damit einsetzt, dass die «Weltkönigin» und «Verkündigerin heiliger Welten» dem Dichter die «zarte Geliebte» für eine ewig währende «Brautnacht» geschickt habe, die «zum Himmel den Schoß macht», bleibt offen. Irdischer Himmel oder himmlischer Himmel? Wir würden der Schülerin fünfzehn Punkte geben, die alles violett unterstreicht, aber null Punkte für Lehrer, die Unterstreichen für eine denkbare Art halten, sich mit Gedichten auseinanderzusetzen. Der Pädagoge Heinz Klippert hingegen ist dafür, eigene Unterrichtszeit dafür zu verwenden, um Schülern den achtstufigen Weg zum richtigen Markieren beizubringen. Erster Schritt: das Schreibgerät griffbereit haben. Zweiter Schritt: «Den Text grob überlesen, um einen Eindruck davon zu bekommen, um was es geht.» Dann: Wichtige Stellen mit Bleistift, die Schlüsselbegriffe mit gelbem Textmarker unterstreichen; die Nebeninformationen dünn rot, die Schlüsselbegriffe noch einmal auf einen gesonderten Zettel schreiben und so weiter.

Man fasst es nicht, dass diese «Methode», Unterrichtszeit zu verschwenden und Schülern völlig inhaltsleere Rituale einzuimpfen, in Dutzenden von nordrhein-westfälischen Schulen als Modellversuch eingeführt worden ist. Disziplin, so Helmut Stövesand, werde hier nicht als Habitus eingeübt, der in Form von Konzentration, Nachdenken und fragend bei der Sache bleiben für ein Lernen wichtig sei, das auf allen Ebenen geistige Anstrengung bedeutet, sondern rein mechanisch.

Der Glaube, die Schule habe zur Aufgabe, das «Lernen des Lernens» samt weiterer gebietsübergreifender Fähigkeiten zu ermöglichen, verfestigt sich so zu einem Desinteresse an Inhalten. Der Denkfehler, der dabei begangen wird, liegt auf der Hand. Er dokumentiert sich in Argumenten wie diesem: Das Wissen wandele sich so schnell, dass der Versuch, durch Unterricht den Schülern mitzugeben, was sie in der Zukunft gebrauchen können, keinen Sinn habe, sofern er sich auf das Wissen selbst beziehe. Es werde veraltet sein, wenn sie erwachsen seien. Womöglich werde es manche der Schulfächer dann gar nicht mehr geben. Außerdem sei alles Wissen interdisziplinär, was den nach Fächern sortierten Unterricht ohnehin fragwürdig mache.

Darin steckt ein alter Gedanke, der mit den Bildungsreformen um 1800 verbunden ist. Wenn die Zukunft eines Individuums unbekannt ist, weil es in seinem Lebenslauf immer häufiger nicht einfach den Spuren seiner Eltern oder seines Standes folgen wird, muss Erziehung auf alle denkbaren Zukünfte vorbereiten. Die Schulen sollten unterrichten, was unter allen Umständen nützlich ist. So weit, so nachvollziehbar. Die Antwort der Generation von 1800 auf die Frage, was denn unter allen Umständen nützlich ist, lautete: Denken (Philosophie), historisches Bewusstsein, Sprachvermögen und eine möglichst unbegrenzte Weltkenntnis (Wissenschaft). Da man aber die ganze Welt nicht kennen kann und sich auch schon um 1800 abzeichnete, dass etwas wirklich gut zu kennen vor allem heißt, sich darauf zu spezialisieren, also anderes weniger gut zu kennen, wurde der Bildungsbegriff um den Gedanken ergänzt, dass Bildung dort vorliegt, wo jemand sich von einem bestimmten Punkt aus die Welt erschließt.

Niemand hätte damals aber angenommen, zwischen dem Wissen und den Fähigkeiten nachzudenken – logisch, historisch, mathematisch, naturkundlich oder religiös –, zu argumentieren oder sich zu artikulieren, gebe es keinen Zusammenhang. Dass beispielsweise Methoden sich aus der Beschäftigung mit Problemen entwickeln und also «Verstehen» in Bezug auf chemische Reaktionen etwas anderes heißt als in Bezug auf Krankheiten, Romane oder juristische Texte, wäre nicht bezweifelt worden. Heute ist es ein Gemeinplatz unter den Kognitionspsychologen, dass Denken «gebietsspezifisch» ist, weil die Fähigkeit, ein Problem zu lösen, immer von vorhandenem Wissen und gemachter Erfahrung abhängt. Man kann keine Schulstunden in «Ursachenanalyse» durchführen, in denen die Ursachen des Ersten Weltkriegs, die Ursachen der Erderwärmung und des Ausflockens von Milch durch Zitronensaft gemeinsam behandelt werden, auf dass «Ursachenanalysekompetenz» entstehe. Wer den Ursachen des Ersten Weltkriegs oder der Milchgerinnung näherkommen möchte, braucht Kenntnisse über Staaten, Ökonomie, Nationalismus und über Eiweiße, Säuren, Anionen und Protonen. Das Denken folgt dem Wissen, das Können dem Geübthaben. Lernen ist Arbeit, Umgang mit widerständigen Materien.

Der Denkfehler der meisten herrschenden Unterrichtskonzepte, die es mit Kompetenzen, Methoden und dem Erwerb von fachübergreifenden Fähigkeiten haben, liegt also darin, dass sie Ziel und Mittel vertauschen. Sie verhalten sich wie ein Fußballtrainer, der sein Team im Training immer nur Probespiele Elf gegen Elf üben ließe oder nur Torabschlüsse. Natürlich ist das Ziel des Geschichtsunterrichts, einen Sinn für Zeitabstände, Abläufe, historische Geschwindigkeiten, Gesellschaftstypen und Quellen auszubilden. Aber Zehnjährigen eine Quelle hinzulegen und sie aufzufordern, etwas zu ihr zu sagen, verkennt, wie viel man schon wissen muss, um sie auch nur in ihrem Wortsinn zu verstehen. Natürlich ist das Ziel des

Biologieunterrichts nicht, zu wissen, wie viel Zähne ein Hund hat oder jede Stufe von Mitose und Meiose herunterbeten zu können, aber die höheren Einsichten in die Funktion von Anatomie, Evolution oder Reproduktion sind nicht ohne ein biologisches Gedächtnis und die zumindest exemplarische Kenntnis von Lebewesen zu haben. Wenn das Denken gar noch «kritisch» sein soll, wie es in jedem Lehrplan dutzendfach unterstrichen wird, wird man um Detailkenntnisse dessen, was kritisiert werden mag, nicht herumkommen. Denn wie sollen Schüler «kompetent» werden, wenn sie nicht wissen, worum es sich in der Sache, die sie kompetent bearbeiten sollen, überhaupt handelt?

Der Vorschlag, nicht ein «Was», sondern ein «Wie» sei zu unterrichten, Techniken, nicht Inhalte sollten im Vordergrund stehen, Methoden, nicht Wissensgebiete, analytische Fähigkeiten und nicht Fächer, klingt gut. Die Schule soll lernstarke Personen hervorbringen, die Probleme lösen und zu einem begründeten Urteil finden können, und nicht Lexika in Menschengestalt. Es klingt auch, als würde diese Ansicht von den Befunden, wie viel an Wissen wieder vergessen wird, unterstützt. Aber es steckt ein gewaltiger Irrtum darin, den wir sofort erkennen, wenn wir uns eine junge Person vorstellen, die auf die Frage, was sie gut kann, sagen würde: «Ich kann gut analysieren.» Was denn, anorganische Substanzen, Schachpartien, Gedichte, Mietverträge? Würden wir die Antwort «all das» wirklich als eine Aussage über Fähigkeiten interpretieren? Und würden wir wirklich jemandem, der gut Schachpartien analysieren kann, deswegen schon unsere Mietverträge anvertrauen?

Die Aufgabe der Schule ist es, die Nachdenklichkeit der Schüler zu stärken. Gerade darum aber wird sie keine Kurse in Nachdenklichkeit geben, sondern Denken als einen objektnahen Vorgang begreifen. Zudem wird sie für jede Altersstufe überlegen, welche Denkaufgaben vor dem Hintergrund des bis dahin erworbenen Wissens über entsprechende Objekte sinnvoll sind. Und drittens wird sie einen Blick für den thematischen Spielraum haben, in dem Nachdenklichkeit entwickelt werden kann. Er muss nämlich nicht vollständig durch klassische Fächer bestimmt sein. Auch «Kochen», «Wirtschaft» oder «Gesundheitskunde» können als Fächer eingerichtet werden, die gebietsspezifisches Wissen und Können voraussetzen und in denen es richtige und falsche Antworten auf die Fragen gibt, die sich dort stellen. Entscheidend ist nur, dass der Unterricht kein an die Massenmedien angelehnter Zeitvertreib ist oder ein «Projekt», sondern kognitiv anspruchsvoll bleibt.

Die Voraussetzung dafür ist, dass Schüler über einen Kernbestand an Kenntnissen verfügen, wie er beispielsweise seit fünfundzwanzig Jahren den Unterricht an Schulen im amerikanischen Bundesstaat Massachusetts bestimmt. Das Bemühen, einen solchen Kernbestand «kultureller Alphabetisierung» zu entwickeln, geht auf den Anglisten Eric Donald Hirsch zurück, der sich schon Ende der siebziger Jahre die Frage stellte, wie viel Wissen nötig ist, um auch nur einfache Texte aus der Sportberichterstattung oder einem populären Buch über den amerikanischen Bürgerkrieg zu verstehen. Als 2012 der Pisa-Test die Vereinigten Staaten weltweit auf Platz 17 beim Lesen, Platz 20 in Naturwissenschaften und Platz 23 in Mathematik sah, lag Massachusetts, wäre es getrennt gewertet worden, auf den Plätzen 4, 10 und 7. Das erlaubt selbstverständlich keinen zwingenden Rückschluss auf die Qualität des Lehrplans, denn Massachusetts unterscheidet sich noch durch andere Eigenschaften von Kentucky oder Florida. Es sollte aber zu denken geben, welchen Anteil ein Unterricht an Lernerfolgen hat, der darauf insistiert, dass interesselose Aufmerksamkeit für die Welt der Schlüssel zu Bildung ist – Bildung im Sinne der Fähigkeit, am gesellschaftlichen Gespräch teilzuhaben.

Was eine Emulsion ist, kann man ebenso googeln wie die Auskunft, wovon «Figaros Hochzeit» handelt. Aber nicht nur stellt die Wikipedia-Definition, es handele sich bei einer Emulsion um ein «fein verteiltes Gemisch zweier normalerweise nicht mischbarer Flüssigkeiten ohne sichtbare Entmischung», den Leser vor Verstehensfragen. Der erläuternde Text weist auch Links zu Dutzenden weiterer Einträge auf (zum Beispiel disperse Systeme, Phase, Tensid, hydrophil und lipophil, Wasserstoffbrücke, Grenzfläche, Viskosität), die sofort deutlich machen, dass das Googeln der Information wenig weiterhilft, wenn man nicht über ein gewisses chemisches Vokabular verfügt und etwa Emulsionen als einen Fall von Gemischen verstehen kann, neben dem es auch noch Lösungen, Suspensionen oder Legierungen gibt. Oder «Figaros Hochzeit»: Allein die Bemerkung, hier werde erstmals das Bühnengeschehen nicht nur durch Rezitative mitgeteilt, sondern auch durch Arien, wirft zwei Fragen des Vokabulars und eine der Form auf. Wenn das eine wesentliche Besonderheit von Mozarts Oper sein sollte, was ist die Pointe davon? Hier hilft das Internet nicht unmittelbar weiter, denn man muss andere Opern kennen und ihre Weise, etwas zu erzählen, um überhaupt den Sinn der Frage zu verstehen. Je mehr man über eine Sache weiß, desto interessanter sind die Fragen, die sich an sie stellen lassen.

Die Entgegensetzung von Wissen und Fähigkeiten (Kompetenzen) ist also völlig sinnlos, insbesondere wenn man sich an die zentrale Fähigkeit hält, die in Schulen kultiviert werden kann und die tatsächlich in allen vorstellbaren Zukünften nützlich sein dürfte: Denken. Ihm geht die Kenntnis dessen voraus, worüber nachgedacht werden soll, die Kenntnis von

Objekteigenschaften, von ähnlichen und von ganz unähnlichen Objekten sowie einer Terminologie, die es erlaubt, Vergleiche und Analysen zu organisieren. Auch wer sich nicht in der Lage sieht zu berechnen, wie groß und schwer eine Kugel sein muss, damit die Australier auf ihrer unteren Seite nicht ins Weltall fallen, wird sich gegebenenfalls an den Begriff der Schwerkraft erinnern, wenn das Kind danach fragt. Sollte wirklich sprachliche Kompetenz das Ziel des Deutschunterrichts sein, müsste entsprechend in jeder Stunde das Vokabular der Schüler erweitert werden sowie später auch ihre Fähigkeit, rhetorische Figuren einzusetzen. Die Begründung dafür, dass Futur II geprüft wird, auch wenn es in der Alltagssprache kaum mehr zum Einsatz kommt, kann nicht lauten, es stehe eben auf dem Lehrplan, sondern läge im Nachweis, was man verpasst haben wird, wenn man es nicht verwendet.

Die Verantwortung für solche Nachweise liegt bei den Lehrern. Auf die Frage «Warum soll dies und nichts anderes gelernt werden?» ist weder die Antwort «darum» hilfreich noch die Ausrede, ein Stoff werde behandelt, weil er aus den Massenmedien bekannt sei oder angeblich unmittelbar die Lebenswirklichkeit der Schüler betreffe. Oft ist die Relevanz für Schüler übrigens eine reine Pädagogenkonstruktion. Es sind Erwachsene, die sich gern vorstellen, dass Toleranz, Ethik und eigene Gefühle die wichtigsten Themen des Religionsunterrichts sind; dass Geschichte im Grunde so zügig wie möglich zum 20. Jahrhundert vordringen sollte; dass in Biologie das Schülerinteresse besonders auf Sexualkunde und Ökologie liegt; dass Jugendliche am liebsten Bücher über die Probleme von Jugendlichen lesen. Aber weshalb sollte die Neugier am größten sein auf Dinge, die ohnehin ständig andrängen und wenn auch nicht erkannt, so doch bekannt sind? Immerhin geht der Vorteil, den die Bekanntheit eines Fragekomplexes haben mag, weil nicht begründet werden muss, weshalb er behandelt wird, mit dem Nachteil einher, dass alle möglichen Vorurteile und Gewissheiten in seine alltägliche Beschreibung schon eingegangen sind. Deswegen ist es kognitiv oft ergiebiger, unerwartete und fremde Themen im Unterricht zu behandeln, bei denen das Spektrum dessen, was zu ihnen gesagt und an ihnen erkannt werden kann, nicht schon feststeht. Schulunterricht ist nicht dazu da, Kopfnicken oder Kopfschütteln einzuüben.

Denken verlangt also nicht nur Kenntnisse, weil es Nachdenken über etwas sein muss. Wissen geht vielmehr unmittelbar in die Schlüsse ein, die wir ziehen, wenn wir mit Aussagen konfrontiert sind, die sich nicht vollständig selbst erklären. Um es mit einem Beispiel des Psychologen Daniel Willingham zu illustrieren: «Als er sagte, er habe ein Haus am See, glaubte ich ihm, bis er hinzufügte, es sei bei Flut nur vierzig Meter vom Wasser entfernt.» Man muss wissen, dass Seen keine Gezeiten haben, um diesen Satz zu verstehen. Wissen schließt Lücken, vereindeutigt Ambivalenzen, erlaubt es, das Einschlägige vom Unpassenden zu unterscheiden, das Überraschende vom Erwartbaren. «Die Menschenwürde ist unantastbar.» Nur wer weiß, dass es sich hier um einen Satz aus einer Verfassung handelt und was das ist, eine Rechtsnorm, wird ihm nicht die Behauptung entnehmen, man könne die Würde eines Menschen gar nicht verletzen.

Auf die Frage, was unterrichtet werden sollte, lautet die Antwort darum nicht einfach, dass es das wichtigste Wissen sein sollte. Abgesehen von der Schwierigkeit zu entscheiden, ob Mietrecht wichtiger ist als Gentechnik und Hygiene unwichtiger als das Neue Testament oder die Idee der Demokratie, wäre es für die Schule nicht sinnvoll, ein Spiegel gesellschaftlicher Wertschätzungen zu sein. Vielmehr sind Unterrichtsgegenstände in dem Maße geeignet, in dem sie zum Nachdenken führen. Fast möchte man sagen: Man kann viel weniger unterrichten, solange es sich nur um einprägsame, weil das Denken ansprechende Unterrichtsstoffe handelt, um Tatsachen, die sich als Quell von Fragen erweisen.

Hierzu gehört zunächst der Aufbau eines Vokabulars. Merkwürdigerweise findet er systematisch nur im Fremdsprachenunterricht statt, so als könne vorausgesetzt werden, dass die Erweiterung des Wortschatzes im Deutschen sich nebenbei ergibt. Das wiederum ist eine seltsame Unterstellung angesichts der Sprache der Arbeitsblätter und der eigens für Schüler hergestellten Textausgaben, in denen ein Wäldchen nicht mehr «Hain» heißen darf, weil auch die Lehrkraft davon überfordert ist. Mehr noch als bei den Substantiven, deren Repertoire sich tatsächlich durch Unterricht in allen Fächern erweitert – Emulsion, Kontinent, Parallele –, existiert bei den Präpositionen, Konjunktionen, Adjektiven und Adverbien eine spezifische Möglichkeit des Deutschunterrichts, sprachliche und gedankliche Artikulation miteinander zu verbinden. Das Kinderspiel «Was ist das Gegenteil von ...?» bietet hier ebenso ein Modell wie das Verweilen bei einzelnen, den Schülern oder Lehrern auffälligen Worten, das Suchen nach Synonymen und der Versuch herauszufinden, ob sie wirklich exakt synonym sind. Wie sieht eigentlich «Purpur» aus, was heißt «arglos», und wann sagt man «hat gesungen» statt «sang»? Gerade der Grammatikunterricht lässt sich ohne große Schwierigkeiten als ein memorierendes Nachdenken über Sprache abhalten, also nicht als bloßes Memorieren.

Das mitgeteilte Wissen sollte also begrifflich ergiebig sein, was heißt: etwas zu begreifen geben. Darum ist es gut, lange und wiederholt bei den immer wiederkehrenden Konzepten eines Faches zu verweilen, ob sie nun «Energie», «Siedlung»,

«Spannung», «Bewegung», «Atom», «Herrschaft» oder «Bild» heißen. Denn jeder weiß, dass das Wiedererkennen und etwas als einen «Fall von X» auszumachen genauso zu den elementaren Fähigkeiten beim Lösen von Problemen gehört wie die umgekehrte Feststellung von Unterschieden. Rauch ist so etwas Ähnliches wie Nebel – aber worin unterscheiden sich beide? Man kann aus Verlegenheit erröten – wodurch noch? Sind Dörfer Städte, wenn sich ihre Einwohner nicht mehr kennen? Auf welche Arten kann sich ein Lebewesen davor schützen, von anderen aufgegessen zu werden? Warum sind die Verbrechen in den meisten Krimis Morde und nicht Eigentumsdelikte? Solche Fragen können, wie gesagt, nicht direkt gestellt werden, wenn die Schüler noch gar nicht genug Kriminalgeschichten, Dörfer, Lebewesen kennen, um Vergleiche durchzuführen. Aber sie sollten im Hintergrund stehen, wenn man sich mit den entsprechenden Stoffen beschäftigt, weil sie die Beschäftigung damit bedeutungsvoll machen. Warum also nicht erst einmal vier Kriminalgeschichten lesen, um dann auf die Frage nach dem Zusammenhang von Stoff und Form zu kommen? Oder Tierarten vorstellen nach dem Gesichtspunkt, dass sie in einer Nahrungskette stehen? Oder zwei Münzen auf den Tisch legen und fragen, warum sie sich nicht mischen, warum sich anderes mischt, unter welchen Bedingungen leicht, wann schwer, warum sich manches wieder trennt und anderes gleich explodiert?

Wir wollen an dieser Stelle natürlich nicht die Didaktik all jener Fächer neu erfinden. Doch der Eindruck, den die Schule heute vermittelt, ist der einer Einrichtung, die so sehr mit tatsächlichen und vermeintlichen Pflichten überhäuft ist, dass der Unterricht oft entsprechend pflichtschuldig erteilt wird anstatt dass er den Verstand der Schüler erfrischt. Die Frage warum sie das machen, was sie machen, entlockt vielen Schülern nur das Achselzucken unterworfener Völkerschaften. Das allein ist noch kein Urteil über den Unterricht, denn Schüler sind nicht nur neugierig, sondern auch leicht ablenkbar und schnell gelangweilt und faul. Wie es auch ihre Eltern waren, wenn nicht sind. Doch sofern das Ziel des Unterrichts nicht ein auf Kenntnis beruhendes Nachdenken über die Welt ist, verpasst die Schule die beste Möglichkeit, die sie hat. In ihr kann nämlich das, was das Denken anregt, weil es erstaunlich ist, sich nicht sofort erschließt, irgendwie bedeutsam erscheint, für Stunden von dem ganzen Gerede abgetrennt werden, das die Schüler sonst sozialisiert. Nur in der Schule gibt es die institutionellen Voraussetzungen dafür, der Einsicht zu ihrem Recht zu verhelfen, dass es sinnvoll ist, erst einmal das «Alte» im Sinne des schon lange so Bestehenden (Grammatik, Zahlenwelt, elementares Wissen, Klassiker als Werke, die eine Bewährung bei den Lesern hinter sich haben) zu studieren und das Bekannte zu erkennen, bevor man sich zum angeblich Neuesten äußert. Denn nur in der Schule steht die Beschäftigung mit den Problemen und Rätseln, die die Welt stellt, nicht unter biographischem oder sachlichem Handlungsdruck.

Warum? Weil der weit überwiegende Teil dessen, was für die Schüler ein Rätsel, Problem, Denkanlass ist, nur *für sie*, aber nicht *an sich* ungelöst, unerklärt, undurchdacht ist. Zwar haben auch die meisten von uns vergessen, was es mit den Präpositionen, dem Rauch, der Novelle und der Primfaktorzerlegung auf sich hat, aber im Unterricht werden diese nicht entdeckt, sondern nur angeleitet wiederentdeckt. Wir haben das schon gegenüber allen festgehalten, die Schüler als kleine Forscher bezeichnen; die Annahme, dass man zu einer Forscherin oder einem Forscher wird, indem man von Beginn der Schule an zu forschen anfängt, führt zu einem falschen Unterrichtskonzept. Nichts ist dagegen zu sagen, dass Kinder Geschichten schreiben, in der Klasse Demokratie spielen oder sich an Experimenten versuchen, aber das ist nicht nur graduell, sondern grundsätzlich von dem unterschieden, was Schriftsteller oder Politiker oder Wissenschaftler tun. Forscher wissen beispielsweise nicht, was das Ergebnis ihres Experiments sein wird, während es im Chemieunterricht mehr darum geht, Experimente durchzuführen, von denen schon feststeht, was ihre richtige Durchführung ist. Über etwas zu diskutieren und dann abzustimmen, ist nicht Demokratie; Lehrer, die diesen Eindruck erwecken, programmieren große Enttäuschungen vor. Politiker müssen denken an: die Opposition, die Gegner und Freunde in der eigenen Partei, das Fernsehen, die Verwaltung, die Gerichte, die Finanzierung. Eine Schriftstellerin kennt Aberhunderte von Geschichten, bevor sie die eigene beginnt, sie kennt Genres, stellt sich ein Publikum vor oder ein Buch, das sie gern geschrieben hätte, in jedem Kapitel, das sie beginnt, sieht sie sich vor Dutzende von Entscheidungen gestellt.

Schule kann gerade darum ein Ort der Einübung ins Nachdenken sein, weil in ihr nicht all das gleichzeitig geschehen muss, was im professionellen Leben eine Rolle spielt. Die Erfahrung im Umgang mit Schwierigkeiten kann hier langsam aufgebaut werden, weil alle Interdependenzen zu anderen Lebensbereichen unterbrochen sind, weshalb hier erfolgsentlasteter und weniger abgelenkt durch den Alltag nachgedacht werden kann. Dafür gelenkter durch die Lehrkraft. Der nachdenkliche Unterricht ist ein vorgedachter, einer, in den zuvor Gedanken investiert worden sind. Nicht nur in die Unterrichtsfragen selbst und die Art zu begründen, warum es sinnvoll ist, sich mit einem bestimmten Stoff zu beschäftigen, sondern auch in die Frage, was typische Antworten, Schwierigkeiten, Beiträge der Schüler sein könnten. Der Gegensatz zu besinnungslosem Auswendiglernen und Nachmachen oder zum stummen Hören eines Lehrvortrags ist nicht der Rückzug der Lehrperson, sondern ihre Erklärung, worum es geht und wozu es dient, was das Problem ist, woran man eine Lösung erkennen würde, anschließendes Feedback – «in eigenen Worten» – zur Überprüfung, ob verstanden wurde – dann Anwendung, Diskussion, Erweiterung. Wie das Denken hat der gute Unterricht, der zu ihm führen soll, eine Struktur, die ihm fehlen würde, wenn es keinen Beobachter gäbe, eben die Lehrkraft, die schon vorher einmal darüber nachgedacht hat. Wenn sie es nicht getan hat, bleibt nur ihre Aufsichtsfunktion, man kann dann nämlich auch ein YouTube-Tutorial laufen lassen, um den Stoff an die Schüler zu bringen. Instruktion heißt Mitgedachthaben, wenig Instruktion und wenig Rückmeldung heißt: Überflutung der Schüler durch unbestimmte Information, von der unklar bleibt, ob sie weiterführt.

«Das Ganze ist nicht mehr als die Summe seiner Teile, aber es hat sehr viele Teile», lautet ein Befund des Kognitionspsychologen John R. Anderson. Für die Schule gilt das auch. Die Fähigkeit, Probleme zu lösen und sich mehr oder weniger komplizierte Zusammenhänge zu verdeutlichen, ist von einem Unterricht abhängig, der das gebietsspezifische Vermögen schult, Strukturen, Argumente, Situationen wiederzuerkennen und Gewusstes darauf zu beziehen. Wer Rauch als Gemisch analysiert hat, steht bei Nebel nicht im Nebel und auch bei Milch nicht, so überraschend das auf den ersten Blick wirken mag. Ja, nicht einmal bei Schaum und Mineralwasser. Was die Schule kann, ist, solche kleinen Teile wieder und wieder zu betrachten, zu zeigen, was sie zu denken geben, wie sie funktionieren, worin sie sich ähneln und unterscheiden und was man aufgrund ihrer Eigenschaften mit ihnen machen kann. Sie werden in einem guten Unterricht nicht behandelt, weil es sie gibt. Geben tut es vieles. Nicht alle von ihnen werden behandelt, weil sie lebenswichtig sind. Man kann ohne Kenntnis der Novelle als Erzählform oder ohne vom Verhalten der Stichlinge unter Stress etwas zu wissen, ein anständiges Leben führen. Sie werden, wenn es gutgeht, erläutert und diskutiert, weil sie in das Repertoire des Denkens einführen: vergleichen, messen, Gegensätze erkennen, davon Widersprüche unterscheiden und diese von Konflikten, abbilden, etwas datieren, erzählen, ein Bild betrachten, ein Bild lesen, eine Aussage umkehren, modellieren, Analogien bilden, Wahrscheinlichkeitsurteile fällen, Niveaus unterscheiden, Muster erkennen.

Es sind solche wissens- und objektgebundenen Operationen, die in einem guten Unterricht geübt werden, an Gegenständen, die in den Kenntnisvorrat der Schüler umso leichter eingehen, je mehr über sie nachgedacht wurde, und umso leichter, je mehr sie sich mit anderen Kenntnissen verbinden. Wissens- und objektgebunden sind sie, weil sie nicht überall auf gleiche Weise eingesetzt werden. Historische Wahrscheinlichkeit ist etwas anderes als mathematische, ein Gedicht datieren geht anders als eine Ruine datieren, ein physikalisches Experiment unterscheidet sich stark von einem psychologischen, ein Bild lesen und einen Text lesen, ist zweierlei. Was all diese Operationen hingegen teilen, ist, dass sie ohne Kenntnisse nicht erfolgreich durchgeführt werden können. Was die Schule also kann, selbständiges Denken lehren, kann sie nicht sofort und nicht ohne den Weg über das Lehren. Das Lehren von etwas, in dem etwas Weiteres steckt. Es gibt insofern kaum einen dümmeren Satz über schulische Erziehung als den, man solle nicht Fächer unterrichten, sondern Schüler.

V. KAPITEL

Was die Schule muss: Lesen, Schreiben, Rechnen unterrichten

Der gesunde Menschenverstand zieht die Sicherung des Elementaren der Investition ins Weiterführende vor. Vor allem dann, wenn das Weiterführende vom Elementaren abhängt. Man muss das zweite Stockwerk nicht verschönern, wenn es keine Treppe gibt, und man braucht keinen Treppenausbau, wenn das Haus gar nicht betreten werden kann.

Eine entsprechende Logik gilt auch in Schulfragen. Bevor ein Kind unterrichtet werden kann, muss es beispielsweise erst einmal da sein. Körperlich Abwesende zu erziehen, ist selbst bei Geistesgegenwart schwierig, auch wenn das Internet inzwischen anderes suggeriert. Solange es also noch kein Home-office-Schooling gibt und Unterricht mit Interaktion einhergeht, muss Anwesenheit gesichert werden. Die Schulpflicht war ein Mittel dazu, aber vielerorts muss sie inzwischen polizeilich durchgesetzt werden. Zu den Faktoren, die den Schulabbruch begünstigen, gehört auch ein nachlässiger Umgang von Schulen mit Abwesenheit. Damit ist nicht der Umgang mit dem lustvollen «Schwänzen» gemeint, von dem jeder zweite Schüler zugibt, es ab und zu schon getan zu haben. Sondern die Reaktion von Schulen auf die meist männlichen massiven Schulschwänzer, die sich in eine komplette Distanz zur Schule hineinabsentieren. Die wenigen Untersuchungen, die es zur Schulverweigerung gibt, sprechen von vier bis sieben Prozent der Schüler und lassen erkennen, dass es bei gleichem Bildungsniveau und Einkommen der Eltern je nach Schule zu sehr unterschiedlichen Absenzquoten kommt, was nicht zuletzt mit der Neigung mancher Schulen zusammenhängt, sich bei Normbrüchen abwartend zu verhalten oder diese sogar zu ignorieren.

Doch auch bei gesicherter Anwesenheit gibt es weitere elementare Erfordernisse, die alle höheren Absichten (Chancengleichheit, Integration, Bildung, Beschäftigungsfähigkeit – «employability» –, Abendlandreife) als sekundär erscheinen lassen: Lesen, Schreiben, Rechnen. Wer Bildungsarmut bekämpfen und Bildung befördern möchte, muss ins Kalkül ziehen, dass es Fähigkeiten gibt, ohne deren Vorhandensein man über alle anderen schönen Dinge gar nicht zu reden braucht. Wir aber leben in einer Situation, in der zwar jeder fünfte Schüler die Grundschule ohne ausreichende Fähigkeit zu lesen verlässt, danach jedoch mit lauter neuen Fächern konfrontiert wird, in denen er oder sie ohne diese Fähigkeit nicht auskommt. Jeder Fünfte, das heißt: pro Klasse etwa fünf Kinder. Müsste dann nicht eigentlich alle Unterrichtszeit vorher wie nachher auf die Vermittlung des Elementaren verwendet werden? Wir führen Diskussionen darüber, ob Frühenglisch geeignet ist, den Kontakt der zukünftigen Eliten zum Weltmarkt schon zu sichern, wenn die prospektiven Chefs erst sieben Jahre alt sind, diskutieren über Projektunterricht als Alternative zu Fachunterricht oder über Ethik als Grundschulfach. Es wird gefragt, ob der Unterricht nicht mehr spielerischer Natur sein müsste, ob die Selbsttätigkeit der Kinder nicht stärker anzuregen wäre oder ob das Kind nicht stärker als Forscher oder als zukünftiger mündiger Bürger angesprochen werden sollte. Über solchen

Diskussionen wird vergessen, dass ein erheblicher Anteil an Schülern am Ende der Grundschulzeit nicht in der Lage ist, einfache Divisionen sicher durchzuführen. Englische Untersuchungen haben ergeben, dass fünfundsiebzig Prozent der Vierzehnjährigen zwar sehen, dass ¾ weniger ist als ⅘, aber nur fünfzehn Prozent erkennen, was größer ist, 5/7 oder 5/9. Sind wir sicher, dass das nur ein englisches Problem ist? Es wird fortlaufend ein Schulsystem mit neuen Reformen, Fächervorschlägen und Kompetenz-Utopien überzogen, von dem unklar ist, ob es überhaupt sein Mindestpensum leistet.

Welche Schule ist also die wichtigste? So gestellt, gibt es auf die Frage nach finanzieller und geistiger Schwerpunktsetzung im Bildungssystem keine richtige Antwort. Wer beispielsweise die Gymnasien für Selbstläufer hielte, um deren Zustand sich zu kümmern nur auf die Beschäftigung mit Luxusproblemen bürgerlicher Kreise hinauslaufe, sähe davon ab, dass so gut wie alle Lehrer Absolventen von Gymnasien sind. Weil das aber so ist, strahlen die Probleme dieser Schulform auch auf alle anderen Schulen ab. Das Gymnasium für elitär zu halten, ist also nicht nur angesichts der hohen Anteile am Jahrgang töricht, die aufs Gymnasium gehen, sondern auch, weil hier die Grundlagen für den Unterricht an Grund-, Haupt-, Real-, Gesamt- und Berufsschulen gelegt werden. Dass die Kritiker des Gymnasiums fast durchweg in den Genuss seines Unterrichts gekommen sind, lässt sich dabei als Widerspruch nur auflösen, wenn man, wie sie offenbar, entweder annimmt, dass man es auch ohne diesen Unterricht so weit gebracht hätte – oder der Überzeugung, dass der gymnasiale Unterricht erst dann legitim wäre, wenn alle ihn besuchen könnten.

Das Bildungssystem baut sich, mit anderen Worten, nicht nur von unten auf, sondern, was die Lehrer angeht, auch von oben. Die Folgen dessen, was an erziehungswissenschaftlichen

Fachbereichen ausgeheckt wird, sind für die Schulen ebenso erheblich wie die kognitiven Fähigkeiten derjenigen, die sich in einem Lehramtsstudium befinden. Welche Schule die elementarste ist, unterliegt aber trotzdem keinem Zweifel: die Elementarschule eben, die Grundschule. Wer zu wenig für sie tut, zu wenig investiert, zu viel experimentiert, anstatt auf Sicherung der elementaren Fähigkeiten zu setzen, vergeht sich in ganz anderer Weise an allgemeinen Bildungszielen als Leute, die am Gymnasium herumreformieren.

Die Begründung dafür lautet, dass der Aufwand erheblich ist, etwas wiedergutzumachen, was anfänglich versäumt wurde. Das wiederum liegt an einer Eigenschaft der Schlüsseltechnologien des Lesens, Schreibens und Rechnens, mithin der Fächer Deutsch und Mathematik, in denen sie am intensivsten vermittelt werden. Sie müssen stärker als andere Fächer prozesshaft unterrichtet werden. Die Welt der Sprache und die Welt der Zahlen eignen sich über lange Jahre hinweg nicht für einen exemplarischen Zugriff, weil in ihnen das Spätere allermeist strikt auf dem Früheren aufbaut. Deklination und Konjugation, Addition und Division verhalten sich zueinander nicht wie Säugetiere und Insekten oder wie Optik und Elektrizitätslehre. Der Sprach- und Zahlengebrauch verlangt eine größere Vollständigkeit des Repertoires. Wer über den Konjunktiv oder das Konzept des Winkels nicht verfügt, kommt in höherstufige Sinnzusammenhänge erst gar nicht hinein, wohingegen noch niemand am Verständnis von Grundzügen der Französischen Revolution nur deshalb gescheitert ist, weil zuvor kein Unterricht über die Spätantike erteilt wurde. Wer nicht genau weiß, wo Paris liegt, ist darum deutlich besser dran und ihm oder ihr kann deutlich leichter geholfen werden als denjenigen, die nicht einmal den Satz «Wo liegt Paris?» lesen und verstehen können.

Das legt es einerseits nahe, viel in die frühen Erziehungs- und Schulstufen zu investieren. Die Forderung danach ist inzwischen ubiquitär und umfasst zu Recht auch den vorschulischen Bereich. Studien zu Vorschulprojekten wie dem High/Scope Perry Preschool Program, dem es seit 1962 gelingt, innerhalb von zwei Jahren substanzielle Effekte bei per Zufall ausgewählten Drei- und Vierjährigen aus bildungsschwachen Milieus zu erzielen, deuten aber auch darauf hin, wie viel «viel» ist: zwölf Kinder, zwei Lehrer, an etwa hundertachtzig Tagen jeweils zweieinhalb Stunden Unterricht und zusätzlich einmal wöchentlich ein Besuch des Lehrpersonals in den Familien. Etwa zwanzigtausend Dollar pro Kind. Die deutlich messbaren Effekte zeigen sich dabei weniger in IQ-Tests als im späteren Schulerfolg mit vierzehn Jahren, der also nicht nur von kognitiven Fähigkeiten abhängt, sowie bei den sozialen Einstellungen, der sprachlichen und emotionalen Entwicklung, der Fähigkeit zu Ausdauer und Konzentration. Selbst die vorsichtigsten ökonomischen Schätzungen kommen zu dem Schluss, dass vorschulische Erziehung dieser Intensität eine gesellschaftliche Rendite von 1:2 hat; für das Perry-Vorschulprogramm hat ein Team um den Nobelpreisträger James Heckman ausgerechnet, dass jeder investierte Dollar durch geringere Arbeitslosigkeit und Kriminalität, bessere Gesundheit und höhere Einkommensbildung gut achtfach zurückkam. Sind solche Programme für alle Familien offen, ergibt sich ein noch substanziellerer Effekt für Kinder aus bildungsschwachen Milieus, allerdings wächst damit auch der Abstand zu denen mit bildungsstarker Herkunft, da diese ebenfalls von der vorschulischen Erziehung profitieren.

Früh und viel investieren, so lautet die Botschaft der allermeisten Studien, wobei «viel» nicht nur die Höhe der Ausgaben meint, sondern auch das Festhalten an Erziehung und, wenn es um die Schule geht, an Unterricht. Bei einem Treffen von Schulverantwortlichen aus dem Bereich der Realschulen in Philadelphia soll einmal ein Satz gefallen sein, der hier einschlägig ist. Als der Bezirksbürgermeister fragte, wohin er zusätzliche Gelder denn lenken solle, in diese Schulen oder in die Grundschulen, sagten die Vertreter der weiterführenden Schulen: «Gebt es früh aus. Schickt uns Kinder, die lesen können.»

In Deutschland werden im Jahr etwa 7500 Euro pro Schüler und Schülerin an allgemeinbildenden Schulen ausgegeben. In Bayern 8700 Euro, in Berlin und Hamburg 9700 Euro, in Nordrhein-Westfalen 6600 Euro, in Schleswig-Holstein 6700 Euro, Hessen liegt genau im Bundesdurchschnitt. Diese Unterschiede, die kein einfaches Muster ergeben, gehen auf verschiedene Schüler/Lehrer-Relationen zurück, auf verschiedene Pflichtstundenumfänge und auf verschiedene Besoldungsniveaus, um nur ein paar Gründe zu nennen. Was dabei fast allen Bundesländern gemeinsam ist, ist das Verhältnis der Ausgaben zwischen den Grundschulen und den weiterführenden Schulen. Nur in Hamburg wird mehr pro Grundschulkind ausgegeben als für Kinder an weiterführenden Schulen. In allen anderen Bundesländern übertreffen die Ausgaben für Realschulen und Gymnasien die für Grundschulen, und zwar zumeist deutlich. 6000 Euro im Bundesdurchschnitt für jeden Grundschüler, 8900 für jeden Hauptschüler dort, wo es überhaupt noch Hauptschulen gibt, 7900 für jeden Gymnasiasten und 8000 für jeden Schüler auf einer Gesamtschule. Am wenigsten geben Nordrhein-Westfalen, Baden-Württemberg und Brandenburg für ihre Grundschüler aus, am meisten Hamburg, Berlin und Bayern.

Es würde zu weit führen, auch diese Unterschiede in den Ausgaben aufzuschlüsseln. Auf der Hand liegt, dass Gymnasiallehrer teurer sind als Grundschullehrer; ihre Ausbildung ist aufwendiger, die Fächer sind schwieriger. Andererseits ist die Unterrichtssituation an Grundschulen gewiss nicht immer leichter als in den gymnasialen Oberstufen. Der frühe Förderbedarf, den vor allem in Großstädten viele Kinder haben, weil sie eingeschult werden, ohne sich im Deutschen mündlich gut artikulieren zu können, macht die Grundschullehrerinnen – der männliche Anteil der Grundschullehrerschaft liegt bei etwa neun Prozent – zu zentralen Figuren aller bildungspolitischen Erwartungen.

Interessanter aber als die Höhe der Ausgaben im nationalen oder föderalen Ländervergleich ist die Menge des Unterrichts, betrachtet nach Pflichtstunden. In Hamburg beispielsweise werden Grundschüler innerhalb von vier Jahren insgesamt fast ein halbes Schuljahr länger unterrichtet als in Berlin, vier Stunden pro Woche durchschnittlich in jeder Klasse mehr. In den weiterführenden Schulen wird überall mehr unterrichtet. Während ein Berliner Grundschüler 23 Stunden lang lernt, bekommt ein Berliner Sekundarschüler mehr als 31 Stunden Unterricht. Vergleicht man hier zusätzlich international, so stehen den in Deutschland unterrichteten gut 2800 Zeitstunden in der Grundschule solche Länderwerte gegenüber: Australien 4000 Zeitstunden, Niederlande 3600, Vereinigte Staaten 3800, Kanada 4100. Der OECD-Durchschnitt betrug im Jahr 2013, als diese Zahlen ermittelt wurden, gut 3000 Zeitstunden.

Solche Zahlen geben nur einen groben Eindruck. Im konkreten Fall kommt es sehr darauf an, wie viele Schüler in einer Grundschulklasse sitzen und was sie dort tun. Es ist nicht dieselbe Unterrichtssituation, wenn es weniger als fünfzehn Schüler und wenn es mehr als fünfundzwanzig sind. Manche Grundschulen sind Ganztagsschulen, manche Ganztagsschulen unterrichten nachmittags, andere machen mit den Schülern Hausaufgaben, wieder andere lassen sie spielen. Wichtig ist an den Zahlen nicht, dass sie ein genaues Bild geben; das geben bloße Zahlen nie von sozialen Verhältnissen. Wichtig ist, dass sie einen grundsätzlichen Fehler in unserem Schulsystem anzeigen: die Privilegierung der höheren Stufen. Sie sind im Durchschnitt besser ausgestattet, es wird dort mehr unterrichtet, sie haben ein besser bezahltes Personal. Außerdem wird ihr Personal weniger intensiv von den didaktischen Phantasien der «kindzentrierten Pädagogik» heimgesucht, die sich vor allem für Schüler jüngeren Alters interessiert und sich für deren Unterricht, wie wir sehen werden, die Abschaffung des Lehrers ausgedacht hat.

Hierzulande verlässt, wie gesagt, fast jedes fünfte Kind die Grundschule, ohne befriedigend lesen zu können, und sehr oft ist dieses fünfte Kind eines von Einwanderern oder aus bildungsarmen Schichten. Auch hier, beim Zweispracherwerb, sollte eigentlich die Logik des Elementaren gelten: Erst einmal die Schriftsprache des Einwanderungslandes beherrschen, dann kann man weitersehen. In Bezug auf Kinder, die davon unverschuldeterweise weit entfernt sind, erscheint es als besonderer Zynismus, wenn sie schon in der Grundschule in Englischstunden geschickt werden. Die gute Absicht, die dahinter steht, lautet: Je früher man eine Fremdsprache lehrt, desto besser verankert sie sich im Sprachvermögen der Kinder. Tatsächlich handelt es sich aber bei diesem Je-früher-desto-besser, das europaweit für mehr als drei Viertel aller Grundschüler zu frühem Fremdsprachenunterricht geführt hat, um einen Mythos. Ein «Lernfenster» schließt sich nur beim natürlichen Spracherwerb in den Familien, weswegen von frühem Englischunterricht nur Kinder etwas haben, deren Eltern oder Spielgenossen ebenfalls Englisch mit ihnen sprechen. Außerdem ist nachgewiesen, dass ältere Kinder schneller eine Fremdsprache lernen als jüngere. Das weiß man seit vierzig Jahren, und man hat es auch im Vergleich von Schülern, die seit dem ersten Grundschuljahr Englisch hatten, mit solchen, die erst mit acht bis neun Jahren damit begannen, festgestellt. Nebenbei: In solchen Studien liegt ein gutes Argument für Bildungsföderalismus, denn wenn alle unter denselben Bedingungen lernen, lässt sich gar nicht mehr ermitteln, was besser ist. Leider reicht das Wissen darum nicht aus, um den Aufbau von Modernitätskulissen wie dem Grundschulenglisch zu verhindern.

Untersuchungen zur Frage des muttersprachlichen Unterrichts für Migranten weisen in dieselbe Richtung. Der Erstspracherhalt, so der Soziologe Hartmut Esser, «findet in aller Regel auf Kosten des Zweispracherwerbs statt (und umgekehrt)». Soll heißen: Die Zeit, die dafür draufgeht, fehlt den dringend notwendigen Deutschstunden, und sie trägt wenig dazu bei, dass Schüler mit Migrationshintergrund sich besser im Einwanderungsland zurechtfinden. Ist es doch beim Fremdsprachenerwerb, der für solche Schüler in Deutschstunden stattfindet, zusätzlich zur Kenntnis der Sprache wichtig, eine analytische Haltung zu ihr einzuüben. Das heißt, es müssen ein Vokabular und eine Grammatik vermittelt werden, die nur wenig Unterstützung durch die mündliche Praxis der Kinder außerhalb der Schule haben, und das nicht selten bei Kindern, deren Eltern nicht einmal zur eigenen Herkunftssprache eine analytische, auf Annäherung an die Schriftlichkeit zielende Haltung einnehmen. Deutsch ist, anders formuliert, für solche Kinder nicht nur eine fremde Sprache; in vielen Fällen wird in dem Milieu, in dem sie aufwachsen, die Artikulation der Hochsprache auch nicht unterstützt.

Das heißt nicht, dass die Teilnahme beispielsweise an Türkischstunden negative Auswirkungen auf den Erwerb des Deutschen hat, sondern nur, dass statt einer Stunde Türkisch auch eine weitere Stunde Deutsch unterrichtet werden könnte, so wie zwei Stunden Frühenglisch ebenfalls dem Deutschunterricht fehlen. Das Problem, wie viel herkunftssprachlicher Unterricht überhaupt erteilt werden könnte, wenn in manchen Schulklassen Kinder aus vierzehn Muttersprachgemeinschaften zusammenkommen, sei nur als Fußnote angefügt.

Das alles sind Beispiele dafür, dass die Frage danach, was elementar ist und was Mindeststandards sind, in den schulpolitischen Diskussionen hierzulande gern um höherer Ziele willen umgangen wird. Denn nicht nur der bilinguale Unterricht beansprucht Zeit, die besser für das Erlernen des Deutschen und der elementaren Fähigkeiten im Zahlenraum verwendet würde. In den Lernkatalogen, die sich «Rahmenpläne» nennen, sollen die Schüler von den ersten Schuljahren an in alle möglichen anderen schönen Richtungen erzogen werden: Demokratie, Selbsteinschätzungskompetenz, Selbstregulation des Wissenserwerbs, Mitbestimmung und solidarisches Handeln, Gestaltung eigener Medienbeiträge, angemessenes Konfliktverhalten, Wertschätzung der Natur und solche Sachen. Alles, bevor sie dividieren können oder wissen, wie sich «trotzdem» zu «weswegen» verhält, dass Italien im Süden liegt, aber für Bewohner Schwedens Hamburg auch, oder worin sich «die See» von «dem See» unterscheidet. Natürlich lassen sich die klügeren Lehrkräfte von den Redensarten der Rahmenpläne nicht irritieren, aber es wäre in der Schule wie überall beruhigend, wenn nicht zu viel Klugheit und Bereitschaft zu «brauchbarer Illegalität» (Niklas Luhmann) unterstellt werden müsste.

Die frühen Rückstände werden oft nicht ausgeglichen, und das betrifft Migranten und Nichtmigranten gleichermaßen. Vergleiche von Rechtschreibleistungen in der zweiten Grundschulklasse mit denen von dreiundzwanzigjährigen Erwachsenen zeigen, dass ein Viertel der Unterschiede zwischen den Erwachsenen sich durch die Unterschiede erklären lassen, die sie schon mit sieben, acht Jahren aufwiesen. Der Schweizer Pädagoge Carl Bossard hat die Ursache dafür mit einer falschen Fingerhaltung beim Klavierspiel verglichen, die sich über die Zeit verfestigt. Zu einer solchen Verfestigung kann es aber nur kommen, wenn die Schule in allen Fächern darauf verzichtet, die falschen «Einstellungen» früh und beharrlich zu berichtigen. Ohne Not ist sie von tradierten Verfahren wie dem Abschreiben von der Tafel, die heute mancherorts ein «White Board» ist, dem Schreiben durch Lesen also, abgegangen. Es werden Arbeitsblätter ausgeteilt, Lückentexte ausgefüllt, ständig wird das Aufgabenformat geändert, damit es abwechslungsreich zugeht, ständig wird in den Lehrmaterialien für Unterhaltung gesorgt. Die Wiederholung als Methode des, horribile dictu, Einschleifens von Schreibroutinen aber wird geringgeschätzt.

Ein Grund dafür, dass wir im Bereich der elementaren Bildung so viel Zeit versäumen und Energie auf nicht Weiterführendes verschwenden, liegt also schlicht in der sogenannten «kind-zentrierten» Pädagogik. Kinder, sagt sie, lernen am besten, wenn man sie das zu Lernende selbst herausfinden lässt. «Learning by Doing» sei effektiver und humaner als Zuhören oder Gezeigtbekommen. Lernen sei immer individuell, es sei «nicht direkt» durch Lehre zu beeinflussen, weil immer etwas anderes gelernt werde als das im Unterricht Gelehrte. Guter Unterricht sei einer, in dem mehr gelernt als gelehrt werde. Streicht man die billige Pointe dieser Formulierung heraus, dass der Unterricht nicht dazu da ist, Lehrern eine Bühne zu geben, bleibt als ihre Behauptung übrig, das Lernen lasse sich vom Lehren trennen. Dass manchmal mehr gelernt wird als gelehrt worden ist, steht außer Zweifel: Die Schüler machen sich einen eigenen Reim, und die Gedanken sind frei. Aber sie machen sich ihren eigenen Reim auf etwas, das sie nicht kannten.

Exemplarisch ist dafür der prominent gewordene Unfug, der viele deutsche Grundschulen in Gestalt des Rechtschreibunterrichts nach der Methode «Schreiben nach Gehör» heimgesucht hat. Ausgedacht hat ihn sich in den 1970er Jahren ein in Hamburg unterrichtender Lehrer Schweizer Herkunft, Jürgen Reichen, der dem reformpädagogischen Dogma folgte, dass Kinder am besten eigentätig und individuell lernen. Das Lesen mit ihnen zu üben, sei falsch, weil es sie einschränke. Der Reformvorschlag ging also nicht von einem Missstand bei den Rechtschreibleistungen aus, sondern von einer gefühlten Differenz zwischen wirklichem Unterricht und vorgestelltem Unterrichtsideal. Dass gerade die Sprache dazu da ist, zwischen Individuen zu vermitteln, und deswegen eine eminent kollektive Tatsache darstellt, die den Eigensinn begrenzt, ging in diese Vorstellung nicht ein. Kinder, so die Gehörmethode, lernen am besten nicht gemeinsam die Buchstaben, kurze Wörter und Sätze, sondern jedes erhält eine Anlauttabelle, die beispielsweise das «I» dem Bild eines Igels oder einer Insel zuordnet, das «F» dem Bild eines Fahrrads und das «V» einem Vogel. Daraus bildet jedes Kind dann von Anfang an eigene Wörter. Sie folgen dem, was in den Lehrplänen zuweilen als «Lautprinzip der Schrift» bezeichnet wird. Dass Kinder, die zu Hause Türkisch sprechen, das entsprechende Wort aus diesen Sprachen assoziieren und eben bei einer Ameise von «karınca» irritiert werden, weil es nicht zu «A» passt, gehört zu den vielen Denkfehlern dieser Methode.

Die so geschriebenen Wörter haben allerdings auch bei Kindern, die in ihren Familien Deutsch sprechen, eventuell den Nachteil, sehr individuelle Wörter zu sein. Denn das Varat und der Filfraas sind natürlich ebenfalls anlautkorrekt gebildet, wenn man die entsprechenden Tabellen und etwa den phonetischen «Iegel» zugrundelegt. Dass Wörter noch anderen Regelmäßigkeiten gehorchen als phonetischen und dass es im Deutschen wie auch in anderen Sprachen ständige Ausnahmen von der Regel gibt, die zu erklären man mindestens ein Linguist sein muss, bleibt unberücksichtigt. Weil das Unerklärte als autoritär gesetzt empfunden wird, hält man sich an ein Prinzip, das nicht oder nur «im Prinzip» gilt. Die Quelle der korrigierenden Abweichungserfahrung – «Oh, Vase und Vogel beginnen gleich» –, das Lesen nämlich, wird hintangestellt. Je weniger ein Kind schon liest, darf man darum vermuten, desto phonetischer schreibt es. So wie es einem nachdenklichen Kind merkwürdig erscheinen muss, wenn es irgendwo «Igel» aber «Tiegel» geschrieben sieht oder «Biene», aber «Mine» und «Miene». Ja, schon, dass auf der Anlauttabelle die phonetisch sehr unterschiedlichen Fälle «Igel» und «Insel» den Buchstaben «I» erläutern, also ein+ langes und ein kurzes I angedeutet wird, mag verwirren: Wi dänn jezt? Wieder schreiben dann am ehesten die Kinder richtig, deren Eltern ihnen erläutern, dass das im Deutschen eben so ist und man sich viele Schreibweisen merken muss. Die Lehrer sind der Methode nach gehalten, solche Hinweise zu unterlassen, sie würden ja die Eigentätigkeit des Kindes stören. Das Kind soll, so will es die Methode, über die Abweichung seiner phonetischen Schreibung von der richtigen nicht belehrt werden. Falschschreibungen, heißt es bei Verteidigern des Ansetzens bei der kindlichen «Spracherfahrung», die eine akustische sei, prägen sich nicht sofort ein. Aber sie verschwinden auch nicht von allein.

Deswegen entfällt in diesem Hörschreibunterricht auch das Vorlesen, entfallen Korrekturen, entfällt das Diktat. Jedes Kind, heißt es, soll in eigenem Tempo schreiben und lesen lernen – es liegt auf der Hand, für welche Kinder dabei ein langsames Lernen wahrscheinlich ist, nicht selten ein so langsames, dass die Grundschulzeit schon vorbei ist und die Fehler in Schulen mitgenommen werden, die sich mit dem hauchdünnen Unterschied von «Hose», «Soße» und «Moose» nicht mehr beschäftigen.

Als individualisiertes Lernen wird so verkauft, was ein nur scheinbar individuelles Irren ist, weil die Chancen, korrigiert zu werden oder sich durch frühe Lektüre selbst ein Gedächtnis für Wörter zu bilden, eben nicht gleich verteilt sind. Dass eine Methode, die jahrelang ohne Korrekturarbeit seitens der Lehrer auskommt, einen gewissen Reiz auf überanstrengtes Personal ausübt, dass also das Versprechen, Lernen könne auch «selbstwirksam» ohne großen Einsatz von Autorität erfolgen, attraktiv ist, erschließt sich sofort. Dass das Ziel des frühen Deutschunterrichts nicht «kreatives Schreiben» ist, sondern der Erwerb einer Technik, die der Verständigung und des lesenden Zugangs zur Welt dient, wird dabei vergessen. Wer, wie der inzwischen verstorbene Erfinder dieser Methode, findet, die «unlogischen» Aspekte der deutschen Sprache führten im Spracherwerb zum «Rechtschreibwahnsinn», pflegt eine sprachphilosophische Meinung auf Kosten der Kinder, die in der Sprachgemeinschaft viel zu lange und vielleicht für immer durch falsches Schreiben auffallen.

Mag Orthographie, wie der Hobbysoziologe Reichen wohl dachte, ein Herrschaftsinstrument sein. Darüber und über den darin liegenden ziemlich unbeherrschten Herrschaftsbegriff kann man endlos diskutieren: Welcher Herrscher herrscht denn mittels Fugen-s, Dehnungs-h und Vokalverdopplung? Zu welchem Herrschaftszweck genau wurde die gleiche Schreibweise von «Vulkan» und «Vogel» eingeführt und auf wessen Kosten? Natürlich hätte niemand, der auch nur ein wenig Verstand in Konzepte wie «Herrschaft» und «Autorität» investiert, besonders viel Lust auf eine solche Diskussion, wenn sie zu Fragen wie dieser führt: «Wem nutzt es, Belanglosigkeiten oder inhaltlichen Unsinn orthographisch korrekt schreiben zu können?» (Hans Brügelmann). Das läuft auf die Frage hinaus, wem Tischsitten nützen, wenn das Essen nicht gut oder das Tischgespräch uninteressant ist. Zurückgefragt: Wem nützt es, belangvolle Texte zu schreiben, sagen wir: Bewerbungen, Aufsätze, Briefe, die niemand liest, weil sie sich weit diesseits der gängigen Orthographie und ihrer Toleranzen befinden? Vor der inhaltlichen Prüfung des Sinns oder Belangs von Geschriebenem erfolgt die, was überhaupt der Wortlaut der Äußerung ist. Dabei bleibt der Unterricht in Orthographie und Grammatik, will man nicht alle Grundschullehrer auf ein mehrsemestriges Linguistikstudium verpflichten, auf ein gewissermaßen dogmatisches «So ist es eben» angewiesen.

In der Deutschdidaktik habe sich, so meint hingegen Nanna Fuhrhop von der Universität Oldenburg, die Erkenntnis durchgesetzt, dass es «pädagogisch nicht sinnvoll sei, Texte schreiben zu lassen, nur um den Schülern Fehler nachzuweisen». Diktate würden inhaltlich nichts vermitteln; das Textverständnis werde mehr durch Texte gefördert, die die Schüler selbst schreiben. Ein Diktat nach richtig/falsch zu korrigieren, mache die Sache zu einfach, denn um mit Fehlern konstruktiv umzugehen, müssten die Lehrkräfte das grammatische System verstehen, das der Schreibung (der richtigen oder der falschen?) zugrunde liege. Dies komme in der Lehrerbildung vielfach zu kurz. Es liegt auf der Hand, dass Linguisten sprachlichen Wandel mögen, weil für sie beide Seiten der Unterscheidung richtig/falsch interessante Forschungsobjekte sind. Das macht sie aber zu nur bedingt geeigneten Beratern, was den Sprachunterricht angeht. Denn wichtiger als ein gewiss sehr interessantes Seminar über den Fehler bleibt, ihn das nächste Mal nicht zu machen. Die Aufgabe von Diktaten war eben nie «Textverständnis», sondern die Umsetzung von Gehörtem in Geschriebenes.

Aber selbst wenn man meint, die Autorität, eine bestimmte unverstandene Schreibweise mittels wiederholendem Üben durchzusetzen, sei an sich ungut, bleibt die Frage, ob Herrschaft durch Grammatik so etwas Ähnliches ist wie andere soziale, historisch entstandene Konventionen, etwa wie «Herrschaft» durch Straßenkleidung? Würde man sie los, wenn Einzelne (Individuen!) nackt durch die Fußgängerzone liefen? In Wahrheit wird jene angebliche «Herrschaft», das Geltendmachen der Unterscheidung von Richtig und Falsch, das unbequeme «Nein», das Zücken des bösen Rotstifts – was ist eigentlich schlimm daran, wenn ein Fehler festgehalten wird, nennt man eine Möglichkeit, darauf zu reagieren, nicht Lernen? – nur auf einen späteren Zeitpunkt verschoben. Dass sie nicht richtig schreiben, erfahren die Schüler, wenn sie gerade dabei sind, sich daran zu gewöhnen. Die weiterführenden Schulen sind dann gar nicht weiterführend, sondern beginnen bei vielem von vorn. Entsprechend verschieben sie ihr eigentliches Pensum, weil sie ja mit Nachbessern beschäftigt sind und etwa in der fünften Klasse manche Schüler erstmals mit dem Dividieren bekannt machen müssen. Die Orthographie und das Lesenkönnen sind – ausweislich von Leistungstests wie «VERA 8» – selbst in der achten Klasse noch bei mehr als einem Drittel der Hauptschüler schwach verbreitet.

Das ist nicht nur eine Verschwendung von Zeit, Nerven und Geld. Hier werden nicht nur Lehrer für den Unterricht in

Rechtschreibung eingesetzt, die gar nicht dafür ausgebildet wurden und eigentlich etwas Interessanteres mit den Schülern vorhatten. Es wird vielmehr aus missverstandener Liebe zum Individuum, aus Dummheit – «Herrschaft durch Rechtschreibung» – und aus lernpädagogischer Originalitätssucht dafür gesorgt, dass andere sich quälen müssen. Und zwar nicht irgendwelche andere, sondern absehbar diejenigen, die ansonsten über wenig Unterstützung verfügen. Gedankenexperiment: Welches Kind würde wohl das kleine Einmaleins und die Rechtschreibung am ehesten lernen, wenn die Schule diese Dinge gar nicht unterrichtete? Das Kind, dessen Eltern Amtsrichter sind, oder das Kind der libanesischen Hartz-IV-Empfänger ohne Abitur? Ein Fünftel der Unterschiede beim Lesen, so ein Bundesländervergleich schon 2011, lässt sich durch den sozialen Status der Eltern erklären. Struktur in der Schule nützt am meisten denen, die sie sonst nur schwer bekommen. Was soll gerecht daran sein, den Schülern in der Schule möglichst spät zu sagen, was richtig und was falsch ist? (Oder für alle, die an dieser Stelle das «ist» stört: was für richtig und für falsch erklärt wird.)

Womit wir bei einem entscheidenden Faktor des Leidens an der Schule wären. Bei den Didaktikern, Lerntheoretikern, Methodenerfindern nämlich und ihren erziehungswissenschaftlichen Begleitforschern. Sie haben, unterstützt durch reformfreudige Bildungsbürokratien und eine mit Reformen ihre Geschäfte machende Weiterbildungs- und Lehrmittelindustrie, die Schule zu einem Experimentierfeld von angeblichen Modernisierungen gemacht. Diese erfolgen oft ohne jeden anderen Anlass als ihr eigenes Innovationsbedürfnis. Denn wo war der Krisenbefund, der es erforderlich gemacht hätte, von tradierten Verfahren des Schreibenlernens abzugehen? Wer litt unter der Diktatur des Diktats, des Vorlesens, der Schreibschrift? Nicht das Diktat – übrigens auch ein Schreiben nach Gehör – war ungut, sondern die blinden Auswertungen, zu denen es führte, wenn die gemachten Fehler nicht besprochen, sondern nur festgehalten wurden, wenn also die Lehrperson sich nicht jener linguistisch inspirierten Arbeit unterzog, von der die Reformpädagogen meinen, sie ließe sich an das Kind delegieren. Das Lernen mit der Fibel wurde in den Jahren um 1980 also nicht kritisiert, weil es unzureichende Ergebnisse hatte, sondern weil Lerntheorien es für nicht kindgemäß erklärt hatten, weil sie die Lehrerrolle umdefinierten und die Orthographie als Korsett betrachteten. Man müsse, hieß es, von einer Beobachtung der Fehler zu einer «Könnens-Diagnostik» übergehen, was mit einer Löschung des Begriffs «Fehler» einherging. Was zuvor angestrichen wurde, war jetzt eine «phasentypische Zugriffsweise», eine «alphabethische Strategie».

Dass Fehler entwicklungsnotwendig und auch phasentypisch sind, dass sie Erkenntnisleistungen enthalten können, wenn beispielsweise «Sofa» als «Sofer» geschrieben wird, weil «Vater» und «Mutter» ja phonetisch auch auf einem «a» ausgehen, unterliegt dabei keinem Zweifel. Aber an Rechtschreibfehlern etwas zu erkennen, ist das eine, sie nicht richtigzustellen oder zu spät, ist das andere. Wenn ein Deutschdidaktiker also behauptet, Fehler seien keine Defizite, sondern «eine lernspezifische Notwendigkeit», weil sie auf Hypothesen der Schüler beruhten, dann erklärt er damit nicht nur Schüler, die fehlerfrei schreiben, zu unnatürlichen Fällen des Nichtlernens, sondern kennt offenbar auch die Bedeutung des Wortes «Defizit» nicht. Festzustellen, dass etwas falsch oder unzureichend ist, bedeutet schließlich nicht, das Nachdenken darüber zu verweigern, weshalb es zu dem Fehler kam.

Noch einmal: Wenn Fehler und womöglich sogar viele

Fehler im Diktat gemacht werden, ist das kein hinreichender Grund, die Form des Diktats abzuschaffen. Das jeweilige Diktat kann zu schwierig gewesen sein, man kann die Fehler markieren und sich um sie kümmern, man kann denselben Fehler, der mehrfach gemacht wurde, als einen einzigen behandeln, man kann das Klassengespräch über Fehler suchen, man kann über typische Fehler reden, und man kann, wenn das alles nichts hilft, weil die Familien zu wenig Unterstützung bieten, was das Sprachenlernen angeht, sich auf die Suche nach mehr Ressourcen machen. Man kann beispielsweise mehr Deutschunterricht auf der Stundentafel vorsehen und dafür etwas von den vertanen Stunden im Frühenglisch opfern. Man kann «Fehlertoleranz» selbst definieren. Niemand von Verstand würde sagen, dass die falsche Schreibung «Runckelrübe» genauso gravierend ist wie «blaueugig». Schließlich kann man das Feststellen von Fehlern und Schwächen von Folgeentscheidungen wie der Versetzung trennen, also streng benoten, aber unstreng versetzen. All das ist jedenfalls besser, als illusionär zu reformieren, die Reform ohne einen einzigen vorherigen Test einzuführen und auf die Absicherung des Elementaren zu verzichten, indem einfach umdefiniert wird, was wichtig ist.

Der Germanist Wolfgang Steinig hat 1972, 2002 und 2012 Schüler mehrerer nordrhein-westfälischer Grundschulen über einen ihnen zuvor gezeigten kleinen Film schreiben lassen. Er hat es ohne den Methodenaufwand internationaler Vergleichsstudien getan. 1972 kamen auf einhundert Wörter im Durchschnitt sieben Rechtschreibfehler, 2002 waren es zwölf, 2012 waren es siebzehn. Der Abstand zwischen mehr- und einsprachig aufgewachsenen Kindern ist dabei im Zeitablauf zurückgegangen, der Abstand zwischen Kindern aus bildungsfernen und bildungsreichen Schichten hat zugenommen. Ein mehrsprachiges Kind aus der Mittelschicht macht nicht mehr Fehler als ein einsprachiges aus der Mittelschicht. 2012 machten die Schüler bildungsarmer Herkunft aber zwanzig Fehler auf einhundert Wörter.

Einhundert Wörter, das sind genau so viele, wie Sie gerade im vorigen Absatz gelesen haben. Mit siebzehn Fehlern auf dieser Strecke wäre ein Kind 1972 als Krisenfall eingestuft worden. Seitdem, so Steinig, sei das Zeitfenster für Rechtschreibung im Deutschunterricht kleiner geworden, was vor allem die Schüler aus bildungsschwachen Familien benachteiligt. Zugleich hat sich auch anderen Studien zufolge der Wortschatz der Schüler erhöht, was mit zur höheren Fehlerquote beiträgt, indem viele neu hinzugekommene Wörter eben falsch geschrieben werden. Gegenüber 1972 wird weniger nacherzählt, das Wort «ich» kommt häufiger vor, und es wird «mündlicher», also weniger entlang einer Gattungsnorm wie «Bericht» geschrieben. Die Schreibpraxis im Internet trägt vermutlich das ihre zu einer informellen Einstellung in puncto Orthographie bei.

Der Deutschunterricht, das muss betont werden, um einen falschen Eindruck zu vermeiden, ist nicht nur der Rechtschreibung und Grammatik halber elementar. Er bereitet, wie die Grundschule, auf Weiteres vor, und er dient der Erschließung von Vokabular, von Ausdrucks- und Bezeichnungsmöglichkeiten, dem lesenden Sinnverstehen. Seine Unterhaltsamkeit gewinnt er nicht zuletzt dadurch, dass gelehrt und ausprobiert wird, was mit Sprache alles gemacht werden kann, was alles in ihr steckt. Die Lehrperson selbst muss Vergnügen an der Sprache haben, die sie unterrichtet, etwa an ihrem Wortschatz. Was kann man statt «obwohl» oder statt «schnell» noch sagen? Was kann man alles «haben», was kann man nicht «haben»? Was heißt «das kannst du dir abschminken», «er steht bei mir auf der Matte», «sie kommt vom Land»? Gibt es ein Wort, auf das sich kein anderes reimt? Versuche einmal ein Gedicht. Wieso heißt es «Bahnhof», «Ahornsirup», «Fledermaus», «Donnerstag»? Synonyme suchen, ein Objekt so vollständig wie möglich beschreiben, Silbenrätsel, Kompositabildung – die Möglichkeiten der erkundenden Einübung in die Sprache sind vielfältig. Und sie erstrecken sich weit über den Deutschunterricht im engeren Sinne hinaus. Anstatt seine Anteile an der Stundentafel zu erhöhen, was angesichts der beschriebenen Lage nötig wäre, ließen sich auch in Sachkunde und Religion stärkere Akzente auf Schreiben und Lesen setzen.

Womit das Lesen, die zweite elementare Disziplin der Grundschule und überhaupt der Schule, hervortritt. Die Verheerungen, die auf diesem Feld schulisch angerichtet werden, sind beträchtlich. Sie laufen unter dem Titel «Lesestrategien». Am Lesen ist danach zu unterscheiden, ob es der flüchtigen Kenntnisnahme dient, worum es in einem Text geht, ob die Schüler ihm bestimmte gesuchte Informationen entnehmen können oder ob sie Informationen in ihm zu finden vermögen, die sich einer vorgefassten allgemeinen Frage zuordnen lassen. So verstehen insbesondere die Aufgabensteller der Pisa-Tests die «Lesekompetenz»: In einem Text sind Ostereier des Sinns versteckt, und die Schüler beweisen, lesen zu können, dadurch, dass sie womöglich nicht nur die schlecht, sondern auch die gut versteckten finden.

Das geht dann beispielsweise in einem didaktischen Lehrtext so: «Zuerst lesen wir immer die Überschrift: Wir stoppen, lesen nicht weiter und überlegen, wovon der Text handeln könnte. Oft wendet ihr die Methode automatisch an, z. B. wenn ihr ein Buch kaufen wollt und beim Titel überlegt, was darin steht. Bei schwierigen Texten ist es besonders wichtig, die Methode bewusst einzusetzen. Denn damit regen wir unser Nachdenken an. Das hilft uns beim Lesen, mehr von dem Text zu verstehen, weil wir besser vorbereitet sind. Bei Sachtexten ist es sinnvoll, sich zu überlegen, was man schon über das Thema weiß. Wir stellen uns die Frage: Was weiß ich schon darüber? Bei Geschichten fragen wir uns: Wovon könnte die Geschichte handeln?» Nach dem Durchlesen dieses Textes sollen Gedanken zu Beispielüberschriften gesammelt werden, und die Schüler denken sich Überschriften aus, bei denen die Klasse überlegen soll, was für ein Text sich dahinter verbergen könnte. Dann wird besprochen, dass Überschriften verschieden gut zur Vorbereitung auf einen Text geeignet sind. Schließlich wird das Merkblatt «Detektivmethode 1» gemeinsam ausgefüllt.

Wir möchten lieber nicht wissen, wie viel Zeit bei einer solchen Übung vergeht. Es ist jedenfalls keine Lesezeit, sondern eine Methodengymnastikzeit. Dass Überschriften in Zeitungen, die ein wichtiges Beispiel sind, nur dazu dienen, die Aufmerksamkeit kurz zu fesseln, wird nicht mitgeteilt. Stattdessen sollen die Schüler ernsthaft überlegen und in ein Arbeitsblatt eintragen, worum es wohl in einem Text geht, der «Die Steinzeit» heißt. Vielleicht um die – Steinzeit? Wenn sie wissen, was die Steinzeit ist, brauchen sie nicht nachzudenken. Wenn sie es nicht wissen, gehen sie besser schnell zum Text über, der es ihnen hoffentlich sagt. Auch bei «Als ich zum ersten Mal kochte» ist nicht klar, welche «Verstehensstrategie» zum Einsatz kommen muss. Der didaktische Begleittext spricht davon, dass das bereichsspezifische Vorwissen aktiviert werde. Aber weshalb soll man stoppen und überlegen, worum es in dem Text geht, wo der Text doch dasteht und also gelesen werden kann, was so ziemlich die einzige Methode ist, um herauszufinden, worum es in ihm geht. Inwiefern kommt es zu einer «tieferen Durchdringung der Textinhalte», wenn ein Kind anstatt «Der Piranha» zu lesen, erst einmal räsoniert, was ihm zur Wortfolge «Der Piranha» einfällt. Das Beispiel des Buchkaufs ist an den Haaren herbeigezogen, denn ein Kind überlegt in der Buchhandlung nicht, was sich hinter einem Titel verbergen mag, sondern schlägt gegebenenfalls das Buch einfach auf oder liest den Text auf dem Umschlag oder hält sich an die Bilder. Tja, wovon könnte eine Geschichte handeln, die «Die Jagd nach dem grünen Diamanten» heißt? Wovon eine, die «Pippi Langstrumpf» heißt? Ausgerechnet Fälle, bei denen es sinnvoll wäre, kurz nachzudenken, werden nicht behandelt, etwa worum es in einem Text geht, der «Sensationelles Angebot! Eine Superfigur in nur vier Wochen» überschrieben ist. Die Frage «Was weiß ich schon über das Thema?» wäre hier vielleicht nicht die naheliegendste.

Es werden Kärtchen ausgeteilt, Merkblätter, Arbeitsblätter und Instruktionen für die Lehrkraft – und alles nur zu einem Zweck: dass nämlich eine Methode durchexerziert und Unterrichtszeit mit Aktivitäten gefüllt wird, die den Anschein erwecken, irgendwie mit Lesen zu tun zu haben. Das Lesen selbst wird als ein Vorgang vorgestellt, der in klaren Schrittfolgen und «wenn-dann»-Sequenzen erfolgt. Textdetektiv, Lesepilot, Leselotse, Lesenavigator, so heißen die Programme, die teils das Überflüssige («Worum könnte es gehen?»), teils das Selbstverständliche betonen («Lies den Text. Worum geht es?» – «Wenn du etwas nicht verstehst, frage nach»), teils zu Aktivitäten auffordern, die vom Lesen wegführen («Male zum Text»), teils zu Reflexion, die gar keinen Sinn hat: «Denke nach, welcher Schritt hat dir besonders geholfen?» Antwort: Besonders hat mir Schritt 2 («Lies den Text») geholfen, oder war es doch Schritt 4 («Kläre die Wörter»), dann aber auch Schritt 3

(«Unterstreiche Wörter, die du nicht verstehst»), der ja seine Voraussetzung war.

Diese Art, das Lesen in Einzelschritte zu zerlegen, deren Verbindung dann als Strategie bezeichnet wird, führt mit einer gewissen Folgerichtigkeit zu einem Titel wie «Ein Text – zehn Strategien», den wir in einer physikdidaktischen Zeitschrift gefunden haben; von einem Professor der Physikdidaktik verfasst, führt er tatsächlich zehn verschiedene, zwischen sechs und vierundzwanzig Einzelschritte umfassende Arten auf, die zwölfzeilige Beschreibung einer Braunschen Röhre samt Abbildung in einem Physikbuch der neunten Klasse zu verstehen: 1.) Fragen zum Text stellen, 2.) Fragen an den Text stellen, 3.) Textteile kategorisieren, 4.) Fachbegriffe farbig markieren (Nomen – «Fernsehen», «Glühen» – blau, Verben – «erhitzt» – rot, Adjektive und Adverbien – «dünn» – grün), 5.) den Text in ein Begriffsnetz transformieren, 6.) unter Einsatz von Begriffskärtchen einen eigenen Text daraus machen, 7.) den Text auflockern und verständlicher machen, 8.) ihn mit anderen Texten zum selben Gegenstand vergleichen, 9.) zusammenfassen (wird aber als bedenklich, weil überfordernd bezeichnet), 10.) die Königsstrategie, einem Fünfphasenschema folgend: a) Überfliegen und alle Sätze mit einem Strich trennen, b) Verstehensinseln suchen, vier Abschnitte identifizieren, mit Überschriften versehen und Wortarten farbig markieren, c) Satz für Satz lesen und die Fachbegriffe in ein Strukturdiagramm übertragen, d) den roten Faden suchen, e) das eigene Verständnis anhand von acht Fragen überprüfen und einen eigenen Text zur Braunschen Röhre erstellen. Mit einer gewissen Erleichterung liest man den Hinweis, man werde «natürlich» nicht alle zehn Strategien auf denselben Text anwenden, sondern nur eine geeignete auswählen. Natürlich ist das natürlich nicht, weil jene «Königsstrategie» tatsächlich eine Kombination aus den vorhergehenden darstellt und darauf hinausläuft, sich etwa zwei Stunden lang mit den zwölf Zeilen zu befassen.

Wenn Lesen nur so geht, muss man Schüler verstehen, die YouTube vorziehen.

Es handelt sich um den Versuch einer Mechanisierung des Verstandes, «die letzten Endes getragen ist von dem Wunsch, möglichst zu verstehen, ohne den Verstand zu bemühen», wie ein Lehrer treffend formuliert. Darum wird auch manifester Unsinn in Kauf genommen, weil er als solcher gar nicht mehr erkannt wird: Man empfiehlt Neuntklässlern allen Ernstes Wörter wie «erhitzt» und «Loch» in einem Text farbig zu markieren, in dem am Ende darum von 150 Wörtern 55 angestrichen sind, praktisch alles außer «und», «die» oder «damit». Dadurch soll für sie «Ordnung und Übersicht» entstehen! Man hält sie im Grunde genommen schon für so dumm, wie man sie durch solche Methoden macht. Sollte es wirklich fünfzehnjährige Schüler geben, denen sich jene Beschreibung der Braunschen Röhre nur durch aufwendigstes Verfahren erschließt, dann taugt entweder das Physikbuch nichts, oder der vorhergehende Unterricht hat so viele Fragen offen und Begriffe unbestimmt gelassen, dass nicht Lesestrategien, sondern ein Unterrichtsgespräch am Platz wäre.

Im Hintergrund all dessen steht inzwischen der Lesekompetenztest der Pisa-Studie und die «Lesekompetenz-Matrix», die dazu entwickelt wurde: Informationen ermitteln (ausdrücklich gegebene, verteilte, tief eingebettete), textbezogen interpretieren (Hauptgedanke/Intention des Autors, verteilte Aussagen, unbekannten Text in Details verstehen) sowie reflektieren und bewerten (mit Alltagswissen verbinden, Merkmale bewerten, Hypothesen formulieren). Zuletzt, 2018, wurde den Getesteten der Chatverlauf aus einem fiktiven Internetforum über Hühnerhaltung vorgesetzt. Darin fragt «Inge_88», ob es in Ordnung sei, einem Huhn, das aufgrund einer Verletzung Schmerzen habe, Aspirin zu geben. Die erste Lesekontrollfrage dazu lautet, was Inge_88 wissen möchte: a) ob sie einer verletzten Henne Aspirin geben könne, b) wie oft sie einer solchen Henne Aspirin geben könne, c) wie sie einen Tierarzt kontaktieren könne, d) ob sie die Stärke der Schmerzen des Tiers bestimmen könne.

Lesen auf einfachstem Niveau kann danach, wer sich durch die Erwähnung des Tierarztes im Chatbeitrag von Inge_88 so wenig irritieren lässt wie durch die Formulierung «Meine Henne scheint große Schmerzen zu haben», sondern als eigentliche Frage herausliest, was gleich im ersten Satz steht: «Ist es in Ordnung, einem Huhn, das aufgrund einer Verletzung Schmerzen hat, Aspirin zu geben?» Es schließen sich Fragen über die Kommunikationsabsicht an, möglichst schnell zu helfen, darüber, welche Antworten auf die Frage von Inge_88 hilfreich waren und welche nur der Reklame eigener Absichten dienten. Als «tief eingebettet» darf schließlich verstanden werden, dass ein Tierarzt, der schreibt, die richtige Menge Aspirin hänge vom Gewicht des Huhnes ab, er das Gewicht von Inges Huhn aber nicht kennt, weil sie es im Chat nicht mitgeteilt hat, und ihr deshalb auch nicht die genaue Menge des Schmerzmittels zu nennen vermag.

Lesen ist dieser Vorstellung zufolge vor allem ein Mittel einem Text Informationen zu entnehmen. Es wird getestet, ob die Leser aufgepasst haben. Die Frage an die Schüler ist ein Suchbefehl: Es steht drin, finde es, apportiere Sinn. Die Frage lautet nicht: «Was fällt dir auf?», «Wie hättest du das formuliert?», «Wodurch unterscheidet sich Reklame von Rat?» Lesen können heißt aber auch, über Wortverständnis zu verfügen, über einen passiven Wortschatz, der größer ist als der aktive,

Lesen können heißt, an Vorbildern zu lernen, wie man sich ausdrücken kann, Sprechakte zu identifizieren (War das jetzt ironisch? Wieso hat sie «wir» gesagt und nicht «ich»? Kann eine Liebeserklärung mit «Hallo» beginnen?), Textsorten auseinanderzuhalten. Lesen können heißt, einen Sinn für die Verwirklichung von Schreibabsichten zu entwickeln. «*Es gab eine schöne Art, krank zu sein, an Alltagen. Ich lag oder saß im Bett, hatte es so kühl oder warm, wie ich wollte, sah mir ein Buch meines Großvaters mit vielen Bildern an, extra reserviert für diese Gelegenheit. Ab und zu brachte meine Mutter ein Glas Saft, einen Apfel, ich träumte mir Geschichten zusammen, und wenn ich die Augen aufschlug, war es hell. Ich fühlte mich gesund, nur etwas schwach, weil man behauptete, ich sei ein wenig krank. Ich hob einen Arm, und richtig, schlapp fiel er herab. Es war eine angenehme Mattigkeit, die sich auf das Zimmer erstreckte, auch der blaue Schrank verlor die Kräftigkeit seines Anstrichs und stand in einem leichten, schläfrigen Dunst.*» Kein Text, der für Schüler geschrieben wurde, aber nicht schwer zu lesen. Ist er weniger «lebensnah» als Sachtexte über Hühnerzucht? Immerhin wachsen die wenigsten Fünfzehnjährigen mit Hühnern auf. Sachlich wie sprachlich ist er jedenfalls instruktiv, man kann an ihm etwas über Kranksein und etwas über Adjektive lernen. Man kann etwas über das «Wie» der Sprache lernen. Die enorme Bedeutung, die Kinderbücher und überhaupt literarische Werke für das Lesenlernen haben, liegt vermutlich viel mehr in diesem Wie, durch das sich die besten von ihnen viel stärker abheben als durch das Was, geschweige denn die «Informationen», die man ihnen entnehmen kann.

Gute Texte zu lesen, gute Texte gut zu lesen, gehört insofern schon zu den Zielen des elementaren Unterrichts, es müssen ja zunächst keine langen sein. Das Argument, man dürfe die Schüler nicht überfordern, ist dabei nicht schlagkräftig. Denn erstens darf man es, jedes kluge Kinderbuch tut es, jeder Comic sowieso, oder haben Sie jeden Witz in Asterix verstanden? Dinge, die man noch nicht versteht, tun nicht weh, und sie frustrieren auch nicht, jedenfalls dann nicht, wenn nicht der ganze Text voll von ihnen ist. Gedichte beispielsweise sind voller Verstehenszumutungen, weil schon ihre Sprache mit der sonst gesprochenen und geschriebenen wenig übereinstimmt. Wieso gerade dieses Wort? War das überhaupt gemeint? Wofür steht das? Umgekehrt geht es in Sachtexten zu, wo es immer nur wenige Worte gibt, auf die es ankommt, aber ganz viele, die durch andere ersetzbar wären. Wie aber lernt man, was wichtig ist? Der Soziologe Niklas Luhmann hat in einem kleinen Text, der «Lesen lernen» überschrieben ist, zwei Antworten auf diese Frage gegeben: Man lernt, worauf es in einem Text ankommt, indem man viele ähnliche Texte zum selben Thema liest. Und man lernt es, indem man den Text in eigenen Worten zusammenfasst. Also: «Hänschen klein ging allein» oder die Braunsche Röhre oder der Hilferuf von Inge_88 - schreibe es in eigenen Worten auf. Und lies viel. Lesen heißt durch die ständige Beschäftigung mit den sprachlichen Fähigkeiten anderer zu eigenen zu kommen.

Wenn nicht viel gelesen wird, kann die Schule mit Recht auf ihre Umwelt zeigen. Viele Lehrer kommen sich vor, als sollten sie eine Kulturtechnik verbreiten, die allerorten auf dem Rückzug ist. Man gebe sich allerdings nicht der Illusion hin, die elementaren Defizite im Unterricht bezögen sich nur auf das Sprechen, Lesen und Schreiben und seien damit im weitesten Sinne ein Teilproblem von Migration oder anderer Gründe einer sozioökonomisch schwachen Herkunft vieler Schüler, ein Teilproblem der allgemeinen Mediennutzung und der gesellschaftlichen Entwertung artikulierter Sprachverwendung. Das «Schreiben-nach-Gehör»-Desaster zeigt bereits an, dass die

Schule ihren Eigenbeitrag zu solchen Defiziten ihrer Absolventen leistet. Auch der Mathematikunterricht ist davon betroffen und damit der dritte Bereich elementarer Kenntnisse und Fähigkeiten, der in nahezu alle anderen Fächer und Lebenswelten ausstrahlt. Mathematik ist wie Deutsch kein Fach unter anderen. Wer nicht weiß, was «Kalibergbau» ist, wie sich ein Afrikanischer von einem Indischen Elefanten unterscheidet oder was eine «freie Reichsstadt» war, kann einstweilen und jedenfalls als zehnjährige Person gut durchs Leben kommen; wer aber mittelfristig keinen Dreisatz hinbekommt oder denkt, dass $5/8$ weniger sind als $5/9$, wird es schwer haben.

Schulabgänger weisen gegenwärtig erhebliche Rückstände in elementaren Rechentechniken wie Bruchrechnen, Rechnen mit Potenzen, Wurzeln und Prozenten auf. Eine über fünfzehn Jahre durchgeführte Studie an Fachhochschulen in Nordrhein-Westfalen unterzog zwischen 1600 und 3600 Studienanfänger der Ingenieurwissenschaften immer demselben Test mathematischer Basisqualifikationen (Lösen von Gleichungen, Umformen von Termen, Logarithmen, einfache Gleichungssysteme, Graphen von Funktionen, einfache Geometrie). Von zehn erreichbaren Punkten erzielten die Teilnehmer im Jahr 2002 durchschnittlich ganze 3,99 Punkte, im Jahr 2016 waren es noch 3,1. Seit 2010 wurden im Durchschnitt nicht mehr als 3,3 Punkte erzielt. Es darf unterstrichen werden, dass es sich um Abiturienten handelt, die sich für ein Studium des Maschinenbaus oder der Elektrotechnik entschieden haben. Diejenigen von ihnen, die am Gymnasium einen Leistungskurs in Mathematik belegt hatten, brachten es im Jahr 2002 im Durchschnitt auf 5 Punkte und im Jahr 2016 auf 3,88 Punkte. Was auf den Befund hinausläuft, dass derzeit in Leistungskursen Mathematik Schüler durchkommen, die nur bedingt Prozentrechnen können und vergessen haben, was ein Logarithmus ist. Von 87 Studierenden des Fachs Bauingenieurwesen einer deutschen Fachhochschule waren nur 5 in der Lage, diese inzwischen bundesweit beliebte Aufgabe zu lösen: Eine Gurke, die 500 g wiegt, besteht zu 90 % aus Wasser; wenn sie der Verdunstung halber nur noch zu 80 % aus Wasser besteht, wie viel wiegt sie dann? (10 % sind zunächst 50 g, später sind 50 g 20 %, also wiegt sie später noch 250 g). Und trotzdem wollen sie Ingenieure werden. Wie mag es unter diesen Umständen um die Fähigkeiten der an einer Schreinerlehre oder einer Ausbildung in Mechatronik Interessierten bestellt sein?

An den Universitäten holen Vorbereitungskurse den Stoff der Klassen fünf, sechs und sieben nach. Dass er bis dahin von vielen vergessen wurde, dürfte nicht zuletzt mit einem Mangel an wiederholendem Üben zusammenhängen. In den Lehrplänen der Bundesländer wird der Taschenrechner als sinnvolles Instrument von Klasse 5 an bezeichnet. Es ist dieselbe Klasse, in der die natürlichen Zahlen noch einmal behandelt werden. Man gibt also Schülern, die weit entfernt davon sind, alle Operationen eines schlichten Taschenrechners zu beherrschen, dieses Gerät an die Hand. Nein, nicht nur an die Hand: In Hessen ist der Taschenrechner von Klasse 7 an sogar Pflicht. Kann es verwundern, dass Schüler dann über kurz oder lang das Konzept «Prozent» nur noch als Taste auf ihrem Computer kennen? Forderungen, der Umgang mit Zahlen, Brüchen, Termen und Gleichungen müsse bis zur Oberstufe wiederholt werden, stehen im Raum – aber es holt sie dort niemand ab.

Im Frühjahr 2017 wandten sich hundertdreißig Mathematikprofessoren und -lehrer an bildungspolitisch Verantwortliche, von der Bildungsministerin im Bund über die Präsidentin der Kultusministerkonferenz bis zum Präsidenten der Hochschulrektorenkonferenz, um die Ausdünnung der Mathematikkenntnisse durch den sogenannten «kompetenzorientierten Mathematikunterricht» anzuprangern. Die Beherrschung des Mittelstufenstoffes sei entscheidend für einen Erfolg in MINT-Studiengängen, die Rückstände vieler Studienanfänger aber nicht mehr aufzuholen. Wie die Kompetenzorientierung – zu deren Gunsten dann gleich dreiundfünfzig andere Professoren eine Gegenpetition signiert haben – zu so viel Inkompetenz führen konnte? Indem sie klassische mathematische Ausdrucksweise und abstrakte Aufgaben überall durch «sperrige Textgebilde und konstruierte Modellierungsaufgaben» ersetzt habe. Auf jeder Doppelseite eines Schulbuchs beginne ein neues Thema, das von vielen bunten Bildern illustriert werde und von viel Text begleitet, aber der Unterricht entbehre jeden roten Fadens. Um zum mathematischen Kern einer Aufgabe vorzudringen, müssten sich die Schüler zuerst minutenlang durch die angeblichen Realitätsbezüge der Aufgaben kämpfen. Weil die Wahrscheinlichkeitsrechnung eine besonders lebens- oder jedenfalls mediennahe Form der Mathematik ist (achtzigprozentige Regenwahrscheinlichkeit, Krankheitsrisiken, Wahlumfragen usw.), wird inzwischen in jeder Klassenstufe ein bisschen dazu geübt, anstatt Stochastik kompakt in der Oberstufe zu betreiben, wenn das sogenannte Leben nicht mehr fern ist und die mathematischen Erfordernisse dieses Gebietes vorhanden sein könnten.

Die Mathematikdidaktik und mit ihr die Bildungsbürokratie sehen sich aber gehalten, schon in der Grundschule mittels absoluter und relativer Häufigkeit, mit dem Konzept der Merkmalsausprägungen der fehlerhaften Datenerhebung und dem der Skalenniveaus politisch wirksam zu sein und auf die Informationsgesellschaft vorzubereiten: «Es kann nicht davon ausgegangen werden, dass die Kinder in einer Unterrichtseinheit all diese Aspekte erfahren und behalten können. Doch wenn Sie kontinuierlich immer wieder Daten und Diagramme unter die Lupe nehmen lassen, werden Sie den Kindern nicht nur einen Weg zur beschreibenden Statistik eröffnen, sondern sie auf ihrem Weg zu mündigen Bürgerinnen und Bürgern maßgeblich unterstützen», wendet sich eine Verfechterin des «Sachrechnens» in der Grundschule an deren Lehrerschaft. Erneut tritt hier der mangelnde Sinn für den Unterschied zwischen elementaren und nachfolgenden Schritten hervor. Die Kinder werden voraussichtlich nicht nur nicht alles behalten, sondern das wenigste, und die «kontinuierliche» Befassung mit Daten und Diagrammen – gemeint ist: die immer wieder einsetzende, denn kontinuierlich ist sie ja gerade nicht – führt zusammen mit anderen didaktischen Sondersendungen dazu, dass die Arbeit an den Grundrechenarten immer wieder unterbrochen wird.

Das ist ein allgemeines Merkmal der gegenwärtigen Schule: dass in ihr ständig alles unterbrochen wird. Ständig wechseln die Themen, nichts wird eingängig, ausgeruht, tief behandelt. Niemand lässt sich Zeit, alle schauen auf die Uhr. Auch die Lehrmaterialien machen diesen nervösen Eindruck. Sie halten keine Form der Zuwendung zu den Schülern durch, sondern sind immer um Abwechslung bemüht. Auf jeder Seite steht ein Kasten, der noch einmal etwas Besonderes mitteilt. Auf jeder zweiten Seite wechselt das Thema. Es ist, als ob den Schülern vor allem Multitasking eingetrichtert werden soll, die Fähigkeit, innerhalb kürzester Zeit zu anderen Formaten, Themen, Denkleistungen zu wechseln. Es ist, als ob die Schule sich an der Vermehrung der Schwierigkeiten im Bereich «Aufmerksamkeit», die allerorten konstatiert wird, noch durch eigenen Verzicht auf Fokussierung beteiligen will, mittels einer Didaktik, die in Begriffe wie «Abwechslung», «Ausprobieren» und «Interdisziplinarität» eingewickelt ist.

Auf solche Einwände reagieren die Anhänger der Kompetenzorientierung oft damit, den Satz «Früher war alles besser» zu ironisieren, obwohl niemand «alles» gesagt hat und manches Einzelne eventuell besser gewesen ist; hier: die mathematischen Fähigkeiten der Studienanfänger. Die Schule ändere sich, weiß die Pisa-Beauftragte Kristina Reiss, weil sich ihre Bedingungen änderten, und so wie es im Fremdsprachenunterricht nicht mehr darum gehe, die Grammatik zu beherrschen, sondern sich ausdrücken zu können, so könnten die Hochschulen auch nicht mehr einfach Analysis und Algebra verlangen wie noch vor zwanzig Jahren. Wieso denn nicht? Was hat sich denn verändert? Der Mathematikbedarf bei der Berechnung von Kegelschnitten oder die Nützlichkeit des Dreisatzes jedenfalls haben sich nicht verändert. Will man sagen, die Studierenden hätten sich verändert? Genau das ist ja der Punkt. Oder worin soll sonst der Grund dafür liegen, dass die Schule unter Bedingungen arbeitet, die die Unkenntnis elementarer Operationen unvermeidbar macht? Sprechend ist die Analogie, deren sich das Argument bedient, denn dass man sich in einer Sprache ausdrücken kann, ohne die Grammatik zu beherrschen, mag sein, aber ob man sich ohne Grammatik auch gut in ihr ausdrücken kann, darf bezweifelt werden.

Die Frankfurter Mathematikdozentin Astrid Baumann hat darauf hingewiesen, dass auch dieser Unfug schon in der Grundschule einsetzt. In den Lehrplänen werden alle möglichen Kompetenzerwartungen formuliert, in Nordrhein-Westfalen beispielsweise, dass die Kinder den Taschenrechner einsetzen, Aufgaben erfinden, Lösungswege reflektieren und präsentieren, mathematische Modelle für Sachprobleme aufstellen können – aber die sichere schriftliche Ausführung der Grundrechenart Division wird nicht erwartet. Vermag ein

Schüler in Nordrhein-Westfalen also am Ende der Grundschule nicht 126 : 9 = ? zu berechnen, hat die Lehrerschaft die Rückendeckung des Ministeriums. In der Sekundarstufe aber wartet dann schon der Taschenrechner. Dafür geht die Zeit in Mathematik für anderes drauf, etwa für jene ersten angeblichen Schritte in der Wahrscheinlichkeitsrechnung, obwohl die sich sinnvoll nur betreiben lässt, wenn dividiert werden kann. Also betreibt man sie unsinnig, indem man die Schüler in Analogie zu Aufgaben aus kompetenzorientierten Vergleichstests fragt, ob mit einem Würfel eine 7 zu würfeln «sicher, möglich oder unmöglich» sei. Das hat zwar nur sehr entfernt etwas mit Mathematik zu tun, viel mehr mit Würfelkenntnis und dem Wortsinn von «möglich», aber es wirkt irgendwie lebensnah. Folgerichtig sind dann Aufgaben, in denen ohne jeden Bezug nach Wahrscheinlichkeit gefragt wird, ob möglicherweise nach Mittwoch Donnerstag komme, Weihnachten dieses Jahr im August sei und die Mutter jünger sein könne als ihr Kind. Die Schüler lernen Tabellen, Kreis-, Säulen- und Balkendiagramme zu lesen, aber der Begriff «Kopfrechnen», notiert Baumann, kommt in den Kompetenzbeschreibungen der Lehrpläne nicht vor.

Dabei liegt es für Kognitionspsychologen auf der Hand, dass komplexe Probleme nur durch die Aufspaltung in einfachere bearbeitet werden können, für die Routinen zur Verfügung stehen. Wer 18 × 19 ausrechnen möchte, wird beispielsweise 10 × 19 rechnen, 80 addieren und dann 72. Die mentalen Reflexe (8 × 9 = 72 etc.), die im Langzeitgedächtnis abrufbar sind, schaffen den Raum, im Arbeitsgedächtnis die erforderlichen Teilergebnisse zusammenzuhalten. Bei größeren Zahlen wäre das schon schwieriger, es sei denn, man heißt Ramanujan und sieht, wie es eine Anekdote über den indischen Mathematiker erzählt, eines noch größeren Routinevorrats wegen auf Anhieb, dass 1729 die kleinste Zahl ist, die sich als Summe zweier kubischer Potenzen schreiben lässt ($1^3 + 12^3$ oder $9^3 + 10^3$).

Doch das Kopfrechnen und andere Routinen stehen bei den Didaktikern in keinem gutem Ruf. Ja, heißt es, das Kopfrechnen sei unentbehrlich, aber wie solle es denn gestaltet werden? Durch regelmäßiges, zu Automatisierung führendes Üben? Wie das schon klingt, «Automatisierung». Es schaudert den Didaktiker Günter Krauthausen: «Wenn Kinder gehäuft richtige Ergebnisse produzieren, mag man geneigt sein, zur Automatisierung überzugehen mit dem Ziel, verlässliche Reiz-Reaktions-Mechanismen aufzubauen. Diese muss es ab einer gewissen Stelle im Lernprozess und bzgl. gewisser Inhalte durchaus geben (z. B. Einmaleins, Einspluseins), das Problem ist allerdings der verfrühte Übergang dorthin.» Man hört dem sich windenden Geständnis, dass verlässlich richtige Rechnungen ein ziemlich erwünschtes Resultat von elementarem Mathematikunterricht sind, deutlich an, wie ungern es gemacht wird. Man «mag geneigt sein», etwas an Routinen zu finden, wenn sie zu Ergebnissen führen, auch wenn damit die Freunde des «entdeckenden Lernens» eine narzisstische Kränkung erfahren. Immerhin, sagt der Didaktiker, ist noch nicht ausgemacht, was alles routinisiert werden soll und wann man zu Routinen übergehen sollte. Es bestehe «die Gefahr einer vorschnellen Ablösung von Anschauungs- und Einsichtsprozessen» durch Automatisierung. Umgekehrt wird ein Schuh draus. Es besteht die Gefahr, dass den Schülern zu früh Einsicht, Reflexion, Forschen zugemutet wird. Sie sollen Zahlen verstehen, bevor sie rechnen können. Das war schon der Irrtum der Einführung von Mengenlehre als Vorschule aller Mathematik in den siebziger Jahren. Lernpsychologisch folgt die Routine nicht dem freien Sichaneignen und dem Reflektieren von Stoffen, sie geht ihnen voraus, sie ist eine der Voraussetzungen für entdeckendes Lernen. Wissen geht Denken voraus, was nicht heißt, dass Wissen ein Selbstzweck und der Sinn der Veranstaltung Schule ist. Aber es heißt: Ohne sichere Division fängt das Denken gar nicht an.

Hier sind wir am Kern des Grundschulproblems angelangt. Die Schule hat vielerorts den Sinn für Wiederholung, Übung, Einübung verloren. Wo immer jemand sie verlangt, regt sich der Protest, das sei nicht kreativ, sondern autoritär und «old style», das sei nicht individuell, nicht kindgerecht, nicht selbstwirksam und irgendwie nicht schön. Man projiziert in Sechs- bis Zehnjährige die Fähigkeit hinein, Sprachbewusstheit zu erlangen, bevor sie einen Wortschatz aufgebaut haben. Sie sollen nicht einfach nur richtig lesen und schreiben lernen, sondern sie sollen es aufgrund «impliziten und expliziten Wissens phonographischer und grammatischer Art» tun, ja, es wird sogar behauptet, normativ korrekte Verschriftung setze solches Wissen voraus.

Nonsens. Gewiss weiß ein Kind, das «Boot» schreibt, dass «Bad» ein anderes Wort ist, und hat insofern ein implizites phonographisches Wissen. Aber weshalb nicht «Noot», sondern «Not» richtig ist, dabei hilft kein phonographisches Wissen weiter. Man muss es gelesen haben, oder die Lehrerin hat es einem gesagt. Dass man im Englischen sagen kann «because this is not true», aber im Deutschen nicht sagen sollte «weil das ist nicht wahr», kann und muss geübt werden, ohne dass die Gründe dafür den Sprechern linguistisch transparent sind, wenn es denn solche transparenten Gründe überhaupt gibt. Und natürlich kann ein Mathematiker herleiten, weshalb bei der Subtraktion von dreistelligen Spiegelzahlen (815 – 518, 391 – 193) stets ein Vielfaches von 99 herauskommt, oder dass die Addition aller aus je drei verschiedenen Ziffern gebildeten dreistelligen Zahlen geteilt durch die Quersumme der drei

Ziffern stets 222 ergibt. Aber wer behauptet, solche Aufgaben seien in der Grundschule schon geeignet, das Entdecken des Zahlenraums zu befördern, und zum Erlernen gehöre auch die Einsicht in die Struktur der Verfahren, zäumt das Pferd beim Schwanz auf. Denn hier wird die Erkenntnislogik einer Disziplin – Orthographie, Grammatik und Mathematik – mit der Pädagogik verwechselt, die hilfreich ist, um in sie hineinzufinden. Wissenschaft lernt man nicht, indem man imitiert, was Wissenschaftler tun, wenn man sich die Voraussetzungen dafür noch gar nicht angeeignet hat. Es wird übersehen, wie viel Forscher wissen, wenn sie forschen, reflektieren, kritisieren, kreativ sind. Dieses Wissen haben die Novizen noch nicht. Die «Einheit von Lehre und Forschung» ist eine universitäre Idee. Für die Schule und insbesondere ihren Elementarbereich hingegen gilt über lange Jahre: Ein Können erwerben und ein Können selbsttätig ausführen, ist zweierlei.

Gerade weil so vieles in der Sprache nicht selbstverständlich ist, und gerade weil Mathematik nicht einfach ist, braucht der elementare Unterricht Zeit. Aber nicht Zeit für das uninstruierte Selbstentdecken von Mathematik und Sprache durch die Schüler. Um Probleme zu lösen, müssen die kognitiven Ressourcen dafür da sein, sie als Probleme zu erkennen. Problemlösen setzt also Wissen voraus (zum Beispiel einen Wortschatz, Begriffe, das Verfügen über Techniken), und Wissen setzt Üben voraus. Der Unterricht sollte von allem freigeräumt werden, was nicht dem Üben dient, er sollte seine Themen kontinuierlich und nicht mit ständiger Unterbrechung durch andere Stoffe behandeln können, und die Stundentafel sollte so eingerichtet sein, dass ein Maximum an Zeit für diese drei elementaren Tätigkeiten, das Schreiben, Lesen und Rechnen, zur Verfügung steht. Diese Zeit muss mit Instruktion gefüllt werden. Lehrer, die glauben, je weniger sie lehrten, desto besser sei es, hat man auf einen Irrweg geführt. Der schülerzentrierte, wenig instruierende Unterricht ist eine Idee von Professoren. Und zwar eine falsche, nach allem, was wir wissen.

VI. KAPITEL

Der Sinn von Prüfungen

Nehmen wir eine einfache Aufgabe mit Gleichungen. Anna, Rico und Wanda schauen drei verschiedene Filme an. Annas Film dauert dreißig Minuten länger als Wandas Film. Ricos Film ist doppelt so lang wie Wandas Film. Zusammen dauern alle drei Filme 390 Minuten. Wie lang dauern sie einzeln?

Wenn Schüler diese Aufgabe in einer Klassenarbeit falsch lösen, bekommen sie Punktabzug. Aber was kann eigentlich die Person nicht, die an dieser Aufgabe scheitert? Pauschal lässt sich das nicht sagen, denn es mag an zwei ganz verschiedenen Dingen liegen: daran, dass sie Schwierigkeiten hat, Sätze in Gleichungen umzuwandeln, oder sie hat Schwierigkeiten, diese Gleichungen ineinander einzusetzen und zu lösen. Hinzu kommen vielleicht noch Rechen- und Leichtsinnsfehler. Welche Schwierigkeit genau vorliegt, erkennt man nur, wenn es entweder aussagekräftige Rechenversuche gibt, oder wenn man jene Fähigkeiten einzeln testet (und zuvor am besten auch einzeln unterrichtet hat). Wenn also beispielsweise die erste Teilaufgabe lautet: «Annas Film dauert dreißig Minuten länger als Wandas Film. Schreibe das als Gleichung.» Und die zweite: «Ermittle die Werte für a, r und w, wenn außerdem r = 2w und a + r + w = 390».

Mit den Worten der englischen Didaktikerin Daisy Christodoulou, von der dieses Beispiel stammt: Eine Prüfungsaufgabe mag dazu dienen, Können abzufragen, oder dazu, Denken nachzuvollziehen, gelingendes wie misslingendes Denken. Beide Funktionen sind sinnvoll. Die erste, weil Schüler wie Lehrer sich ab und zu ein vergleichendes Bild davon machen sollten, wo sie stehen; die zweite, weil sie den Blick darauf lenkt, was verstanden wurde und was nicht – und was zu tun ist, wenn die Prüfung nicht erfolgreich absolviert wird. Man könnte auch sagen: Es gibt Prüfungen, die am Ende einer Unterrichtseinheit stehen, und solche, nach denen es mit dem, was die Schüler können, und mit dem, was sie nicht können, im Unterricht weitergeht. Leider muss man sagen, dass das unterrichtsinstruierende und nicht unterrichtsresümierende Prüfen die große Ausnahme an deutschen Schulen ist. Die Prüfungen fällen zumeist mehr ein Urteil, als dass sie eine Anregung geben. Oft genug wird in ihnen, weil das für die Beteiligten leichter ist, Stoff nur abgehakt und nicht untersucht wie er bei den Schülern angekommen ist. In der Kompaktheit der Noten, die viele einzelne Leistungen und Irrtümer zusammenziehen, wird die Erkenntnis(fehl)leistung unsichtbar.

Sehr fein, *gut*, *ziemlich* und *schlecht* – so lauteten in Gotha 1685 die Noten, die für das Ingenium, also die intellektuellen Fähigkeiten eines Schülers, gegeben werden konnten. Für das moralische Verhalten sah das erste Zensurenschema der deutschen Schulgeschichte eine weitere Stufe vor: *Fromm*, *fleißig*, *still*, *unfleißig* oder *ungehorsam* waren hier die Beurteilungen, die man bekommen konnte. Das «Gymnasium illustre» in Gotha war unter seinem Rektor Andreas Reyher, der als Erster die allgemeine Schulpflicht in einem deutschen Herzogtum durchgesetzt hatte, zur vorbildlichen Schule schlechthin geworden. Sein Schema der Notenziffern – teils sind es fünf, teils sechs ohne dass von der Sechs noch viel Gebrauch gemacht würde – gehört, dem Schweizer Erziehungswissenschaftler Jürgen Oelkers zufolge, zu den erfolgreichsten Erfindungen der Schulgeschichte. Weltweit wird davon Gebrauch gemacht.

Und doch: «Die Gesellschaft zwingt mich, euch Noten zu geben.» Mit diesem denkwürdigen Satz hat sich vor etwa zehn Jahren ein Berliner Gymnasiallehrer seiner neuen Klasse vorgestellt. Zu Hause wurde davon berichtet, der Effekt für den Lehrer war vor allem bei den Schülern nicht günstig. Sie fanden den Satz heuchlerisch. Sie meinten, der Lehrer wälze das, was an seinem Tun vielleicht unangenehm, weil mit Härten verbunden sei, auf «die Gesellschaft» ab. Er hatte sich vor der Klasse als Befehlsempfänger gegeben, der mehr nolens als volens ausführe, was von ihm verlangt werde. Selbstbewusste Berufsausübung sieht anders aus.

Aber wie verhält es sich mit den Noten? Sie stehen seit langem in der Kritik, seit sehr langem, wenn man an einen Aufsatz wie den «Gegen Prüfungen und Noten» denkt, der 1899 in der «Zeitschrift für Philosophie und Pädagogik» erschienen ist. Entscheidend ist das «und» im Titel. Denn die Kritik richtet sich gegen Leistungen, die nur um der Noten willen erbracht und erzwungen werden, nicht weil sich irgendjemand sachlich für sie interessiert. Aufgefordert wird dazu, im Kampf gegen Prüferei und Notenjägerei nicht nachzulassen, weil diese sich auf Körper und Geist der Schüler verheerend auswirken würden. Allerdings zählt der Autor auch dreiunddreißig schriftliche Klassenarbeiten während des Schuljahres an einem humanistischen Gymnasium in Bayern, davon die Hälfte in Latein: «Im Schlaf wird noch dekliniert und konjugiert.» Man lerne nicht aus Pflicht oder Neigung, sondern nur aus Notenehrgeiz und Angst. Was habe die Menschheit denn von den Faulpelzen, die das ganze Jahr nichts tun, außer wenn es um Prüfungen geht?

Überdies: «Bismarck, von dessen Geistesgröße jetzt alle Welt rühmend schreibt, hat auch nicht mit I absolviert.»

Noten hängen mit Prüfungen zusammen. Eine Prüfung, die alle gleich bestehen, ist so wenig informativ wie eine Prüfung, die keiner besteht. Prüfungen haben den Sinn, Fähigkeiten zu ermitteln, Aufschluss darüber zu geben, wie viel verstanden wurde, ob die Aufgaben zu schwer oder zu leicht waren, und für wen, wie man im Unterricht weitermachen sollte. Idealerweise fällen Prüfungen kein abschließendes Urteil, sondern liefern Material für eine momentane Diagnose. Muss der Stoff wiederholt werden? Gibt es typische Erkenntnishindernisse? Was gelingt besonders gut, wo kam es zu Missverständnissen? Wo sind meine Stärken, wo meine Schwächen? Was genau mache ich falsch? Also sind Prüfungen, die Unterschiede sichtbar werden lassen, gute Prüfungen. Die Noten sind Kürzel dafür, was nicht ausreichend, sondern mangelhaft oder ungenügend erscheint, und dafür, ob noch Luft nach oben ist.

Die Schüler selbst sind dabei meistens nicht gegen Noten, sondern nur gegen ihre ungerechte Vergabe, und natürlich sind sie gegen schlechte Noten. Dass die Notenziffer ungeeignet ist, die Leistungen von Schülern exakt und umfassend abzubilden, trifft zu. Wie sollte das eine einzelne Zahl oder das ihr zugeordnete Wort («sehr gut», «befriedigend», «ungenügend») auch können? Die fehlende Differenziertheit einer einzelnen Ziffer könne Stärken und Schwächen in den Teildimensionen eines Leistungsbereichs nicht hinreichend darstellen, heißt es. Doch wer die Noten kritisiert, weil sie weder den individuellen Leistungen gerecht werden noch objektiv sind, kommt leicht in die Lage von jemandem, der sagt, dass ein Ja-Wort in der Kirche die Komplexität der Liebe nicht richtig abbildet, dass ein Freispruch vor Gericht den Verwicklungen des Falles oft nicht entspricht oder dass die Preise auf den Waren weder den Herstellungskosten noch den Bedürfnissen der Verbraucher gerecht werden. Es hat, mit anderen Worten, keinen Sinn, Noten vollständig von den Prüfungen abzulösen, deren Ergebnis sie sind.

Es wird außerdem bezweifelt, dass die Verfahren, die zu ihnen führen – Klassenarbeiten, Tests, Einschätzungen der mündlichen Beteiligung –, das erfassen, was sie erfassen sollen. Es wird dann etwa moniert, dass Diktate nicht nur die Fähigkeiten in Rechtschreibung erfassen, sondern auch die Konzentrationsfähigkeit und das Verhalten unter Stress. Unter weniger Zeitdruck würde besser geschrieben, gegen Ende des Diktats fallen manche Schüler stark ab. Man könnte auch sagen: Diktate messen den Grad, in dem die richtigen Schreibweisen zur Routine geworden sind, insofern als über sie auch unter Stress nicht nachgedacht werden muss.

Wer das kritisiert, verengt also womöglich einfach nur den Begriff der Leistung. Selbstverständlich ist die Prüfung, die hier in Frage gestellt wird, eine künstliche Situation. Eben deswegen beruht ja auch keine Note, die ins Zeugnis Eingang findet, ausschließlich auf schriftlichen Tests. Fast niemand interessiert sich dafür, ob eine Schülerin 4,6 Tonnen fehlerfrei in Mikrogramm umrechnen kann. Interessant kann allenfalls sein, ob das Wissen um Maße, die Unterscheidung von allem, was mit «Kilo» anfängt, von dem, was mit «Centi» anfängt sowie der Grad an Aufmerksamkeit bei den Nullen, der zur Lösung der Aufgabe nötig ist, vorhanden war, zunimmt, abnimmt oder gleich bleibt. Lehrer, die merken, dass der Stress die Fehler produziert hat und nicht die Unkenntnis, können in nachfolgenden Tests gegensteuern. Oder den Unterricht stärker auf das Einüben von Routinen einstellen. Warum die Behauptung, Prüfungen und Noten seien nicht informativ, daraus folgen sollte, ist nicht ersichtlich.

Ein Kriterium für gute Prüfungen ist also, ob sie Rückschlüsse auf eine Mehrzahl von Fähigkeiten erlauben, die auch außerhalb der Prüfungen zum Einsatz kommen. Dazu kann neben vielem anderen auch die Fähigkeit gehören, unter Zeitdruck nachzudenken oder routinehalber nicht nachdenken zu müssen. Ein weiteres Kriterium ist die Verlässlichkeit der Prüfung. Ein Fieberthermometer, das binnen fünfzehn Minuten zwei sehr verschiedene Temperaturen anzeigen würde, käme uns so wenig verlässlich vor wie ein Deutschtest, der ganz unterschiedliche Resultate hätte, je nach Reihenfolge der Aufgaben oder je nachdem, ob er in der ersten oder der dritten Stunde geschrieben wird.

Vollends verlässlich werden Prüfungen dabei selten sein. Wenn Schüler beispielsweise eine Wette darauf abschließen, was drankommt, kann es leicht passieren, dass die, die richtiglagen, oberhalb ihrer Fähigkeiten abschneiden, und die, die die Wette verloren haben, im Vergleich zu ihren vorherigen Durchschnittsleistungen erstaunlich abfallen. Zu den Merkmalen einer guten Prüfung gehört darum auch, dass sie den Ertrag solcher Wetten – «Alles auf Rot» – durch ein größeres Themenspektrum verringert.

Einer der heftigsten Angriffe auf Noten ist die These, dass in ihre Vergabe die Meinung der Korrektoren eingeht, dass also dieselbe Prüfungsleistung oft ganz unterschiedlich bewertet wird, je nachdem, welcher Lehrkraft sie vorgelegt wird. Je offener die Antwortmöglichkeiten, desto mehr kommt es zu solchen Unterschieden, bei Aufsätzen also mehr als bei Gleichungen und am wenigsten bei Multiple-Choice-Aufgaben. Dass bei Aufsätzen nicht nur der Inhalt, sondern ihr Umfang wie auch die Zahl der Rechtschreibfehler und die Qualität der Handschrift die Note beeinflussen, ist solch ein Monitum der empirischen Forschung zur Zensurenvergabe. Kürzere Aufsätze, heißt es beispielsweise, würden generell schlechter benotet. Ob das so ist, weil kürzere Aufsätze kurz aus Mangel an Einfällen oder kurz aus mangelndem Gefühl für Proportionen sind oder einfach nur kurz, weil knapp und klar geschrieben, das wäre die Frage. Ob Rechtschreibung und Leserlichkeit nicht auch zu dem gehören, was geprüft werden soll, lässt sich wiederum nicht pauschal, sondern nur mit Blick auf das Alter der Schüler beantworten. Ganz gleich, wie die Antwort dann ausfällt, die Schüler jedenfalls werden über kurz oder lang wissen, worauf die Lehrperson Wert legt, und selbst ein Gefühl dafür entwickeln, wie gut eine Arbeit sein muss, um Mängel im Bereich der Sekundärtugenden auszugleichen.

Kommen wir an dieser Stelle auf die Bemerkung jenes Berliner Lehrers zurück. Weshalb zwingt die Gesellschaft den Schülern denn Prüfungen und Noten auf, wenn diese ein so unsinniges Instrument sind? Welche Vorteile stehen den Nachteilen gegenüber? Vorteile sind es vor allem zwei:

1.) Noten erlauben einfache Vergleiche. Alle anderen waren besser. Das war ihre erste Zwei in Mathe, sie hat aufgeholt. Diese Arbeit war für die Klasse offensichtlich zu schwierig. Eine Vier kann vorkommen, ich hatte sogar schon einmal eine Fünf. In Englisch muss man gar nicht viel tun, um eine Zwei zu bekommen. Ich war das letzte Mal schlechter. Wieso bekommt Julius eine Zwei für die mündliche Mitarbeit, der hat doch fast nie etwas gesagt? Hätte ich die Frage mit den Pilzen richtig beantwortet, wäre es eine Eins gewesen. Geometrie liegt mir mehr als Algebra. Deine Eltern regen sich über eine «Drei minus» auf?

Noten erlauben solche Sätze. Es sind keine wissenschaftlichen Sätze über die Fähigkeiten eines Kindes, es sind keine exakten Messungen, sie fassen vieles zusammen und können sehr Unterschiedliches bedeuten. Sie beziehen sich auf die

Leistungen der Klasse, nicht auf eine neutrale Situation. Sie sind ein Anlass, um über das, was ihnen zugrunde liegt, zu reden. Das leisten Noten, aber natürlich ist das eine Leistung, die nur zu Buche schlägt, wenn der Gesprächsanlass, den sie bieten können, auch genutzt wird. Die Schüler werden durch Noten mit einer Selbstbeschreibungsmöglichkeit versorgt, die Teile ihrer Persönlichkeit auf den Klassendurchschnitt bezieht, ihnen eigene Erfolgskriterien nahelegt – «Wieder nur eine Eins minus», sagte einst ein Grundschulprimus im Schwäbischen – und eigene Begriffe von dem, was ihnen wichtig ist.

2.) Noten haben gegenüber verbalen Beurteilungen den Vorzug, dass sie nicht zu Wortklaubereien führen. Sie treten den Kindern wie den Eltern mit Entschiedenheit gegenüber. Wer sagt «Es konnten vierzig Punkte erreicht werden, zwei für jede richtige Antwort, einer, wenn zumindest die Frage richtig verstanden wurde», sieht sich weniger Debatten ausgesetzt als jemand, der sich länger über Fähigkeiten, Leistungsstände und -entwicklungen auslässt. Die Sorge der Lehrer, dem Kind nicht gerecht zu werden, würde sich in verbalen Beurteilungen niederschlagen. Wenn die Schüler verglichen werden müssen, ist dieser Sorge Einhalt geboten. Jedes Kind ist einzigartig, das stimmt. Aber 16 plus 43 ist 59, wie einzigartig das Kind auch ist. Die «Machtprobe» (Jürgen Oelkers), die droht, wenn alle Beurteilungen in Gespräche überführt werden, wird durch Noten verändert: Wer gegen eine Vier protestieren will, hat keinen Anknüpfungspunkt in der Zahl selbst, sondern muss sich eingehend mit der Klassenarbeit beschäftigen. Wer hingegen nach Protestmotiven gegen den Satz «Paul hat die Aufgabenstellung nicht verstanden» sucht, findet in der Semantik von «verstehen» unendliche Möglichkeiten. Die Lehrer wiederum können sich in verbalen Beurteilungen um jede Klarheit drücken, sie kommen leicht in die Rolle von Arbeitgebern, die «Er hat stets mit großer Akribie alle Argumente geprüft» schreiben, wenn sie einen Rechthaber meinen.

Zwei Drittel aller Eltern, zwei Drittel aller Schüler und drei Viertel aller Lehrer sind für Kommentierung statt Noten. Das hat vor einiger Zeit eine Umfrage zum Fremdsprachenunterricht in der Grundschule ergeben. Las man sie gründlich, enthielt sie freilich keine Empfehlung, den Unterricht auf Meinungsumfragen zu gründen. Denn 94 Prozent der rheinland-pfälzischen Lehrerinnen waren in ihr für verbale Kommentierung, 73 Prozent redeten von einer dann durch Noten unbelasteten Atmosphäre, und ein Drittel meinte, die Eltern würden durch verbale Kommentierung besser informiert. 81 Prozent der Lehrerinnen in Rheinland-Pfalz trugen allerdings als verbale Kommentierung ins Zeugnis ein: «Hat am Englischunterricht teilgenommen.»

Es schreibt sich leicht hin, dass in Prosa verfasste Zeugnisse besser Berichte von der gesamten kognitiven und persönlichen Entwicklung einer Schülerin oder eines Schülers wären. Den entsprechenden Arbeitsaufwand inklusive der nervlichen Kosten anschließender Diskussionen mit Schülern und Eltern, was denn mit jenem Satz und dieser Kritik gemeint sei, tragen allerdings nicht die Erziehungswissenschaftler, die solche Vorschläge machen. «Das Kind käme also», schreibt ein erfahrener Schulmann, «nach Hause und zeigte ein Zeugnis vor, das den Eltern möglicherweise genauso wenig gefiele, wie es das mit Noten getan hätte. Sie sind damit nicht einverstanden und wollen das Zeugnis anfechten. Die Frage ist nur, was wird angefochten? Im Zweifel stehen Aussage gegen Aussage. Also müsste gelten, was für dienstliche Beurteilungen in der Arbeitswelt gilt, die ja anfechtbar sind. Das jedoch ist sehr kompliziert und zwingt unter Umständen zu rhetorischen Klimmzügen, für die eine Lehrkraft in den Sekundarstufen schlicht keine Zeit (und mancher auch gar nicht die Fertigkeit) hat. Also geschähe wohl, was an einer mir bekannten englischen Schule passiert: Die Computerfachleute erstellen rechtssichere und bewährte Textbausteine, die die Lehrkraft zusammenbastelt. Zwangsläufig entstehen schablonierte Leistungsaussagen. Die Auswahl der gradierten Textbausteine erfolgt nach – man ahnt es – Notenziffern.»

Naheliegender als eine Ablehnung von Noten ist es darum, sich Gedanken über die Art der Prüfung zu machen, die von unterschiedlichen Einschätzungen der Standards wie der Kriterien für Qualität betroffen ist. Um es mit einem Bild zweier englischer Forscher zu sagen: Es gibt Prüfungen, die ähneln dem Eiskunstlaufen, weil in ihnen ein «Wie» geprüft wird, und solche, die eher dem Hochsprung gleichen, weil es nur um ein «Was» geht. Beim Eiskunstlaufen geht es darum, wie unterschiedlich ein und dieselbe Aufgabe gelöst wird; was Schiedsrichter entscheiden, die sich von den Sportlern beeindrucken lassen. Beim Hochsprung hingegen gibt es eine Abfolge von ganz eindeutigen, gestuften Schwierigkeiten, die so lange erhöht werden, bis kein Teilnehmer sie mehr überwinden kann. In der einen Art von Prüfungen ist das Urteilsvermögen der Bewertenden ausschlaggebend, in der anderen die Klarheit und Konsistenz der zu überwindenden Schwierigkeiten. Anhänger der letzteren Art zu prüfen, die an ihr die Objektivität schätzen, machen dabei zugleich Abstriche bei der Lebendigkeit von Prüfungen, denn natürlich wollen wir lieber wissen, wie gut eine Schülerin argumentieren kann, als ob sie in der Lage ist, ein richtiges Argument unter fünf falschen herauszufinden. Wer also, statt Aufsätze schreiben zu lassen, nur noch Multiple-Choice-Aufgaben anböte, weil deren Korrektur lehrerneutral erfolgen kann, ließe einen ganzen Bereich von Fähigkeiten nur darum im Dunkeln, weil seine Beurteilung nicht völlig objektiviert werden kann.

Dass in die Konstruktion von «eindeutigen» Aufgaben wiederum vielfältige Annahmen über richtiges Denken und wünschbare Leistungen eingehen, ist davon noch gar nicht berührt. Denn natürlich ist es ein Unterschied, ob man fragt: «Wie heißt die Mutter von Achill?», und als Alternativen «a) Thisbe, b) Tyche, c) Thalia, d) Thespis, e) Thetis» anbietet, oder ob die Frage «Wie heißt die Mutter von Odysseus?» lautet und zwischen «a) Klytaimestra, b) Aërope, c) Antikleia, d) Alkmene, e) Iokaste» gewählt werden kann. Sowohl die Frage, wann der Dreißigjährige Krieg ausbrach, wie die Frage, ob der Augsburger Religionsfriede zeitlich vorher oder nachher lag, sind eindeutig zu beantworten. Doch während es auf der Ebene des historischen Sinns nicht von ausschlaggebender Bedeutung ist, ob im ersten Fall die Antwort 1618 oder 1620 lautet, würde die Vertauschung der Reihenfolge von Reformation und Konfessionskrieg ein Verstehensdefizit anzeigen und nicht nur eine Gedächtnislücke.

Man kann also prüfen, um einen Kenntnisstand zu ermitteln («Prüfen des Gelernten»), oder um herauszufinden, in welche Richtung sich der Unterricht für die Klasse wie für einzelne Schüler bewegen sollte («Prüfen für das Lernen»). Letzteres geschieht, wie gesagt, viel zu selten, und dass es selten geschieht, liegt nicht zuletzt an den Stoffmengen im Unterricht, die es ständig erforderlich machen, ein Kapitel abzuschließen und abschließend zu prüfen, anstatt bei ihm vertiefend zu verweilen. Wenn ein Schüler – wie in England – beispielsweise auf die Examensfrage, welches Gas außer Chlor die Elektrolyse der Salzsäure noch produziert, «Kohlenstoffdioxid» antwortet, gibt er zu erkennen, dass ihm entweder die Zusammensetzung von Salzsäure gar nicht bekannt war oder er sich vorstellen kann, dass Elemente einer Verbindung durch chemische Reaktion verschwinden können. Und wenn er die Formel für das Chlorgas mit Cl statt mit Cl^2 angibt, führt auch das auf einen interessanten Fehler, nämlich nicht zwischen dem Element und dem Molekül zu unterscheiden. Natürlich würde eine gut gebaute Klassenarbeit den Schülern noch mehr Gelegenheiten als diese eine geben, ihre Einsichten oder Missverständnisse zu artikulieren. Aus isoliert dastehenden Fehlern lässt sich nur schwer auf ihre Ursachen schließen.

Das Problem sind also nicht in erster Linie die Noten und ihre Diagnosedefizite. Das Problem sind gedankenlose Prüfungen und Prüfungen, aus denen nichts folgt außer der Note, die dann oft als einziger Indikator für Lernfortschritte interpretiert wird. Was aber in die Irre führt. Denn das Ergebnis einer Mathematikklausur über das Rechnen mit Potenzen lässt keine Schlüsse auf eine kognitive Entwicklung von Schülern zu, deren letzte Klausur Geometrie zum Thema hatte. Man mag dann sagen, die Schülerin sei «in Mathematik» besser oder schlechter geworden, aber es ist unklar, was das angesichts der unterschiedlichen Dinge heißen soll, die Mathematik umfasst, und angesichts der vielfältigen Irrtumsmöglichkeiten in diesem wie in anderen Fächern. Weil es aber ungewiss ist, ob die Leistungen über die einzelnen Prüfungen hinweg zusammenhängen, führt diese Art des Prüfens dazu, dass langfristiges Lernen geringgeschätzt wird und immer nur der nächste Test im Blick der Schüler wie der Lehrer liegt. Man hat dies das «Sparkassenmodell» des Prüfens genannt, weil Schüler eine Note für etwas bekommen und behalten, das sie im Augenblick, in dem ihnen die Klassenarbeit korrigiert zurückgegeben wird, schon wieder vergessen haben.

Abhilfe schaffen hier Prüfungen, die immer einen Teil des bereits Geprüften wiederholen, sowie Prüfungen, die wenig

Stoff behandeln, aber häufiger stattfinden und immer auch Aufgaben enthalten, mit denen die Schüler nicht rechnen. Denn die eigentliche Gefahr für den Unterricht ist nicht die Notengebung, sondern das «teaching to the test», also die Zweckumkehr von Unterricht und Prüfung. Sie zeigt sich an Schülern, die erst am Wochenende vor der Klausur das Buch aufschlagen, und an Lehrern, die den Unterricht so einrichten, dass möglichst leicht geprüft werden kann, ob die Schüler sich etwas gemerkt haben. Schon in den Grundschulen nimmt das surreale Züge an, wenn Achtjährigen ein tabellarischer Lebenslauf Goethes oder Luthers gegeben wird, um dann abfragen zu können, wie deren Eltern mit Vornamen hießen oder dass es einen Reichstag in Worms gegeben hat, wohingegen in Frankfurt die Kaiserkrönung stattfand.

In dem Maße, in dem den Schulsystemen nahegelegt wird, für ein erfolgreiches Abschneiden bei Pisa-Tests zu sorgen, besteht die Gefahr, dass die Gestaltung des Unterrichts entsprechend ausfällt. Für den Deutschunterricht hieße das beispielsweise, dass Informationsentnahme aus Gebrauchstexten zum vorherrschenden Modell des Lesens gemacht würde. Die Einseitigkeiten eines solchen Vorgehens liegen auf der Hand. Das Internet wiederum sorgt für einen regen Austausch der Schüler untereinander im Zeichen der Frage: «Was wollen die von uns?» Wobei «die» die Lehrer sind und die Antwort lautet: Die wollen Modell-Lösungen, die man nur herausfinden muss, um sie dann auswendig zu lernen. Wenn aber so geprüft wird, dass das Abspulen einer Passage aus dem Lehrerheft zu «Emilia Galotti» oder zum Kalibergbau für ein «gut» genügt, liegt die Lernleistung nicht mehr im Literaturverständnis, sondern im Grüßen vor Gesslerhüten. Ganz wird man den Einsatz solcher Strategien nicht vermeiden können, aber mehr Phantasie beim Entwerfen von Prüfungen und Unterrichtsstunden könnte dabei helfen, die Energie weg vom Auswendiglernen von Modell-Lösungen hin zum Primärtext zu verschieben. Schließlich wäre es ja sinnvoller, wenn Schüler sich in «Emilia Galotti» besser zurechtfänden als in irgendwelchen Arbeitsheften dazu. Verinnerlicht sollte sein, was sich nicht nur einmal verwenden lässt. Daniel Willinghams Beispiel, dass man das Ergebnis von 4 mal 6 auswendig können sollte, aber nicht das Ergebnis von 74 mal 36, ist schlagend und gilt für alle Domänen des Wissens: Zentral sollte hier die Frage nach dem elementaren Kennen und Können sein.

Kommen wir abschließend noch zu einer ganz anderen Kritik an den Noten, die ihre soziale, vergleichende Dimension ins Spiel bringt. Sie lautet, dass Zensuren im Zusammenhang einer Klassenleistung vergeben werden, dass also Schüler letztlich davon profitieren, wenn die ganze Klasse nicht so gut abschneidet; zu Unrecht würden die Zeugnisse eine überlokale Vergleichbarkeit suggerieren. Ein Einwand, der die Kritik der Zeugnisse nur auf ihre Leser verschiebt, wenn diese nämlich allen Ernstes eine Kandidatin ablehnen würden, weil sie eine 1,4 hat, der Konkurrent aber eine 1,2. Wie töricht das ist, könnten übrigens die meisten solcher Leute in Personalabteilungen oder anderen Büros, in denen über Bewerber entschieden wird, daran erkennen, dass auch sie selbst in der Regel nicht einfach die mit den besten Zeugnissen waren, und selbst wenn sie ein ganz ordentliches hatten, dies nicht der ausschlaggebende Grund für ihren Berufserfolg war.

Eine Variante dieser Kritik an der sozialen Bestimmtheit der Notenvergabe ist besonders interessant. Es gebe, heißt es, auch soziale Ungleichheiten in der Notengebung, die sich nicht auf unterschiedliche Fähigkeiten der Schüler zurückführen ließen. Der sozial ungleiche Bildungserfolg hängt, so gesehen, mit der unterschiedlich bildungsstarken Herkunft zusammen: Schüler aus Familien, in denen es Bücher gibt, die Eltern bei den Hausaufgaben und überhaupt bei schulischen Fragen helfen können, Nachhilfe bezahlt werden kann und so weiter, haben bessere Chancen. Viel wichtiger noch als die Ausstattung solcher Familien dürfte aber der schulfreundliche Habitus sein, den sie ihren Kindern vermitteln. Schon in den siebziger Jahren hat der Soziologe Pierre Bourdieu darauf hingewiesen, dass Kinder aus Familien, in denen es bereits Erfahrungen mit dem Gymnasium gibt, mit einem besseren Verständnis dessen, was an der Schule erwartet wird, eingeschult werden. In den sozial ungleichen Bildungserfolg gehen die ambitionierteren Einstellungen solcher Familien ein, die sich bei Schulübergängen und in Zweifelsfällen eher für das Gymnasium als für die Realschule entscheiden. Der sozial ungleiche Bildungserfolg wird aber, so die Kritik, auch durch die Notengebung der Lehrer bestimmt. Kinder aus bildungsstarken oder allgemeiner gesagt: ökonomisch gut gestellten Familien haben auch bei gleichen Leistungen eine höhere Chance auf eine gute Note. In einem Schulsystem, das die Schüler vergleichsweise früh nach ihrer Leistung auf verschiedene Schulen aufteilt, fällt den Noten eine besonders große Bedeutung zu.

Weshalb aber bekommen Schüler bei gleichen Leistungen unterschiedliche Noten, die von ihrer sozialen Herkunft abhängen? Statistische Untersuchungen zu dieser Frage stehen vor zwei Schwierigkeiten. Zum einen müssen sie, was die Leistungen angeht, in die Kompetenz-Vergleichstests durch Bildungsforscher mehr Vertrauen setzen als in die Notengebung. Wenn eine Schülerin also in Mathematik eine Drei hat, aber in einem Kompetenztest, der nur einmal stattgefunden hat, eine Zwei erzielt, schließen sie darauf, dass die Lehrerin die Leistung nicht adäquat eingeschätzt hat. Zum anderen sind sie bei

Einflussgrößen auf die Schulleistung – wie «Anstrengungsbereitschaft», «Motivation», «Schulfreude» oder «Selbstvertrauen» – auf abgefragte Meinungen der Eltern und Schüler selbst angewiesen. Wenn also die Eltern sowohl der höheren wie der niedrigeren Schichten ihre Kinder als «gewissenhaft» bezeichnen, nehmen die Forscher an, dass es sich um angemessene Bezeichnungen handelt und wiederum erklärt werden muss, wenn die Lehrerin zu anderen Einschätzungen gelangt ist. Der Erhebung von psychosozialen Einstellungen durch Meinungsumfragen und Selbstauskünfte wird mehr Vertrauen entgegengebracht als der vierjährigen Beobachtung von Grundschülern durch ihre Lehrer. Das kann gerechtfertigt sein, muss es aber nicht. Und außer dem selbstbewussten Glauben der Wissenschaft an ihre prinzipielle Überlegenheit gegenüber den Praktikern spricht nichts dafür.

Dass Forscher wie der Soziologe Marcel Helbig sich vorstellen können, sie und nicht Lehrer sollten über den Zugang zu Bildungszertifikaten entscheiden, geht aus Formulierungen wie dieser deutlich hervor: «In allen Ländern, in denen Bildungszertifikate benotet und nicht auf Grundlage standardisierter Kompetenzmessungen vergeben werden, stellen die vergebenen Schulnoten eine wichtige Information über die Schüler dar, die ihre Erfolgswahrscheinlichkeit für weitere Bildungsentscheidungen bewerten.» Wenn Forscher in diesem Zusammenhang dann beispielsweise von «gemessenen psychosozialen Kompetenzen» sprechen, obwohl sie nur die Eltern und Schüler gefragt haben, wird der Begriff der Messung vollends ideologisch verwendet. Sie haben nicht gemessen, es wäre auch sehr schwierig für einen Forscher, die psychosoziale Kompetenz einer Person zu messen – denn das würde voraussetzen, dass ein solches Aggregat überhaupt existiert. Mit mindestens dem gleichen, nein, mit viel größe rem Recht könnte man entgegnen, auch die Lehrerin habe vier Jahre lang in Hunderten von Unterrichtsstunden «gemessen», wie es sich mit dem Kind verhält. Damit soll nicht in Abrede gestellt werden, dass es diagnostisch blinde Lehrkräfte gibt, in deren Urteile Vorurteile eingehen. Aber wie, halten zu Gnaden, selbstbesoffen müssen Forscher sein, die ihren hochvoraussetzungsvollen Messkonstrukten zutrauen, an die Stelle der Klassenarbeiten und der Unterrichtsbeobachtung treten zu können? Sehen sie denn nicht, dass in ihre Testkriterien genauso waghalsige Festlegungen einfließen wie in die Erfahrung der Lehrer?

Wer den Unterricht, das Prüfen und die diagnostischen Fähigkeiten der Lehrkräfte verbessern will, kann das nicht von außen tun. Das Können der Schüler lässt sich nicht getrennt von den zuvor erteilten Schulstunden und auch den eingesetzten Lehrmaterialien betrachten, und die Betrachtung wiederum hat nur einen eingeschränkten Sinn, wenn sie nicht zurückwirkt auf den Unterricht. Das vermögen Prüfungen am besten, wenn ihre Ergebnisse interpretierbar sind, weshalb die nicht in hohem Ansehen stehenden Multiple-Choice-Aufgaben, klug eingesetzt, oft mehr über einen Kenntnisstand mitteilen als Schülerantworten auf offene Fragen, von denen mitunter unklar bleibt, ob sie überhaupt verstanden wurden. Anstatt zu fragen «Welche Faktoren führten zum Untergang der Weimarer Republik?» oder «Skizzieren Sie die wichtigsten Vorgänge der Zellteilung», was nicht selten zu Aufsätzen führt, in die alles irgendwie Gewusste und Geahnte zum Thema abgefüllt wird, kann es sinnvoller sein, dazu zehn Einzelfragen zu entwickeln, deren Antwortmöglichkeiten zum Nachdenken anregen und erkennen lassen, wo die Verständnisschwierigkeiten und Wissenslücken der Schüler liegen. Die Chancen, das Richtige zu raten, nehmen ab, wenn mehrere Fragen zum selben Gegenstand gestellt werden, wenn mehrere Antworten pro Frage richtig sein können und wenn falsche Antworten negativer bewertet werden als keine Antwort. Kreuzen alle Schüler dasselbe falsch an, enthält das die Information, dass im Unterricht etwas schiefgegangen ist oder die Frage samt der alternativen Antworten womöglich nicht gut konstruiert war. Wenn auf die Frage, welche der folgenden Zahlen eine Primzahl ist, a) 2, b) 7, c) 57, d) 3, e) 51, Antwort a) nicht gewählt wird oder Antwort c) gewählt wird, ist sofort erkennbar, welches Missverständnis jeweils vorliegt.

Das soll nicht heißen, es sei sinnvoll, Prüfungen durchweg als eine Auswahl von Antwortmöglichkeiten anzulegen. Sich artikulieren zu können, einen Gedanken auszuführen, ein Argument vorzutragen, das alles gehört zu den Zielen eines verständigen Unterrichts. Also sollte es in Prüfungen eingehen. Die Frage ist auch hier nur die, wie das intelligent geschehen kann. Formate wie «Verteidigen Sie folgende These ...», «Was spricht für und was spricht gegen ...», «Jemand behauptet, dass ...» oder «Was würde der Kühlschrank sagen, wenn er sprechen könnte?» und «Schreibe über einen Ferientag, aber verwende kein r» deuten nur den Spielraum dessen an, was in Prüfungen möglich ist. Eine Diskussion über diesen Spielraum ist jedenfalls viel sinnvoller als die Kritik der Noten, die seit hundert Jahren aus guten Gründen an den Lehrern abgleitet.

VII. KAPITEL

Die Freiheiten des Unterrichts

Wie kann man verhindern, dass schulisch vermitteltes Wissen sofort wieder vergessen wird? Wie wäre zu unterrichten, dass sich die mit ihm verbundene Fähigkeit erhält, Probleme zu lösen? Wenn es gutgeht, sind der Erwerb der deutschen Sprache und die Fähigkeit, Rechenaufgaben zu lösen oder sogar mittels Mathematik praktische Probleme, die Beispiele dafür, dass Unterricht lang anhaltende Wirkung zeigt. Wir finden es natürlich ein bescheidenes Ergebnis, wenn sich am Ende – sei es nun nach neun, zehn oder dreizehn Schulklassen erreicht – nur der Plusquamperfekt, die richtige Verwendung von «könnte» und «trotzdem» sowie der Dreisatz und das Aufstellen eines Gleichungssystems mit zwei Unbekannten und ähnliche Dinge erhalten haben. Aber erstens ist das nicht wenig: Die Hälfte der achtzehnjährigen deutschen Schüler hatte in einer Studie Schwierigkeiten zu berechnen, dass 120 Stimmen von 200 abgegebenen sechzig Prozent sind. Und zweitens lohnt es sich zu fragen, wie bei der anderen Hälfte wenigstens dies gelang. Denn womöglich liegt die geringe Überlebensrate des Könnens ja daran, dass oft falsch unterrichtet wird – und lässt sich vom bescheidenen Erfolg für alles andere lernen.

Wie also erfolgt der Aufbau kognitiver Fähigkeiten? Es liegt nahe, sich hier an Erkenntnisse zu halten, die zur Gedächtnisbildung und zum Vermögen vorliegen, Können über den Kontext seines Erwerbs hinaus zu einem verlässlich vorhandenen Werkzeug zu machen.

Beginnen wir mit Schachspielern. Eine berühmte Studie des Psychologen Adriaan de Groot wurde in diesem Zusammenhang nämlich durchgeführt, um herauszufinden, was sehr starke von durchschnittlichen Spielern unterscheidet. Starke Schachspieler können etwas sehr Spezielles, das schwierig ist, nicht nur sehr gut, sondern auch unter hohem Druck und in einer so atemberaubenden Geschwindigkeit, dass auszuschließen ist, sie dächten einfach jedes Mal viel gründlicher als andere Leute über ihre Probleme nach. Es war denn auch, anders als viele vermutet hätten, nicht ihre Rechenstärke, durch die sie sich von durchschnittlichen Spielern unterschieden, nicht die Fähigkeit also, möglichst lange Zugfolgen – «wenn mein Gegenüber dies tut, tue ich das, dann müsste es eigentlich das spielen, aber dann kann ich ...» – vorauszuberechnen. Vielmehr war es das Vermögen, innerhalb weniger Sekunden einer Figurenstellung auf dem Schachbrett anzusehen, worum es in den nächsten Zügen gehen muss, wo die Stärken und Schwächen beider Seiten liegen und worüber man erst gar nicht nachdenken muss, weil es für den weiteren Spielverlauf irrelevant ist. Es ist also die Fähigkeit, Muster zu erkennen, die den starken vom weniger starken Spieler am meisten unterscheidet.

Diese Fähigkeit wiederum beruht weniger auf einer umfassenden Analyse des Vorgefundenen, denn sie setzt sich auch in sogenannten «Blitzpartien» durch, bei denen die Spieler nur wenige Sekunden Zeit pro Zug haben. Sie beruht vor allem darauf, dass starke Spieler schon Zigtausende von Stellungen gesehen haben – Schätzungen gehen davon aus, dass das Lang zeitgedächtnis etwa fünfzigtausend Stellungen aufnehmen kann –, die sie mit angemessenen Reaktionen verbinden: «Wenn du eine Linie öffnen kannst, auf die danach dein Turm ziehen kann, tue es.» Mit einer neuen Stellung konfrontiert, sind sie sofort in der Lage, Ähnlichkeiten zu schon bekannten zu erkennen. Die Experten haben einfach mehr geübt als die Amateure. In der Formulierung des Psychologen und Entscheidungstheoretikers Herbert A. Simon, der für seine Forschungen den Nobelpreis erhalten hat: Das Gedächtnis des Experten ist wie eine Enzyklopädie, bei der jeder Indexeintrag ein wiedererkennbares Muster ist, das auf einen organisierten Korpus einschlägigen Wissens verweist. Dabei spielt es keine Rolle, ob es sich um Experten für Schach, Violinspiel, Physik oder die deutsche Sprache handelt. Probleme lösen zu können, heißt in einer überragenden Anzahl von Fällen: ähnliche Probleme schon gesehen zu haben, die wesentlichen Faktoren zu identifizieren, ein Gefühl für Pfade zu besitzen, die nirgendwohin führen.

Als die Experimentatoren den starken und den weniger starken Schachspielern Stellungen zeigten, die völlig zufällig aufgebaut waren, sich also in einem normalen Spiel niemals ergeben hätten, schmolz der Vorsprung der Experten gegenüber den Amateuren, was die Bestimmung des nächsten besten Zuges anging, deutlich zusammen. Denn hier nutzte das Mustergedächtnis nichts.

Wenn nun also kognitive Fähigkeiten stark auf dem Gedächtnis beruhen und das Lösen von Problemen zu hohen Anteilen ein Wiedererkennen ist, worauf beruht dann Gedächtnis? Die Kognitionspsychologie ist hier eindeutig: Gedächtnis ist das Resultat von Arbeit, man behält am besten Dinge, über die man in der Vergangenheit einmal gründlich nachgedacht hat. Weder Aufmerksamkeit allein – eine notwendige Bedingung – noch die Begleitung durch Emotionen – es geht auch ohne sie –, noch bloße Wiederholung – man hat Dinge tausendmal gesehen, aber erkennt sie trotzdem nicht wieder – reichen aus, um einer Tatsache ihren Platz im Gedächtnis zu sichern. Das gelingt am besten, wenn über ihre Bedeutung, ihre Gestalt, ihren Zusammenhang mit anderem nachgedacht worden ist. Der jeweilige Aspekt wird dann umso leichter erinnert. Die guten Schachspieler haben also nicht nur mehr Partiestellungen, lies: Probleme, gesehen, sondern sich in mehr solcher Probleme vertieft als andere.

Das Schöne an dieser Untersuchung von Schachspielern ist, dass sie mit ganz ähnlichen Ergebnissen auch bei Ärztinnen, Sprechern einer Sprache, Tänzern, Anwältinnen oder Geologen wiederholt werden kann. Stets stößt man auf die Abfolge: Nachdenken über ein Problem, häufiges Nachdenken über verwandte Probleme, Gedächtnisbildung durch denkendes Üben in Tausenden von Wiederholungen, Problemlösung durch Wiedererkennen.

Das auf den ersten Blick weniger Hilfreiche an diesem Befund hingegen scheint, dass meistens von einer Voraussetzung für starke Fähigkeiten nicht die Rede ist, weil sie selbstverständlich sein mag: Schachspieler sind ganz offensichtlich Leute, die gern über Schachpartien nachdenken. Man muss sie nicht dazu zwingen. Das wiederum hat verschiedene Gründe. Das Spiel ist komplex, es wird ihnen nicht so schnell langweilig, weil zum Wiedererkennen der Probleme auch gehört, dass es dann doch ganz spezifische Eigenheiten eines jeden gibt. Das Spiel ist, wenn es unter gleichrangigen Spielern stattfindet, schwierig, es ist ein Kräftemessen. Es hat klare Ergebnisse, es bleibt nicht diffus, woran sich Erfolg zeigt. Jeder Zug hat eine Bedeutung, kann in seinen Stärken und Schwächen erklärt werden. Und das Spiel ist ein Spiel, eine abgeschlossene Welt.

Der Schulunterricht teilt manche dieser Eigenschaften. Er bietet einen großen Zeitraum für wiederholendes Üben an. Mehr als siebentausend Stunden verbringt ein Schüler mindestens in Klassen, bis die Schulzeit beendet ist, manche mehr als zehntausend Stunden. Der Kulturanthropologe Philip W. Jackson, der eines der besten Bücher über «Das Leben im Klassenzimmer» geschrieben hat, bringt dort den Vergleich, dass man hundertvierzig Jahre lang sonntags in den Gottesdienst gehen müsste, um es in der Religion auf eine ähnliche Übungszeit zu bringen wie in der schulischen Erziehung. Oder fünfzig Jahre lang zweimal in der Woche ins Kino. Der Schulunterricht ist auch ein Kräftemessen, eines im Zeitablauf und ein soziales. Es geht darum, eine Sache noch besser zu machen. Und die Spiele, die er spielt, könnten zumindest komplex sein. Es sind in Biologie und Französisch, Algebra, Geometrie und Geschichte ganz verschiedene Spiele.

Aber der Schulunterricht ist nicht freiwillig. Zumindest bis zur neunten, zehnten Klasse nicht. Die Schüler suchen sich die Schwierigkeiten, mit denen sie zu tun haben, lange Zeit nicht selbst aus. Sie kommen nicht in die Schule wie die Patienten zu einem Arzt oder die Klienten zu einer Anwältin, um sich aus einer ihnen selbst bewussten kritischen Lebenssituation befreien zu lassen. Das können sie auch nicht, denn ebendarum sind sie ja in der Schule, weil sie erst lernen sollen, was eine Problemwahl ist, was überhaupt Probleme sind, die sich in der Begegnung mit der Welt stellen können, und wie man an sie herangeht. Freiheit ist keine natürliche Tatsache, und die Behauptung, Menschen hätten von Beginn an eine Disposition zur Erkenntnis, wird zur Ideologie, wenn damit suggeriert werden soll, die Kinder selbst wüssten am besten Bescheid, wie und was zu lernen sei.

Gleichwohl steckt in der Unfreiwilligkeit eine zentrale Frage an den Unterricht. Wie kann er die Bereitschaft zum Nachdenken und wiederholenden Üben wecken, wenn die Motive zur Teilnahme ungewiss und unter den Schülern wahrscheinlich auch ungleich gelagert sind? Einer Antwort auf diese Frage steht oft im Weg, dass viele Pädagogen und Bildungspolitiker nicht bereit sind, zwischen dem Notwendigen und dem Möglichen zu unterscheiden. Entweder sie finden, dass das Absolvieren von Stoff unumgänglich ist – im Extrem, das zumindest in Lehrplänen verwirklicht ist, führt das zu vollgestopften Stundenplänen. Oder sie versuchen, uns einzureden, das Kind wisse am besten, was gut für es sei, es komme auf den Stoff gar nicht an, sondern ausschließlich auf die Bereitschaft der Schüler, sich für einen exemplarischen, in die Tiefe und nicht in die Breite gehenden Unterricht in selbstgewählten Fächern zu interessieren.

Was aber, wenn beides zuträfe? Was, wenn kein Weg um das Einüben der sprachlichen und mathematischen Fähigkeiten herumführt, wenn dieses Einüben lange Durststrecken beinhaltet, in denen einfach nur gelernt werden muss, dass es sich – mit den Präpositionen und der Rechtschreibung und der Division und dem Dreieck – so verhält und nicht anders? Und wenn es andererseits Fächer gibt, in denen alles darauf ankommt, die Schüler zu interessieren, in denen man sich also im Unterricht viele Freiheiten herausnehmen kann?

In Deutsch und Mathematik hat der Unterricht in den ersten Schuljahren nur wenige solcher Freiheiten. Er besteht aus Wiederholungen. Die Möglichkeiten zu exemplarischem Lernen sind stark eingeschränkt. Man kann nicht sagen: «Den Konjunktiv lassen wir weg, wir lernen exemplarisch nur den Indikativ.» Division ist nicht nur eine Art unter anderen, mit Zahlen zu operieren, ohne sie geht es einfach nicht weiter. In beiden Fächern baut jede Stunde auf zuvor erteiltem Unter richt auf. Es ist hier auch nicht möglich, allem, was die Schüler lernen, eine besondere Bedeutung zu verleihen und das Lernen dadurch interessant zu machen. «Du hast Zahnschmerzen» wird gleich gesprochen, aber anders geschrieben als «Du hasst Zahnschmerzen», von der «Hast» ganz zu schweigen – das hat keinen tieferen Sinn, man muss es sich einfach merken. Genauso wie die Konvention, Gewichte in Tausenderschritten zu messen (1000 Gramm sind 1 Kilo, 1000 Kilogramm sind 1 Tonne), bei Längen hingegen auch Hunderterschritte zu kennen (100 Zentimeter sind 1 Meter, 1000 Meter sind 1 Kilometer). Es ist einfach so. Das Operieren mit Zahlen ist zwar sinnhaft, indem es aus wenigen Festlegungen immer neue Muster und Regeln hervorbringt, was mitunter auch als die Schönheit der Mathematik angesprochen wird. Doch vielen Schülern erscheint es zunächst nur als Mühsal, weil es so viele Muster und so viele Regeln sind – und sich über sie schlecht diskutieren lässt.

Das ist in Biologie oder Physik anders. Wer niemals Stunden über Optik hatte oder nichts über Eidechsen weiß, ist für die physikalischen und biologischen Welten im Ganzen nicht verloren. Wer «gieg» statt «geigte» sagt, weil die Vergangenheit von «steigen» «stieg» heißt, wird sich also ganz anderen Verständnisschwierigkeiten ausgesetzt sehen als jemand, der nicht weiß, wie genau Kali abgebaut wird. Und wer findet, dass $5/9$ mehr ist als $5/8$, oder nicht weiß, was ein Radius ist, hat größere Nachteile als jemand, der bei Napoleon III. passen muss oder vergessen hat, was wie in Ohm gemessen wird.

Wir sollten also unterscheiden zwischen obligatorischem und freiem Lernen. Es gibt keinen Grund, weshalb eine Pädagogik, die sich auf die Basisfähigkeiten des Lesens, Schreibens, Redens und Rechnens bezieht, dieselbe sein sollte wie jene, die einsetzen kann, wenn diese kognitiven Grundlagen gelegt sind.

Es gibt, anders gesagt, Unterrichtsstoffe und Fächer, bei denen wir stärker als bei anderen die Merkmale des Schachspiels berücksichtigen können, durch die es seine Spieler fasziniert.

Das heißt nicht, dass die Elementarkenntnisse in Deutsch und Mathematik nur gepaukt werden können. Nehmen wir die Faszination des Schachspiels, die im Kräftemessen liegt. Sie geht, wie es auf viele Spiele zutrifft, nicht zuletzt auf die Erzählstruktur der Auseinandersetzung zurück. Jedes Spiel ist eine kleine Geschichte, mit nicht vorhergesehenen Wendungen, Materialgewinnen, nur scheinbaren Nachteilen, verlorenen Vorsprüngen, Aktionen auf unterschiedlichen Flügeln und so weiter. Die Vorteile, die das für die Motivation wie für die Gedächtnisbildung hat, liegen auf der Hand. So kann auch im Unterricht Stoff eingeführt werden, der selbst nicht unbedingt unterhaltsam ist. Das Dividieren etwa. Als Lösungstechnik ist diese Operation ebenso wichtig wie von geringer Motivationskraft. Verwendet man hingegen hinreichend Zeit auf die Probleme, die durch das Dividieren gelöst werden können, mag es schon größeres Interesse gewinnen. Beispielsweise sind Divisionen etwas, das man benötigt, um Konflikte durch faire und vollständige Teilung zu lösen. Oder man hat ein Rezept für vier Personen, möchte aber für zwei oder drei oder sechs Personen kochen.

Man kann also die Nützlichkeit mathematischer Fähigkeiten heranziehen, um klarzumachen, weshalb sie gelernt werden sollen. Und man kann Schüler mit offenkundig nur zu ihrer Qual erfundenen Aufgaben wie «Drücke 7,56 Tonnen in Mikrogramm aus» verschonen, die außerhalb von Kostenberechnungen in der Pharmaindustrie nur in Schulbüchern gelöst werden müssen. Die Verbindung mathematischer Operationen mit lebensweltlichen Aufgaben kann allerdings, worauf Willingham hinweist, den Nachteil haben, dass die Schüler dann über die Lebenswelt nachdenken anstatt über die Operationen. Eine Schachspielerin, die Worte wie «König», «Dame» oder «Bauer» zu wörtlich nähme, würde dadurch ihre Züge mit diesen Figuren nicht verbessern. Die lebensweltlichen Probleme haben dazu auch oft noch die Eigenschaft, als Probleme schon einzuleuchten, wenn die Techniken ihrer Lösungen noch lange nicht zur Verfügung stehen. Deswegen hat es beispielsweise keinen Sinn, die Schüler mit Fragen der Wahrscheinlichkeit zu behelligen, solange sie noch nicht dividieren können.

An einer Schritt für Schritt erfolgenden, aufeinander aufbauenden Routinisierung von Rechentechniken führt letzten Endes kein Weg vorbei. So wenig wie am Verständnis von Begriffen: Bruch, Durchschnitt, Potenz, Logarithmus, Graph, Funktion. Vergleichbares gilt auch für den Spracherwerb, etwa das Lesen und Schreiben. Auch hier sind die Anteile des Lernens durch ständiges Üben hoch. Weshalb aber werden, dem Rechnung tragend, in jeder Fremdsprache Vokabeln gelernt, nicht jedoch im Deutschen? Weil angeblich vorausgesetzt werden kann, was sich dann in Diktaten als nicht gegebene Voraussetzung erweist; anstatt das offenbar nicht Selbstverständliche zu üben, wird die Prüfungsform des Diktats lieber als unzeitgemäß und stupid heruntergeredet. Viel klüger wäre es, die besten Einführungen in «Deutsch als Fremdsprache» würden zur Grundlage auch des Unterrichts mit Inländern gemacht. Die eigene Sprache anzuschauen, als würde man sie nicht kennen, ist nämlich insbesondere dann eine sinnvolle Übung, wenn man nicht ganz sicher sein kann, wie vertraut sie einem wirklich ist.

Auch hier sind Begründungen, etwa im Sinne einer linguistischen Betrachtung der Sprache, nichts für den Elementarbereich. Weshalb man im Deutschen «bis bald», «bis später» und «bis gleich» sagen kann, aber nicht «bis schnell» und «bis sofort», ist eine anspruchsvolle Frage. Was es damit auf sich hat, dass manche Adjektive auf «-lich», andere auf «-ig» und wieder andere auf «-haft» enden, gehört, anders als der Gebrauch von «grünlich», «mutig» und «gewissenhaft», nicht in den Deutschunterricht. Und ob es einen Unterschied im Gebrauch von «obwohl», «trotzdem», «obgleich» und «nichtsdestoweniger» gibt, führt ebenfalls in höhere Regionen der Grammatik und Stilistik. Die Verarmung des Wortschatzes hingegen, die mitunter von den Schulen aktiv betrieben wird, wenn sie Texte eigens so einrichten, dass bei den Schülern keine Fragen zum Vokabular aufkommen, ist ein Beitrag nicht zu einer inklusiveren Schule, sondern zur Exklusion der Kinder, die zu Hause von «obwohl» und «zweifelhaft» nicht viel hören. Wortkunde im Sinne des Nachfragens, was ein Wort bedeutet, was man mit ihm anfangen kann und was nicht, kommt an den Schulen in jeder Klassenstufe viel zu kurz.

Doch kehren wir an dieser Stelle zurück zur Frage nach den Möglichkeiten, im Unterricht Gedächtnisbildung durch nachdenkendes Üben an Problemen zu begünstigen. Denn gerade der Deutschunterricht ist ein gutes Beispiel für Möglichkeiten beim Übergang vom obligatorischen zum freien Lernen. Wie kann es gelingen, dass Schüler sich für Probleme interessieren, die mit dem Gebrauch der eigenen Sprache einhergehen? Die Antwort, die an hiesigen Schulen gegeben wird, lautet: durch Beschäftigung mit Literatur. Von der neunten Klasse an wird mit ständig zunehmenden Anteilen aus dem Deutschunterricht eine Art literaturgeschichtlicher Parcours. Vorher dominieren Grammatik und Orthographie sowie die Beschäftigung mit seltsamen Gattungen wie «Inhaltsangabe», «Nacherzählung» und «Erörterung». Mit literarischen Gattungserforder nissen werden jüngere Schüler bekannt gemacht, wenn ihnen aufgegeben wird, eine Gespenstergeschichte zu schreiben, wobei die Lehrkräfte vorher nicht immer genau wissen, was eine solche Geschichte alles enthalten muss. Vor einer solchen Übung ein, zwei Gespenstergeschichten zu lesen, dafür fehlt anscheinend die Zeit oder die Einsicht, dass man gut nur schreiben kann, wenn man vorher gut gelesen hat.

Aber bald danach hört das eigene Schreiben ohnehin auf, und es wird geübt, wie man die Texte anderer, der Schriftsteller, interpretieren kann. Dabei werden sie vor allem historisch interpretiert, weshalb sie den Schülern auch oft in hübscher zeitlicher Abfolge als Exemplare sogenannter Epochen bekannt gemacht werden. Geht es um Gattungen, so findet sich diese historische Betrachtung dann innerhalb der Gattungsanalyse: mittelhochdeutsche, barocke, klassische und romantische Lyrik, Expressionismus, Bertolt Brecht und vorher eine Ballade von Fontane.

Das ist unglaublich einfallslos, und man kann nur hoffen, dass die Deutschlehrer und Deutschlehrerinnen Lehrpläne, die so etwas vorsehen, also alle deutschen, soweit es nur geht in den Wind schlagen. Literatur ist kein Museum, und an ihrer Vergangenheit ist das am wenigsten Interessante, dass sie sich ordnen lässt. Noch dazu mittels solcher Begriffe wie Barock oder Expressionismus, die Schülern schon deshalb völlig zu Recht egal sind, weil ihr Gebrauch ja die Kenntnis von zahlreichen Texten voraussetzt, die sich durch Stilähnlichkeit alle unter einen solchen Namen bringen lassen. «Bei diesem Gedicht von Georg Trakl handelt es sich um ein expressionistisches» oder um «ein Beispiel für expressionistische Lyrik» sind nicht nur, wie Naina hätte argwöhnen können, ziemlich nutzlose Sätze, sondern es sind vollkommen sinnlose, und sie würden nicht sinnvoller, wenn jemand in ihnen «Trakl» durch

«Heym» ersetzte. Das Sortieren von Literatur nach Epochen führt in neun von zehn Fällen nicht zum Nachdenken, sondern zum – Sortieren. Man kann es natürlich prima prüfen, und wir meinen schon zu verstehen, dass dies der entscheidende Vorteil solcher netten Botanisieraktionen ist, bei denen gut wegkommt, wem bei Barock Christentum und Pessimismus, bei «Werther» Sturm und Drang, gesellschaftliche Konvention und «Ich» sowie bei Romantik Naturerlebnis, Mittelalter und Einsamkeit einfällt. Aber was ist damit gewonnen? Es stimmt nicht nur nicht, es ist auch völlig uninteressant, ohne jeden Witz, ohne jeden Gedanken. Wo ist, mit anderen Worten, das Problem, auf das die Beschäftigung Fünfzehnjähriger mit zweihundert Jahre alten Texten die Lösung wäre? Oder wieder anders formuliert: Was war das Problem, das die zweihundert Jahre alten Texte lösten?

Wenn man also schon historisch an solche Literatur herangehen möchte, müsste man letztere Frage beantworten. Es durfte einst nicht heiraten, ja, nicht einmal lieben, wer wen lieben oder heiraten wollte. Wie war das? Weshalb war das so? Wie soll man sich eine Gesellschaft vorstellen, in der Familien nicht gegründet, sondern nur fortgesetzt wurden? Und woher kommt in dieser Gesellschaft der Protest dagegen, in «Kabale und Liebe», im «Werther», in der «Lucinde»? Hatte die Gegenseite Argumente? Was passiert, wenn Romeo und Julia, in Verona oder auf dem Dorfe, heiraten? Man könnte sich ein ganzes Schuljahr im Deutschunterricht vorstellen, das von einem solchen Problem aus organisiert würde oder von einer Variante dieses Problems: «All you need is love», stimmt das?

Möchte man statt Motiven lieber Gattungen in den Mittelpunkt des Literaturunterrichts stellen, könnte sich die Komödie anbieten. Ich jedenfalls habe als Schüler partout nicht verstanden, weshalb die Literatur, die uns im Deutschleistungskurs präsentiert wurde, sich überwiegend mit leidenden Personen und vor allem mit ausweglos leidenden Frauen beschäftigte – Iphigenie, Maria Magdalena, Stine, Gruppenbild mit Dame, Christa T. und, im Licht der Abituraufgabe, Gretchen – und überhaupt Literatur mit der Beschreibung von Leid kongruent schien. Zum Glück gab es vor dem Leistungskurs einen Lehrer, der mit uns den «Felix Krull» las und ihn mit Kafkas «Auf der Galerie» unter dem Gesichtspunkt vergleichen ließ, wie Schauspielerei dargestellt wird. Derselbe Lehrer verteidigte im Zusammenhang mit Felix Krull gegenüber den fast empörten Schülern die These, die Schönheit einer Person sei nicht naturgegeben, vielmehr könne man etwas dafür, wenn man nicht schön sei. Und er meinte nicht Kosmetik, sondern brachte als Beispiel für erworbene Schönheit unvergesslicherweise das Gesicht von Golda Meir. Es würde weit führen, ob er recht hatte, aber es gab unter denen in der Klasse, die sich für den Deutschunterricht interessierten, niemanden, der damals nicht darüber nachdachte.

Die Komödie also. Worüber lacht man? Über Amphitryon, über Chaplin, über Louis de Funès, über «Türkisch für Anfänger». Gemeinsamkeiten, Unterschiede. Wer darf über wen lachen? Was ist ein Witz? Wieso ist «Notting Hill» eine Komödie? Wann schlägt Lachen in Häme um? Gibt es komische Musik? Warum lachen Tiere nicht, oder tun sie es doch? Anders als die Probleme des Gelehrten Faust oder von Mädchen im preußischen Berlin am Ende des 19. Jahrhunderts ist Komik ein Unterrichtsstoff, der sich nicht sofort in historische Betrachtungen auflöst.

Es spielt keine Rolle, ob im Deutschunterricht die Komödie vorkommt, die Novelle oder die Ballade. Aber es soll etwas vorkommen, das Welt verkörpert und das eine Frage enthält. Die Ballade: Wieso singt man etwas, das auch erzählt werden kann? Vergleichen wir den ewigen John Maynard mit Rubin Carter in «Hurricane». Die Novelle: Was ist so interessant an Neuigkeiten, was ist so interessant an Kriminalfällen, was ist der Unterschied zwischen einer Novelle und einem Krimi? Wenn die Schüler lernen, was ein Versmaß ist, kann das ein Lernerfolg sein, doch nur, wenn sie etwas damit anzufangen wissen, nicht «weil es Versmaße gibt» und sie nie erfahren, wozu es sie gibt, obwohl jeder Rap, jeder Poetry Slam, ja, fast jede Werbung darauf beruht.

Der große Vorteil der Literatur ist bei alldem, dass sie eine Welt mit eigenen Regeln darstellt, die ausdrücklich dazu geschaffen wurde, beobachtet zu werden und zur Selbstbeobachtung anzuhalten, ein Spiel, das zur Konzentration auffordert. Wenn es gelingt, dass die Handys ausgeschaltet bleiben, sind Theateraufführungen und Filme im Kino erstklassige Aufmerksamkeitsmagneten. Dichtungen können es auch sein. Sie bringen Motive bei, sich mit ihnen zu beschäftigen. Unter anderem dadurch, wie sie gemacht sind. Was ein guter Dialog ist, wie man Streit in Szene setzt, wodurch sich eine gute Rede vor Gericht auszeichnet, all das sind Fragen, die in der Literatur nicht theoretisch gestellt, sondern praktisch beantwortet werden. Was zu einer weiteren Eigentümlichkeit des Deutschunterrichts als Literaturunterricht führt: Er gibt seit langem dem Interpretieren, das sicher wichtig ist, viel mehr Raum als dem Schreiben und Verfertigen. Die Schüler werden – im Idealfall – zu Lesern erzogen, aber nicht zu Sprachverwendern. Warum aber sind es nur die Kleinen, die über ihre Ferien berichten sollen?

Der Anglist Robert Scholes hat in einem faszinierenden Buch über den Englischunterricht an amerikanischen Colleges, also einer Art Mittelding zwischen gymnasialer Oberstufe und Universität, beklagt, dass die Schüler immer mehr in eine passive Rolle gegenüber Literatur gedrängt worden sind. Das ist die Sache mit dem Museum. Man lehrt sie, darüber nachzudenken, was Goethe mit dem «Werther» meinte. Gut. Aber man fordert sie nicht auf, darüber nachzudenken, was sich ändert, wenn man der Geliebten keine Briefe, sondern E-Mails oder WhatsApps schreibt. Was hätte Lotte zurückgeschrieben? Man übt mit Schülern viel zu wenig, wie sie ihr Schreiben verbessern, wie man einen Comic textet oder eine Folge der Simpsons, wie in amerikanischen Serien die Handlung vorangetrieben wird oder wie man etwas macht, von dem Lessing glaubte, es gehe gar nicht, nämlich Einfühlung in ein Monster zu bewirken. Die Literatur ist eine einzige Sammlung von Beispielen dafür, «how the trick is done». Man kann gelungene und weniger gelungene Fälle studieren. Wie gehen zwei verschiedene Schriftsteller mit demselben Motiv um? Man kann auch gelungene Fälle verwenden und sie so verändern, dass sie zu misslungenen werden, um das Urteils- und Sprachvermögen der Schüler daran zu schulen. Das ist im Übrigen nicht nur eine Möglichkeit, mit schöner Literatur umzugehen, sondern genauso gut auch auf argumentative Texte anwendbar. Finde den Fehler – eine viel zu selten gestellte Aufgabe.

Solche Übungen kommen im gängigen Deutschunterricht hier und da am Rande vor. Aber sie bilden nirgendwo das Zentrum längerer Unterrichtseinheiten oder gar ganzer Halbjahre. Dabei muss das Schreiben doch durch Lesen vorbereitet werden, es muss selbst wiederholend geübt werden, damit es nicht nur das Zurückbleiben der Schüler hinter den Schriftstellern demonstriert. Der Gespenstergeschichte in der Klasse 5 sollte eine in Klasse 6 und 9 folgen, die auf mehr Erfahrung in der Sprache, auf mehr Kenntnis von Beispielen und auf mehr Wissen zurückgreifen kann. Weshalb, mit anderen Worten, kann der Unterricht nicht länger bei einem Thema verweilen, das reich genug ist, um an seinen Variationen zu lernen und zugleich Lernfortschritte in der eigenen Produktion der Schüler, der Produktion von Texten und Argumenten, zu ermöglichen? Die Antwort auf diese Frage lautet oft: Weil wir im Lehrplan vorankommen müssen. Stimmt, es wird den Schülern und der Gesellschaft wirklich viel fehlen, wenn sie so lange bei der Komödie verweilt haben, dass gar keine Zeit mehr für die Ballade war. Aber wer weiß, vielleicht gibt es ja sogar komische Balladen, und wenn nicht, würde auch das zu einer interessanten Frage führen. So lange keine Erschöpfung eintritt – «Nicht schon wieder Vampire!» –, kann sich der Unterricht seinen Stoffen überlassen.

Der Literaturunterricht ist nur ein Beispiel für die Chancen eines exemplarischen Lernens, das Wissen nicht entlang einer Zeitachse oder eines Katalogs von Objekten abschreitet, sondern fallweise heranzieht, um etwas zu beleuchten, das eigentlich im Zentrum des Unterrichts steht: eine Frage, ein Problem, ein Gedanke, ein Dissens. Umgekehrt formuliert: Auch in anderen Fächern dominiert oft noch zu sehr ein Ideal der vollständigen Skizze ihres Gegenstandsbereichs. Nehmen wir Biologie. An vielen Schulen beginnt der Unterricht in diesem Fach mit einer Gattung, etwa den Fischen. Warum mit den Fischen? Wenn überhaupt eine Erklärung gegeben wird, dann lautet sie so: Weil es Fische gibt, und weil man mit irgendetwas ja anfangen muss. Würden die Fische als erste Tierart – Gattung, Art Sorte? Wie wird hier eigentlich unterschieden? – durch Vögel oder Insekten ersetzt, wären wiederum die Existenz dieser Lebewesen und das Bedürfnis, mit irgendetwas den Anfang zu machen, die einzigen Begründungen dafür.

So aber kommen die Schüler gleich in den ersten Stunden nicht ins Nachdenken, sondern ins Nachschlagen und Mit schreiben. Es werden Eigenschaften von Objekten festgehalten und memoriert, die es in der Welt gibt, ohne dass klar wäre, wozu man solche Informationen aufzeichnet und in Prüfungen wiedergeben können soll. Entsprechend hoch sind die Gedächtnisverluste, was solche Objekteigenschaften angeht.

Dabei ist es nicht schwer, durchaus von Eigenschaften der Lebewesen auszugehen, um von Beginn an Gedanken dazu zu entwickeln. Tiere lassen sich nach anatomischen Gesichtspunkten unterscheiden, nach ihren Bewegungen, ihrer Nahrung, der Art, wie sie diese Nahrung verwenden, oder der Art, wie sie sich reproduzieren. Was also ist an Fischen interessant? Ein Vorschlag: wie sie unter Wasser atmen können und wie sie sich bewegen. Warum nicht den Unterricht damit beginnen und beispielsweise das wunderbare Buch des großen englischen Zoologen James Gray «How animals move» heranziehen, das 1953 herauskam und mit einem Vergleich zwischen Tieren und Autos einsetzt. Gibt es ein Äquivalent für den Motor bei Lebewesen? Gibt es Bewegung, ohne sich abzustoßen? Warum haben Tiere keine Propeller? Und was machen Lebewesen, die sich nicht fortbewegen, stattdessen? Der Erwerb anatomischer Kenntnisse würde, so gefragt, mit einer Begründung dafür einhergehen, sie zu erwerben. Wo genau die Verdauungsorgane der Fische liegen, ist demgegenüber zunächst von zweitrangigem Interesse und wird vom Gedächtnis der Schüler auch entsprechend behandelt. Wichtig wäre es erst, wenn der Stoffwechsel einer Gattung oder Art genau untersucht werden soll, was aber bei den ersten Schritten im Fach Biologie gewiss nicht zur Debatte steht.

Wer aber lieber mit Pflanzen als mit Tieren beginnen möchte und lieber mit Fortpflanzung als mit Bewegung, der sollte es tun können. Denn es gibt keine logische und keine didaktisch zwingende Reihenfolge dieser Materien und Fragestellungen, auch wenn lange von den Säugetieren «absteigend» bis zu den Einzellern und von den Bäumen bis zu den Algen unterrichtet wurde. Jede Gegenstandswahl hat ihre Vorzüge. Pflanzen zum Beispiel den, in den Unterricht mitgebracht werden zu können, Menschen den, schon dort zu sein, was aber auch nicht zwingend zu einem «humanzentrierten» Unterricht führen muss. Es gibt so viele verschiedene Weisen, Biologie interessant zu machen, und zwar Biologie als solche, nicht als ein Fach, das geeignet ist, ökologisches Bewusstsein zu wecken oder sich kritisch mit Gentechnik auseinanderzusetzen. Denn das ist irgendwann sinnvoll, aber erst wenn ein Gefühl dafür geweckt worden ist, worum es sich bei der Welt des Lebendigen handelt, und wenn Wissen vorhanden ist, das im Unterricht über bloße Lippenbekenntnisse zum Naturschutz hinausführt.

Das exemplarische Lernen, das sich für wenige Sachen Zeit nimmt, um eingehend zu üben, wie man sie studiert und die mit ihnen verbundenen Probleme löst, ist in einer ganzen Reihe von Fächern möglich: Geschichte, Geographie, Physik, Chemie, Religion, Philosophie, Sozialkunde/Politik. Um es an dieser Stelle noch einmal zu unterstreichen: Das Argument, auch Geschichte, Chemie und Physik müssten in einer festen Abfolge von Epochen, Strukturen und Prozessen (inklusive aller Untergebiete wie Wärmelehre, Elektrizität, Mechanik etc.) vollständig unterrichtet werden, ist aus verschiedenen Gründen haltlos. Zum einen stellt schon der mit Stoffen vollgestopfte Lehrplan nur eine Auswahl dar. Sie folgt relativ willkürlichen Gesichtspunkten. Ägypten ist wichtiger als Mesopotamien, das Kaiserreich wichtiger als die Weltkolonialgeschichte, Akustik weniger wichtig als Optik, Metalle relevanter als Edelgase und so weiter. Wer würde sich einen sonnenklaren Beweis zutrauen, dass in der achten Klasse ein Einstieg mit Energieerhaltung sinnvoller ist als einer mit Licht? Wer könnte ernsthaft verteidigen, dass Politikgeschichte im Zentrum des Erlernens von historischem Sinn zu stehen hat und nicht Technikgeschichte oder Stadtgeschichte oder Ernährungs- und Landwirtschaftsgeschichte? Und schließlich: Wie stellen sich all die angeblichen Notwendigkeiten angesichts der Tatsache dar, dass von den meisten so viel vergessen wird? Die Schüler sind nicht der Weltgeist, der keine Stufe überspringen kann und sich durch alles durcharbeiten muss, um zu seiner gegenwärtigen Gestalt zu kommen. Sie können den Konjunktiv und die Primzahlen nicht auslassen, wobei es wünschenswert ist, dass auch zu ihnen den Lehrkräften mehr einfällt, als dass sie eben dran sind, weil es sie gibt. Aber den Siebenjährigen Krieg – wann war er noch mal? – können sie ebenso auslassen, ohne Schaden an ihrem Geist und ihrer Zukunftsfähigkeit zu nehmen, wie Halogene oder die Physik der Farben. Was wiederum nicht heißt, dass man die Physik der Farben (in den meisten Lehrplänen fakultativ) nicht in den Mittelpunkt der Einführung in die Physik stellen kann. Sire, möchte man den Bildungsministern zurufen, geben Sie Unterrichtsfreiheit!

In vielen Fächern gibt es sie schon. Das sind die Fächer, die aus irgendwelchen Gründen als nicht so wichtig erachtet werden, Geographie etwa oder Philosophie. Niemand beschwert sich, wenn die Wüste oder Hafenstädte ausgelassen wurden, aber was wäre los, wenn Wilhelm II. nicht vorkäme? Als uns in den späten siebziger Jahren in der Oberstufe angeboten wurde, Philosophie als Fach zu belegen, wurde der Unterricht von einem Lehrer erteilt, der ein klares dreisemestriges Programm hatte: die Vorsokratiker, Platon, Kant. Er kam uns nicht mit Alltagsproblemen, die wir angeblich hätten und für die in der Philosophie Lösungen bereitlägen. Wir hätten es auch nicht geglaubt. Er kam uns mit Philosophen, von denen nicht viel mehr überliefert war als Sätze wie «Der Ursprung aller Dinge ist das Wasser» oder «Alles fließt» oder «Alles geht an dem zugrunde, was es ist». Wir haben stundenlang darüber gesprochen, wie man darauf kommen kann, dass Wasser – oder Feuer oder Luft – das Wichtigste ist. Später las ich bei Franz Rosenzweig, dass die philosophische Pointe nicht im Wort «Wasser» liegt, sondern im Wort «alles». Sind denn Aussagen über alles möglich? Nach drei Jahren mit zwei Stunden in der Woche waren wir bei der transzendentalen Deduktion der reinen Verstandesbegriffe.

Auch das hätte man natürlich anders machen können. Und ein Philosophielehrer, der in einer anderen Tradition großgeworden ist als unserer, würde womöglich nicht mit den Vorsokratikern beginnen, sondern mit Pascal und Descartes oder mit Seneca – es ist wichtig, mit kurzen Texten zu beginnen – oder der Frage Humes, ob wir wirklich sicher sein können, dass auch morgen wieder die Sonne aufgeht. Es gibt keinen richtigen Weg in solchen Fächern. Warum also nicht den Lehrern überlassen, welchen sie wählen? Hauptsache, sie machen es sich und ihren Schülern nicht leicht – denn die Welt ist nicht leicht, sondern schwierig.

Was wir also brauchen, sind Abweichmöglichkeiten vom Lehrplan und Gedanken, die in die Auswahl der Stoffe investiert werden. Lehrer müssen keine Genies sein, aber es würde helfen, wenn man sie in der Weiterbildung nicht mit den neuesten Erfindungen der Kompetenzphrasen-Industrie bekannt machen würde, sondern ihnen erlaubte, sich dem zu widmen, was interessant an ihren Fächern ist. Das müssten sie und ihre Ausbilder selbst herausfinden. Vom Phantasma der Vollständigkeit in Fächern, in denen sie weder möglich noch nötig ist, können sie sich dabei leicht lösen, wenn sie einen Blick auf das werfen, was vom Unterricht ankommt. Und wenn sie nüchtern bilanzieren, was das Vollstopfen des Unterrichts mit Stoffen tatsächlich bewirkt. Wenn sie und die Verfasser von Lehrplänen es aufgäben, bekämen sie dafür Zeit.

Es geht mithin nicht um die üblichen Entlastungsversuche, die mittels «Projektunterricht», geringen Erwartungen und «Selbstlernen» den Unterricht kognitiv anspruchsloser machen und stärker von den Lehrkräften lösen wollen. Lehrer sind keine Lerncoaches, und es gibt keinen Anhaltspunkt dafür, dass es dem Unterricht nützen könnte, wenn sie es wären. Der schülerzentrierte Unterricht ist eine Idee von Erwachsenen, die ihre Klientel als besonders kompliziert und autonom und partizipationsbedürftig darstellen, was ihre eigene Rolle aufwertet und zugleich von ihren Belastungen ablenken will, indem man sie als vermeidbar darstellt. An der in der Sache und ihrer instruktiven Mitteilung engagierten Lehrkraft führt kein Weg vorbei. Es geht darum auch nicht um das Zurückdrängen von Wissenserwerb zugunsten von «Kompetenzen». Können und Denken setzen Wissen voraus, und zwar ein angeeignetes, geübtes, nicht kurzfristig im Internet ergoogeltes Wissen.

Worum es vielmehr geht, ist der Versuch, Schwierigkeiten interessant zu machen und zu lehren, dass man bei den Sachen verweilen muss, damit sie einem etwas sagen. Das gelingt nicht, wenn sie angesichts ihrer Fülle im Unterricht abgehakt werden müssen, in bulimischem Lernen kurzfristig angeeignet werden, um danach in sofortige Vergessenheit zu versinken. «Vergessen nenn' ich zwiefach Sterben, / Was ich mit höchster Kraft gewann, / Verlieren – wieder es erwerben – / Wann enden diese Qualen? Wann?» In der Schule wird, anders als im Hades, von dem Franz Schuberts Lied singt, nicht nur mit Verzweiflung, sondern auch mit Gleichgültigkeit auf einen solchen Unterricht reagiert; er zwingt die meisten zum

Vergessen, weil er nicht tätig begründet, weshalb dies und nicht jenes vermittelt wird, weil er sich nicht Zeit für den Gedanken- und Erfahrungsreichtum der behandelten Weltausschnittte nimmt und weil alle immer schon auf dem Weg zum nächsten Thema sind. Eine Schule, die den Schülerinnen und Schülern dieselbe Unruhe signalisiert, die auch in der Gesellschaft herrscht, erfüllt eine ihrer wichtigsten Funktionen nicht: das Üben von Aufmerksamkeit.

VIII. KAPITEL

Wovon man die Schule befreien muss: Digitalisierungsphantasien

Seit einigen Jahren wird den Schulen eingehämmert, dass kein Weg an ihrer Digitalisierung vorbeiführt. Kaum eine der Forderungen, sie mit schnellem WLAN, Endgeräten und Unterrichtssoftware zu versorgen, kommt dabei ohne die Wendung aus, man verpasse andernfalls den Anschluss. Diese Warnung ist vielleicht das beste gegenwärtige Beispiel für die Denkfehler, die in Bezug auf Schulen unterlaufen. Denn das «man», das den Anschluss verpasst, das sind erstens die Schüler, denen ohne digitalisierte Schule geringere Berufschancen prophezeit werden, und das ist zweitens der Wirtschaftsstandort, wir alle. Womit wir wieder bei den beiden irrigen Vorstellungen angelangt wären: dass es bestimmte Inhalte sind, die durch Unterricht auf die Schüler übertragen werden können, woraufhin diese zu einer Zukunft passen, wie wir sie uns gerade vorstellen. Und dass sich daraus Wohlstand ergibt, weil er durch die betreffende Technologie und die durch die Schule produktiv gemachten Schüler erzeugt werden wird. Das künftige Wachstum hängt, so gesehen, nicht zuletzt von der digitalen Orientiertheit aller Schulabsolventen ab. Die Anschlüsse, die man andernfalls verpasst, sind der Anschluss an die Epoche, in der wir leben, sowie der Anschluss an China (bedrohlich), Estland (vorbildlich) und Uruguay (beschämend). Soeben waren es noch Finnland, Kanada und Singapur, die uns schulisch den Rang abgelaufen hatten.

Jede Generation scheint solche Leitvorstellungen umfassenden Wandels zu benötigen. Was für die 1968er «Demokratisierung» war und für die 1989er «Liberalisierung», ist heute «Digitalisierung». Der Unterschied ist nur, dass es sich jetzt zumindest auf den ersten Blick nicht um ein politisches Projekt handeln soll, sondern um eine ökonomische Notwendigkeit. Nicht, was wir wollen, sondern was wir müssen, wird als ausschlaggebend für die Schulen dargestellt. Sie sollen ein entscheidender Faktor sein, dieser Notwendigkeit Folge zu leisten. Deswegen schwingt selbst dort, wo von Chancen, Innovation und einem besseren Leben durch Digitalisierung die Rede ist, eine Art expertengestützter Fatalismus mit: Ihr seid frei, wird uns mitgeteilt, diese Chancen zu ergreifen, oder demnächst mitsamt euren Kindern unter Brücken zu nächtigen, die Chinesen gehören.

Hinter diesem Gefühl stehen Diagnosen zur Zukunft der Arbeitsmärkte. Ihnen zufolge werden ganze Berufsfelder verschwinden, weil menschliche durch maschinelle, computerbasierte Tätigkeit ersetzt werden wird. Roboter, selbstfahrende Automobile, Datenbanken und Diagnoseverfahren im medizinischen, administrativen oder juristischen Bereich sind nur einige Beispiele dafür. Dass digitale Technologien nicht nur manuelle Arbeit, sondern auch Berufe ersetzen könnten, die oft als Professionen bezeichnet werden, weil sie durch Arbeit an Personen gekennzeichnet sind – beispielsweise Ärzte, Anwälte, Berater, Journalisten, ja sogar Pfarrer –, führt zu besonderen Sorgen. Gerade in solchen Berufen fühlte man sich durch höhere Bildung vor Ersetzbarkeit geschützt. Die Berufe der Zukunft profilieren sich daher durch die Frage, was nicht automatisierbar ist, während die Automaten immer raffinierter werden.

Es bleiben, wie eine bekannte Studie der Universität Oxford nahelegt, vier Arten von Berufsfeldern: solche in der Digitalindustrie selbst; solche, die mit komplexen manuellen Tätigkeiten verbunden sind, bei denen es auf Wahrnehmung in unübersichtlichen Umgebungen ankommt; solche, in denen der soziale Austausch eine große Rolle spielt; und solche, in denen es nicht um die Anwendung von Regeln, sondern um das Stellen der richtigen Fragen geht. Es bleiben also einerseits Programmiererinnen, Kellner, praktische Ärztinnen, Autohändler oder Wissenschaftler. Andererseits verändern sich unter dem Einfluss neuer Geräte existierende Berufe: Landwirte werden Lebensmitteltechnologen, Schornsteinfeger Messtechniker, Kartographen Datenanalysten.

Wer darum nicht einsieht, dass die umfassende Digitalisierung der Schulen unausweichlich ist, optiert in den Augen ihrer Befürworter nicht anders, sondern ist blind. «Digital first, Bedenken second» ließ die FDP entsprechend im Bundestagswahlkampf 2017 plakatieren. Im Koalitionsvertrag der gegenwärtigen Regierung sind fünf Milliarden Euro dafür, die Schule in den kommenden fünf Jahren noch dichter an das Internet heranzubringen. Im Kanzleramt wurde ein eigenes Staatssekretariat geschaffen, dessen Inhaberin keinen Tag vergehen lässt, ohne die allumfassende Digitalisierung anzumahnen.

Gehen wir die Argumente dafür einmal durch und versuchen auch zu klären, was «Digitalisierung der Schule» eigentlich heißen soll. Denn bislang werden unter dieser Überschrift die unterschiedlichsten Forderungen vorgetragen.

1.) Da ist zunächst die Medienkompetenz. Lehrer und Schulen, so die Überzeugung vieler, müssen sich auf die Zukunft nicht nur einstellen, sondern den Unterricht einer grundsätzlichen Reform unterziehen, die der Tatsache einer digitalisierten Welt Rechnung trägt. Schüler sollen mit Medien umgehen können, insbesondere neuen, digitalen und sozialen Medien. «Die Entwicklung von umfassender Medienkompetenz durch Medienbildung», folgert ein Strategiepapier der Kultusministerkonferenz aus dem Jahr 2012, «ist eine gesamtgesellschaftliche Aufgabe.» Damit ist weniger gemeint, dass die gesamte Gesellschaft medienbildend wirken soll, sondern vielmehr, dass die Schulen auf die Gesamtheit der Gesellschaft vorbereiten, indem sie Medienkompetenz entwickeln. Interessant ist hierbei das Wort «umfassend», denn weshalb soll ausgerechnet diese Kompetenz umfassend entwickelt werden? Gibt es überhaupt eine Fähigkeit, die von den Schulen umfassend entwickelt wird? Würde von «umfassender Lesekompetenz» gesprochen, wäre jedem klar, dass die Schule sich vornimmt, die Fähigkeit zu verbreiten, mit dem Französisch Marcel Prousts, dem Deutsch Rudolf Borchardts oder der Philosophie Immanuel Kants etwas anzufangen. Schwer vorstellbar, dass dies ein sinnvolles Ziel von schulischem Unterricht sein könnte.

Aber schenken wir uns das «umfassend». Auch was unter einfacher Medienkompetenz verstanden werden soll, ist unklar. Den technischen Gebrauch der meisten Geräte wird man gerade Schülern nicht eigens beibringen müssen, sie sind da in der Regel kompetenter als jeder Erwachsene. Wie man eine Suchmaschine bedient, wenn ein Informationsbedarf aufgekommen ist, ähnelt dem, was in Hochschulkursen zur Bibliotheksbenutzung vermittelt wird: interessant, sehr hilfreich, aber erstens gewiss kein wochenfüllendes Thema und zweitens etwas für Fortgeschrittene. Denn so wie die naive Benutzung einer Bibliothek kaum der Instruktion bedarf, die intelligente Nutzung ihres Katalogs und ihrer Aufstellordnung hingegen schon erhebliche Kenntnisse über Bücher, Gebiete, Verknüpfbarkeiten voraussetzt, so ist es auch mit Google, YouTube oder Qwant. Du sollst herausfinden, wie sich Pilze vermehren? Gib «Pilze» ein. Oder «Pilze AND Vermehrung». Oder noch einfacher: «Wie vermehren sich Pilze?» (Das Fragezeichen braucht es nicht unbedingt.) So leicht geht das bis dahin, die Schwierigkeiten beginnen erst jetzt: Welche der Webseiten, die bei den Treffern oben stehen, soll ich nehmen? Wie erkenne ich, ob es richtig ist, was sie mir über Pilzvermehrung sagen? Was mache ich, wenn auf den Webseiten Unterschiedliches oder vielleicht sogar sich Widersprechendes über Pilzvermehrung steht?

Wir haben ein vergleichsweise harmloses Thema gewählt. Es versteht sich, dass wenn nicht die Pilzvermehrung, sondern die Ursachen des Zweiten Weltkriegs, die Vorzüge des Freihandels oder die Evolutionstheorie gegoogelt werden, in puncto Widersprüche und Qualitätssicherung der Information mit größeren Schwierigkeiten zu rechnen ist. Sie zu überwinden, setzt ganz andere Fähigkeiten voraus als die Benutzung einer Suchmaschine, hier hätte früher auch kein Bibliothekar weiterhelfen können, so wenig wie heute ein Mitarbeiter von Google. Es ist wie bei den Büchern. Wenn geklärt ist, worum es sich bei einem Inhaltsverzeichnis handelt, wozu ein Register da ist, was Kapitel sind, was eine Zusammenfassung leistet und was nicht und was man mit einer Fußnote anfängt – dann sind die allermeisten Probleme, die wir mit Büchern haben können, noch gar nicht berührt. Denn dann beginnen die Sachprobleme, die Argumentationsprobleme, die Langeweileprobleme und die Verständnisprobleme, um nur einige zu nennen. Sie aber und ihre Lösungen sind, das ist die gute Botschaft, ziemlich unabhängig von dem Medium, in dem sie sich stellen.

Unterscheidet sich also ein intelligenter Umgang mit dem

Internet überhaupt vom intelligenten Umgang mit irgendetwas anderem? Ein Hinweis auf die Antwort könnte darin liegen, dass die Erfinder des Internets naturgemäß analog erzogen worden sind. Oder waren Robert Cailliau und Tim Berners-Lee, die das Internet entwickelten, Bill Gates, Hasso Plattner und Larry Ellison, die der Existenz von Computern überaus erfolgreiche Geschäftsideen entnahmen, auf einer digitalisierten Schule? Sie waren es so wenig wie Christian Lindner und Dorothee Bär, die hierzulande gerade ins Horn der Digitalisierung stoßen. Was immer ihnen die Schule mitgegeben hat, umfassende Medienkompetenz war es nicht. Wir vermuten, sie konnten lesen, schreiben, rechnen, der eine oder andere programmieren, der eine oder andere von ihnen war in Physik und Mathematik gut, wieder andere waren außerdem geschäftstüchtig oder weltfremd, konzentriert und gedankenschnell. Anzeichen dafür, dass man diese Fähigkeiten und Eigenschaften besonders gut mittels digitaler Medien ausbildet, gibt es bislang nicht. Weder in den Auswertungen der Pisa-Studie noch in den Metaanalysen des neuseeländischen Pädagogen John Hatties finden sich irgendwelche Belege dafür, dass erfolgreicher Unterricht irgendetwas mit dem Einsatz von Computern zu tun hat. Vielmehr sind vorsichtige Zweifel am Platz, ob die starke Nutzung des Internets im Klassenraum nicht vor allem zu unergiebigen Abkürzungen («copy and paste»), Ablenkung und rückläufiger Geduld führt. Die Frage ist folglich, ob etwas darauf hindeutet, dass die wichtigsten Fähigkeiten, die Schule zu vermitteln vermag, besser mittels digital gut ausgestatteter Schulen entwickelt werden können.

Ähnliche Fragen sind an die Aufklärungseffekte zu stellen, die man sich von der Einführung in den «kritischen» Umgang mit den neuen Medien verspricht. «Was gibt es Neues?», soll nach einer bekannten Anekdote ein preußischer König seinen

Hofastronomen gefragt haben, der ihm antwortete: «Kennen Majestät schon das Alte?» Kinder sind neu in der Welt; es ist ratsam, ihnen erst einmal das Alte zu zeigen und sie es verstehen zu lehren, jenes Alte, auf dem das Neue, das Neueste und das Allerneueste nicht selten sogar aufbauen. Der durchdachte Umgang mit Informationsquellen beispielsweise, die unzuverlässig sein können, lässt sich an Wikipedia studieren, aber auch an jedem anderen Text, jeder anderen Autorität. Ob Schüler damit belastet werden sollten oder es nicht besser wäre, für sie einfach zuverlässige Quellen und maßgebliche Autoren und Autorinnen auszuwählen, ist eine wichtige Frage. Bevor sie irgendetwas über die Pilzvermehrung, Napoleon, die Relativitätstheorie oder Palästina wissen, sollen sie medienkompetent reflektieren, ob Informationen dazu verlässlich sind und wie man das erkennt? Auf diesen Gedanken kommen vermutlich vor allem Leute, die selbst auf diese Themen gar nicht ansprechbar wären. Doch genau das ist das Dilemma: Die Erwachsenen drücken sich vor der Aufgabe, ihrem Nachwuchs gegenüber erste Festlegungen zu treffen und zu sagen «das ist verlässlich», «dieser Text ist bedeutend», «das musst du dir anschauen», «dies ist das Pensum». Sie geben es als kindgerechte Ermöglichung von Selbstentdeckung aus, wenn sie den Schülern Autorität im Sinne vorläufigen Halts verweigern. Der Begriff «Medienkompetenz» suggeriert, dass Schüler selbst entscheiden können, was aus dem Chaos der Googletreffer wert ist, weiterverarbeitet zu werden. Aber das gelingt den wenigsten, und die, die es schaffen, schaffen es nicht aufgrund von Medienkompetenz, sondern weil sie in der Sache Bescheid wissen, weil sie nachgedacht haben, Phrasen erkennen können, über gesunden Menschenverstand verfügen.

Das gilt auch für eine Deutung von «Medienkompetenz», die sich wünscht, dass Schüler Suchmaschinen, soziale

Medien und überhaupt das Internet mit einer verständigen Skepsis nutzen. Man soll den Schülern, heißt es, beibringen, wie viele Fragen des Datenschutzes und der Privatsphäre mit der Digitalisierung einhergehen. Recht so, aber der kritische Gesichtspunkt, dass Facebook und Google sich ihre Dienste nicht in Geld, sondern in Daten bezahlen lassen, bedarf keiner besonderen Medienkenntnis, sondern nur einer allgemeinen historischen und ökonomischen Erfahrung: Firmen wachsen nicht, indem sie etwas herschenken. Man kann Facebook und Google im Unterricht also durchaus heranziehen, um so etwas klarzumachen. Eine eigene Medienkompetenz geht damit aber nicht einher, denn weder verzichtet irgendein Politiker oder Medienpädagoge oder Journalist, der anderen scheinheiligerweise Vorträge über den verantwortlichen Umgang mit Daten hält, auf die Nutzung von Google. Noch ist der Versuch, Jugendlichen im schulischen Unterricht zu zeigen, wie zweideutig die ökonomische Welt ist, in die sie hineinwachsen, auf das Beispiel der Medien angewiesen. Eine Unterrichtseinheit, die sich in der zwölften oder dreizehnten Klasse mit Widersprüchen der Moderne befassen würde, könnte genauso gut auf die Nahrungsmittelindustrie, die Automobilhersteller oder die Pharmazie zurückgreifen, um anzuregen, dass nicht alles geglaubt werden soll, was gesagt wird, und die Schüler begreifen zu lassen, dass jedem Nutzen ziemlich viele missliche Nebenfolgen gegenüberstehen.

Ähnlich verhält es sich mit Kursen, die zum Verhalten in sozialen Medien gegeben werden sollen. Das können zum einen Benimmkurse sein, in denen vor Zeittotschlagen, Mobbing und Selbstentblößung gewarnt wird, mit den entsprechend begrenzten Chancen auf Beachtung, die Benimmkurse und Verkehrserziehung seit je haben. Das können zum anderen Kurse über den Unterschied zwischen einer mündlichen und einer schriftlichen Äußerung sein, einer durchdachten und einer spontanen, einer privaten und einer öffentlichen. Was ändert sich, wenn Briefe elektronisch versendet werden, worin besteht die Kraft der Bilder, womit ist zu rechnen, wenn alle mitlesen, was man schreibt? Über das Internet als Kommunikationstechnologie nachzudenken, ist eine lohnende Aufgabe, für die Twitter, Instagram oder Snapchat aber nur drei Beispiele von vielen darstellen. Die Beschäftigung mit Formen der Kommunikation und dem Einfluss, den diese Formen auf den Verlauf und die kommunizierten Inhalte haben, ist ein Oberstufenthema. Es setzt einige historische und soziologische Kenntnis voraus, die Thesen zum Strukturwandel des Kommunizierens von Habermas, McLuhan, Havelock, Innis, Ong oder Meyrowitz zu diskutieren. Im Deutsch- und im Geschichtsunterricht, in Kunst und Musik, in Gesellschaftskunde, Politik und Recht ist die Digitalisierung von Kommunikation ganz gewiss ein Thema. Und dennoch gilt, so der Medienwissenschaftler Roberto Simanowski, «dass die Erörterung der kulturstiftenden Funktion der Medien keineswegs deren Einsatz in der Schule voraussetzt».

2.) Das führt zu einer anderen Art, die «Digitalisierung der Schule» zu verstehen. Sie schreibt dem digitalen Gerät selbst ein erhebliches pädagogisches Potenzial zu. Die Gleichung ist einfach: Die Kinder sind die Zukunft, die digitale Welt ist die Zukunft, also müssen beide verbunden und die Kinder auf die digitale Welt vorbereitet werden. Digitale Geräte, von Laptops über iPads bis hin zu interaktiven Whiteboards, sollen das Lernen revolutionieren. Man traut der Technik individualisierten Unterricht zu, der überall und jederzeit erfolgen kann, weil er ja weniger von Lehrern als durch eine Technologie bestimmt wird, die jedes Kind mit sich führt. Die klassenraumzentrierte

Erziehung sei vorbei, der auf die einzelnen Schüler und ihre Lernfortschritte zentrierte Unterricht technologisch machbar.

Erneut nimmt das Argument seinen Ausgang von sehr unterschiedlich zusammengesetzten Klassen, in denen die Lernfortschritte stark voneinander abweichen und dem durch die Individualität der Schüler überbeanspruchten Lehrpersonal im Einzelnen gar nicht bekannt seien. Das Durchschnittstempo des Unterrichts überfordere die einen, unterfordere die anderen. Warum also nicht digitale Programme einsetzen, die zunächst die Fähigkeiten jedes Schülers ermitteln, um daraufhin Aufgaben anzubieten, die auf den jeweiligen Stand des Wissens und Könnens zugeschnitten sind. Nicht die Schüler, wird gelobt, passen sich dem Lehrbuch an, sondern dieses ihnen. So unterrichte man in Uruguay, teilt die Bertelsmann-Stiftung mit, warum denn nicht auch in Deutschland, wo die entsprechende Software sogar herkomme.

Wenn aber die Schüler wirklich so weit auseinanderliegen was ihre Fähigkeiten angeht, wenn also die einen noch beim kleinen Einmaleins sind, während die anderen schon dividieren können, vergrößert dann nicht die Individualisierung alle Abstände zwischen ihnen? Wie kommt man denn, anders formuliert, auf die seltsame Idee, dass ausgerechnet Individualisierung Unterschiede verringert? Es leuchtet auf den ersten und zweiten Blick nicht ein, dass die «persönlichen Lernpfade», die von der Maschine durch den Wald der Zahlen, Wörter und Kenntnisse gefräst werden, irgendwann alle auf ein gemeinsames Lernziel zuführen.

Der durch die Klasse streifende Lehrer, der sich nun als Lernassistent und -begleiter fühlen darf, soll durch die Software angeblich entlastet werden. Er habe fortan Zeit für das Wesentliche und unterrichte endlich – im Phrasenschatz der

Reformer eine der wichtigsten Formeln – «Schüler und nicht Themen». Dass er bei zwanzig Schülern jetzt zwanzig Lernstände im Blick haben muss, ohne zuvor eine gemeinsame Grundlage als Ausgangspunkt geschaffen zu haben, bleibt unerwähnt. Der alte, wenig technologieintensive Ansatz, das Unterrichtsziel und die Methode, wie es zu erreichen ist, zu erläutern, anschließend zu fragen und stichprobenweise zu prüfen, ob es verstanden wurde, um erst dann in Übungen einzutreten, bevorzugte wiederholte kollektive Feedback-Schleifen gegenüber dem Vorsichhinarbeiten der Individuen. Die Erfahrungen, die mit diesem Unterrichtsstil gemacht worden sind, sprechen sehr für ihn. Wenn überdies einer der wichtigsten Faktoren für gelingenden Unterricht die Beziehung der Lehrperson zur Klasse – nicht zu Einzelnen! – ist, wie sich nicht nur aus den Studien Hatties ergibt, muss davor gewarnt werden, dieses Element professionellen Handelns einer Software zu überlassen.

3.) Ein drittes Argument, die Schulen zu digitalisieren, bezieht sich nicht so sehr auf den Umgang mit digitalem Gerät und auch nicht auf dessen Einsatz als Lehrmittel. Gefordert wird vielmehr, dass Schüler in Informatik unterrichtet werden. Programmieren, das Entwickeln von Webseiten oder Apps, wird zu einer Schlüsselqualifikation. Eine amerikanische Unternehmensberatung bringt das in einem Gutachten zur Digitalen Schule so auf den Punkt: «Wissen schaffen» versus «Wissen memorieren». Früher sei Wissen eingeübt worden, heute gehe es immer mehr um die Hervorbringung und die Kommunikation von Wissen.

Es ist interessant zu sehen, wie sich hier das gesamte Arsenal der reformpädagogischen Beschwerden über den traditionellen Unterricht und seine Wissenslastigkeit mit den Arbeitsansprüchen einer globalen Industrie deckt. Ohne Digitalisierung der Schulen, so wird behauptet, gibt es keine innovationskräftige Digitalindustrie in Deutschland. Bildung, heißt das, erzeugt Fortschritt, indem sie für das ausbildet, was der Gegenwart als nächste Zukunft erscheint. Für die bestehende, alte Industriestruktur des Landes würde das bedeuten: Ohne Chemieunterricht keine innovationskräftige Kunststoff-, Farbstoff-, Pharmazeutika- und Düngemittelindustrie, ohne Physik kein Fahrzeugbau und keine andere Metallverarbeitung. Nun sind allerdings die hiesigen Schulen von den fünfziger bis in die neunziger Jahre des 20. Jahrhunderts und bis heute nicht von einer pädagogischen oder bildungspolitischen Reformwelle im Zeichen von Chemie und Physik, von Kunststoff und Automobilität erfasst worden. Maschinenbau ist merkwürdigerweise gar kein Schulfach.

Dagegen kann man einwenden, bei der Digitalisierung handele es sich um weit mehr als um ein Verfahren industrieller Produktion. Sie erfasst sämtliche Kommunikation, weit über die Werkstätten der Wirtschaft hinaus. Nicht «Maschinenbau» sei darum ihre Entsprechung, sondern «Schrift». Und so, wie alle lesen und schreiben lernen, sollten auch alle programmieren können. Wie das allerdings gehen soll, ohne dass zuvor Wissen vermittelt wird, ist unerfindlich. Die Entgegensetzung von «Wissen memorieren» und «Wissen schaffen» ist ungefähr so sinnvoll, wie wenn jemand sich darüber beschweren würde, in Restaurants drehe sich bislang alles nur ums Kochen, wo es doch in Wahrheit und in Zukunft immer mehr um das Essen gehe. Gegen Informatik als Unterrichtsfach ist nichts einzuwenden, auch wenn die von außen geforderten neuen Fächer und wichtigen Kompetenzen inzwischen Schlange stehen, von Wirtschaft und Ernährung bis zu Ökologie und Gesundheit, von Nainas Kursen zu Miete und Versicherung ganz zu schweigen. Aber selbst wenn es gute Gründe dafür geben sollte, das Schreiben und Lesen von Algorithmen für eine so wichtige Fähigkeit zu halten, dass andere Schulfächer Zeit für den Informatikunterricht abgeben müssen – in diesem Fach wird es ebenfalls nicht ohne Wissen, Nachdenken, Rechnen und Lesen gehen.

Dabei sind zusätzlich einige Besonderheiten zu berücksichtigen. Dass die Veränderungsgeschwindigkeit gerade der digitalen Welt zu hoch ist, um eine Schülergeneration auf die Berufswelt vorzubereiten, in die sie mit vierundzwanzig oder achtundzwanzig Jahren treten wird, liegt, wie eingangs erwähnt, auf der Hand. Hätte man die Schulen schon in den achtziger Jahren mit Computern versorgt, wären es Commodores gewesen; ein Zehnjähriger, der sich 1985 daran die digitale Welt erschlossen hätte, wäre 1995 schon in der Windows-Welt gewesen, in der er mit den Schulkursen am C64 – die Firma Commodore ging 1994 in die Insolvenz – nicht mehr viel hätte anfangen können, während jemand, der zu dem Zeitpunkt zehn Jahre alt war, mit fünfundzwanzig schon in der iPhone-Welt hätte tätig sein müssen. Überraschenderweise finden sich auch ohne entsprechenden Schulunterricht und ohne digitalisierte Schule die meisten Berufstätigen unschwer mit diesen Geräten zurecht.

Von den Umschlagsgeschwindigkeiten der Software im engeren Sinne haben wir dabei noch gar nicht gesprochen. Glaubt jemand, dass es in zehn Jahren noch die Lernprogramme gibt, die heute als der letzte Schrei verkauft werden? Nur zum Vergleich: Die Mathematik, die an Schulen unterrichtet wird, gibt es seit ungefähr einhundert Jahren, die jüngsten Erkenntnisse der Biologie, die in den Unterricht eingehen, sind etwa sechzig Jahre alt, das Wissen über Literatur, das eine Rolle im Deutschunterricht spielt, ist mindestens seit dreißig Jahren bekannt.

Schulen sind also Orte, an denen es um Dinge geht, die sich nicht so leicht ändern. Es ist geradezu die Aufgabe der Schulen, die Unruhe der modernen Gesellschaft bei den Kindern nicht zu verstärken, ja, sie nicht einmal an ihr teilhaben zu lassen. Für Unruhe ist später immer noch Zeit. Als die allgemeine Schulpflicht etabliert wurde, ging es vor allem darum, die Kinder aus der landwirtschaftlichen Tätigkeit herauszunehmen, in die sie ihre Eltern aus naheliegenden Gründen miteinbezogen hatten. Die Schulpflicht wurde nicht gegen die Kinder, sondern gegen ihre ökonomische Verwendung durchgesetzt. Heute geht es nicht um Kinderarbeit in der Landwirtschaft, doch sehr wohl darum, die gewonnene Zeit in der Schule nicht irgendwelchen Zukunftsphantasien zu opfern.

Eine wichtige Einsicht dafür ist: Es gibt offenbar Dinge, die man auch mit dreißig, vierzig oder fünfzig noch leicht lernen kann. Sprachen, Algebra, historische Skepsis, Schwimmen oder Argumentieren gehören nicht dazu. Der Gebrauch von Geräten schon. Die Industrie, darauf dürfen wir uns verlassen, wird die Geräte und Programme so einrichten, dass möglichst viele lernen können, sie erfolgreich einzusetzen.

«Ja», heißt es an dieser Stelle, «aber das gilt nur für die Nutzer der digitalen Welt und für Konsumenten. Worum es hingegen in der digitalisierten Schule gehen soll, ist die Erziehung von Produzenten der digitalisierten Welt.» Um es noch einmal ganz deutlich zu sagen: Nichts spricht dagegen, Schülern einer bestimmten Altersstufe zu erklären, was «digital» heißt und was ein Algorithmus ist, worin die Idee der Kybernetik besteht und was man mit einer Datenbank machen kann. Kurse in Informatik, warum nicht? Aber all das erfordert keine milliardenschwere Ausrüstung von Schulen, sondern eher entsprechend ausgebildetes Lehrpersonal. Dass die vom Programmieren begeisterten Schüler dann genauso eine Minderheit bleiben werden wie die von Physik oder Lyrik oder organischer Chemie begeisterten, ist überdies klar. Nur weil jeder ein Gerät bekäme, entstünde noch kein deutsches Silicon Valley. So wenig wie mehr Kurse in Wirtschaft, die nach der Finanzkrise von 2008 heftig gefordert wurden, künftige Investitionsblasen und Börsencrashs verhindern würden. Die Vorstellung, man könne eine gute Zukunft dadurch herbeiführen, dass man in Jugendliche möglichst viel Kenntnis und «Kompetenz» hineinstopft, beweist vor allem ziemlich wenig Kenntnis von Jugendlichen und dem, was Schule bewirken kann. Auch den Informatikunterricht wird das Schicksal ereilen, dass die meisten, die an ihm teilnehmen, recht schnell vergessen haben werden, worum es in ihm ging. Das spricht nicht gegen ein solches Fach, es wird aber auch keine Ausnahme gegenüber Biologie, Mathematik und Geschichte darstellen. Gesellschaften werden nicht reich durch Unterricht in Wachstumstheorie, nicht innovativ durch Informatikkurse für Zwölfjährige, nicht friedlich durch Schulstunden über den Dreißigjährigen Krieg und nicht demokratisch durch Sozialkunde. Wer das Gegenteil behauptet und die Schulen mit haltlosen Zukunftsversprechen und -ängsten unter Druck setzt, drischt verantwortungslos Phrasen.

Informatik als Schulfach kann sinnvoll sein, denn auch die Informatik ist, gut unterrichtet, ein Fall von anspruchsvollem Denken. Aber eben nur ein Fall unter vielen. Es gibt keinen Hinweis darauf, dass es sinnvoll wäre, den gesamten Unterricht einer digitalen Reform zu unterziehen. Im Gegenteil. Nehmen wir beispielsweise das ab der dritten Klasse vorgesehene Schülermaterial des Cornelsen Verlags für «Coden mit dem Calliope mini», einem Minicomputer. Wie sieht es aus, das Programmieren in der Grundschule? «Phantasiegeschichten sind so schön, findet Lio. Darin ist einfach alles möglich.

Lio möchte selbst eine Geschichte schreiben, hat aber noch keine Idee. Deshalb überlegt Lio, wie der Calliope mini als Ideengeber programmiert werden kann.» Hier wird ein Kind vorgestellt, das eine Geschichte schreiben möchte, aber keine «Idee» hat. Sehen wir von der Frage ab, wie oft so etwas vor kommt und ob es tatsächlich Kinder gibt, die überlegen, ob Computer als Ideengeber eingerichtet werden können. Sehen wir also davon ab, ob die Verfasser des Schulbuchs hier nicht Kinder mit arbeitslosen Drehbuchautoren verwechseln. Das Kind soll nun ein Programm schreiben lernen, das ihm Ideen für eine Geschichte eingibt, indem es zufällig Bilder ausspielt die das Kind dann zu einer Geschichte verbindet: «Baum» «Hund», «Ente» und so weiter. Das ist ein etwas aufwendiges Verfahren, um von einer Bildliste, über die das Kind also schon verfügt, durch Zufallsauswahl zu einer Geschichte zu kom men. Wäre es nicht unter Umgehung der Maschine einfacher das angeblich ideenlose Kind zu fragen, wer denn in seiner Ge schichte etwas erleben soll, wo die Geschichte spielt und was darin passiert?

Stattdessen stellen sich die Programmier-Didaktiker vor eine Achtjährige verstehe die folgenden Begriffe, die auf dem Arbeitsblatt auftauchen: Ideengeber, Variable, Endlosschlei fe, Simulator, Programmblöcke, Bedingung. Es handelt sich wohlgemerkt, immer noch um jenes Kind, dem keine Geschich te eingefallen ist, das vermutlich noch nach Gehör schreibt, in dessen Nahumwelt das Wort «Variable» bis zur Gymnasial klasse 7 kaum vorkommt. Absolviert es nun den kurzen Pro grammierkurs erfolgreich, blinken ihm Abfolgen von kleinen Icons entgegen, die zu einer Geschichte führen sollen. Genau so gut hätte man ihm Bilder zeigen können, auf denen ein Kind ein Hund, ein Wald oder eine Insel zu sehen gewesen wären um es dann aufzufordern, daraus eine Geschichte zu machen

Diese Bilder erst in einen Computer einzugeben, um sie dann wieder aus ihm herauszuholen beziehungsweise von ihm ausspucken zu lassen, ist so ziemlich die unsinnigste Operation, die auf dem Weg, eine kleine Geschichte zu erzählen, denkbar ist. Wer das für Deutschunterricht hält, weiß nicht, wovon er redet. Der Digital-Didaktiker möchte sich eine Deutschstunde ausdenken, hat aber noch keine Idee.

Es liegt auf der Hand, dass sinnvolle Lösungen für das behauptete Problem – Lio möchte eine Phantasiegeschichte schreiben, hat aber noch keine Idee – völlig ohne digitale Unterstützung auskommen. Wer Geschichten schreiben will, sollte Geschichten lesen. Wer verstehen will, wie gute Geschichten gemacht sind, sollte über gelesene Geschichten nachdenken, sie miteinander vergleichen, mit anderen darüber reden, und wenn es denn darüber hinaus eines «Ideengebers» bedarf, so gibt es zwei altmodische Namen für die nächstliegenden Kandidaten: Lehrerin und Lehrer.

Auch an dieser Stelle sind wir voller Sorge, dass unser Argument missverstanden wird. Es ist kein Ausdruck von Technikfeindschaft, einer Aversion gegen Computer. Gegen Calliope und den spielerischen Umgang mit kleinen Maschinen ist an sich nichts einzuwenden. Und wir sind auch zuversichtlich, dass nicht alle Vorschläge, Calliope im Grundschulunterricht einzusetzen, so unsinnig sind wie der zitierte. Ob folgerichtiges Denken, Gespür für Kausalität und für Zufall am besten durch Arbeit an solchen Maschinen eingeübt werden kann, ist eine offene Frage. Man könnte stattdessen auch an Kochtöpfe und Herde oder an andere analoge Maschinen denken. Die Entscheidung, welche Technik für Grundschüler die interessanteste ist, kann getrost dem Ausprobieren und der Erfahrung der Lehrkräfte überlassen werden. Die Zukunftsphantasie jedoch, die den Computer umgibt, sollte nicht den Ausschlag geben, denn zwischen dem absurden Geschichtenerzeugen mit Calliope und dem Weltmarkt oder auch nur dem Sichzurechtfinden mit Computern gibt es keinerlei Zusammenhang. «Auf jeden Fall Computer» ist keine verständige Devise, und sie hat gegenüber älteren Varianten wie «Auf jeden Fall Goethe» oder «Auf jeden Fall Latein» keinen Vorzug. Wünschenswert ist stattdessen ein realistischer, die Ziele des Unterrichts und die Umstände in Klassenräumen im Blick behaltender Umgang mit dem Thema Informatik.

Der amerikanische Internetexperte Clifford Stoll hat schon vor fast zwanzig Jahren darauf hingewiesen, dass der Einsatz von Computern im Schulunterricht ein weiterer Schritt zu dessen Entsinnlichung ist: «[S]itzen, zuschauen, sich unterhalten lassen. Mehr als alles andere bringen Computer den Kindern bei, dass in der Welt alles programmiert ist, dass wir in einer virtuellen Welt leben, wo man zur Lösung eines Problems nur das richtige Icon anklicken muss.» Die Schüler arbeiten mit Physikprogrammen und Chemiesimulationen anstatt mit Magneten und Reagenzgläsern, sie bestätigen sich über Abfrageprogramme ein Wissen über Bücher, von denen sie nur die Verfilmungen kennen, sie beobachten Tiere und Pflanzen über multimediale 3-D-Darstellungen, als gebe es sie in der Wirklichkeit bereits nicht mehr. «Wir führen ihnen», so Stoll, «animierte Reagenzgläser vor, aber wir lassen sie nicht Essig oder Backpulver herstellen (und probieren).» Im Kunstunterricht verwenden sie Programme, die es erlauben, in einem auf ein interaktives Whiteboard projiziertes Rennbahn-Bild von Degas die Pferde auszuschneiden und dort anders zu platzieren. Das soll, so wurde mir einst in einer Schule in Siegburg erklärt, die von der Telekom-Stiftung mit solchem Gerät unterstützt wird, die Einsicht der Schüler in den Kompositionsvorgang des Malers erhöhen. Als hätte Degas seine Motive auf einer be reits bemalten Fläche hin- und hergeschoben, um die beste Position für sie zu finden! Man erforscht also lieber die Möglichkeiten der heutigen Technik als die des Malers. Dabei entsteht nicht zuletzt ein falscher Eindruck von der Herausforderung, ein Ölbild zu malen.

Jedem dieser Beispiele kann entgegengehalten werden, dass es sich hier eben um einen noch nicht ausgereiften Einsatz der digitalen Technologien handelt. Auch andere Lehrmittel werden schließlich nicht durchgängig mit Verstand eingesetzt. Häufig ist zu hören, digitale Lernprogramme würden die bewährten Lehrmittel ja nicht ersetzen, sondern nur ergänzen. Und natürlich gilt auch für die digitalen, dass es darunter bessere und schlechtere geben wird. Doch es soll im Zeichen der Digitalisierungseuphorie eben gar nicht mehr geprüft werden. Auf dem technologischen Fortschritt als solchem liegt eine Prämie. Lehrer, die das nicht erkennen können, gelten als Bremser.

Interessant in diesem Zusammenhang war die Auskunft einer Chemielehrerin aus einer Münsteraner Modellschule, die mit dem Hasso-Plattner-Institut zusammenarbeitet, das eine «Schul-Cloud» für dreihundert deutsche weiterführende Schulen entwickelt. Auf einem Potsdamer Podium gefragt, worin denn der Mehrwert einer solchen digitalen Infrastruktur bestehe, gab sie zur Antwort: Am hilfreichsten sei es, dass Schüler Hausaufgaben aus dieser Cloud herunterladen könnten. Schüler also, die durch Krankheit oder Unaufmerksamkeit nicht wüssten, was sie für die nächste Stunde in einem Fach vorzubereiten hätten, erhalten über die Cloud problemlos Zugang zu diesen Informationen. Wer weiß, wie Schüler inzwischen in WhatsApp-Gruppen ganz unabhängig von Schulclouds klären, was an Hausaufgaben zu erledigen ist, kann diese Auskunft nur rührend finden. Aber selbst wenn die Cloud den Vorteil hat, dass die Schüler in der Hausaufgabenfrage nicht mehr auf das Gedächtnis oder die Notizen ihrer Mitschüler angewiesen sind, erscheint der Aufwand, dafür eine Schulcloud einzurichten, erheblich. Wenn der größte Nutzen einer Digitalisierung der Schulen tatsächlich in der Einrichtung von Dropboxen liegt, müsste die Kosten-Nutzen-Kalkulation, die das Aufholen gegenüber China im Blick hat, jedenfalls noch einmal durchgerechnet werden.

4.) Kommen wir zum letzten Argument, weshalb die Schule digitalisiert werden müsse. Sie dürfe sich, heißt es, nicht von der Lebenswelt der Schüler entkoppeln. Dass sie das ständig tut und dass gerade darin der Sinn der Schule liegt, den Schülern etwas zu zeigen, was sie nicht kennen, womit sie nicht vertraut sind, was sie womöglich nur in der Schule, aber nicht «im Leben» lernen können, wird beiseitegeschoben. Zur Lebenswelt der Schüler gehören tatsächlich das Herumhängen auf YouTube und das findige Nutzen des Internets beim Hausaufgabenmachen, das Sichverabreden über soziale Medien und das Computerspielen. Doch weshalb darf sich die Schule davon nicht entkoppeln? Zur Lebenswelt der Schüler gehören ja auch Flirten, Shoppen, Klatsch, Schminken, Stars anhimmeln, Modezeitschriften durchblättern und Paintball spielen.

Über all das kann an Schulen geredet werden, manches davon – Mode, Stars, Konsum – eignet sich vielleicht sogar als Gegenstand des Unterrichts, auch wenn Schüler sich erfahrungsgemäß sehr ungern in Dingen belehren lassen, in denen sie sich für die eigentlichen Experten halten und es in gewisser Weise auch sind. Ranschmeiße ist keine sinnvolle Unterrichtshaltung, von Musikstunden über Rap kann Lehrern, die sich nicht außerordentlich gut damit auskennen, nur abgeraten werden. Aber selbst wenn man sich traut, mit Jugendlichen über Jugendkultur zu sprechen, anstatt ihnen als Experte für Erwachsenenkultur gegenüberzutreten, bliebe doch die Beschäftigung mit der Lebenswelt der Schüler immer nur eine Episode im Unterricht und würde sinnvollerweise niemals sein Zentrum. Denn Lehrer sind keine Eltern.

Der Begriff der Lebenswelt zeigt an, dass die digitale Welt nicht nur die Zukunft, sondern auch schon die Gegenwart ist – in Gestalt der führenden Freizeittechnologie. Deshalb müsse, so die Digitalisierungsbefürworter, die Schule auch zum «kritischen» Umgang mit diesen Medien, dem Informationsüberfluss, den Qualitätsproblemen bei der Nutzung des Internets, erziehen, was wiederum nur gehe, wenn man sie in der Schule nutze. Doch dafür fehle es den Schulen an Geräten und Internetanschlüssen in den Klassenzimmern, mitunter gebe es nicht einmal WLAN, oder es sei Schülern wie Lehrern viel zu langsam. Vielmehr aber noch mangele es an Konzepten, wie digitale Medien im Unterricht sinnvoll einzusetzen seien. So allen voran die Bertelsmann-Stiftung und ihr aus der Unternehmensberaterwelt stammendes Vorstandsmitglied Jörg Dräger, die sich im Zurückstellen von Bedenken besondere Verdienste erworben haben. Nun gut, möchte man sagen, wenn es noch an sinnvollen Konzepten mangelt, dann warten wir doch mit dem Anschaffen von kompletten Digitalausstattungen, bis solche Konzepte zur Hand sind. Denn ohne sinnvolle Konzepte wissen wir ja nicht einmal, ob digitale Medien überhaupt sinnvoll eingesetzt werden können. Nachdenken first.

Manchen Lehrern fällt zur digitalen Gegenwart an den Schulen vor allem ein, dass Smartphones vielerorts das Spielen und den Aufenthalt in den sonnigen Zonen auf dem Pausenhof ersetzt haben. Eltern werden zu Informationsveranstaltungen über Cyber-Mobbing und WhatsApp-Burnout eingeladen. Die Schüler selbst zum kritischen Umgang mit Internet-Pornographie, Gewaltvideos, Mobbing oder Freizeitvernichtung zu erziehen, ist bislang allerdings noch keine der erhobenen Forderungen. Die Schulfächer «Ekelhaftes Verhalten» und «Pornographiekritik» hat noch niemand verlangt, und auch im Ethikunterricht kümmert man sich, wenn wir die Lehrpläne richtig verstehen, mehr um andere Probleme. Folgerichtig sind einige Schulen und zuletzt ganz Frankreich zu Handyverboten auf dem gesamten Schulgelände übergegangen, während die Schulministerin Nordrhein-Westfalens von der Bedenken-second-Partei die Smartphones gerade unter dem Motto «Bring Your Own Device» in den Unterricht einführen möchte. Sie sieht sich dem gewerkschaftlichen Vorwurf ausgesetzt, dass das ungerecht sei, denn nicht alle Schüler hätten gleich gute Geräte. Das läuft auf die wahrhaft egalitäre Mahnung hinaus, dass, noch bevor geklärt wurde, ob das Smartphone im Unterricht sinnvoll ist, seine Einführung jedenfalls für alle gleichermaßen unsinnig oder sinnig sein müsse.

Die Einzigen, die mit der Digitalisierung der Schulen eine klare Vorstellung verbinden, würden an dieser Stelle zustimmen. Es sind die Ausrüster. Das Interesse der Digitalindustrie an digitalisierten Schulen ist offenkundig und besteht natürlich unabhängig von den Effekten im Unterricht. In Deutschland gibt es etwa elf Millionen Schüler an allgemeinbildenden und Berufsschulen. Würde auch nur jedem zweiten von ihnen ein digitales Endgerät zur Verfügung gestellt, beliefe sich schon diese Investitionssumme – Server, Software, Kundendienst und Ersatzteile gar nicht mitgerechnet – auf mindestens zwei Milliarden Euro. Eine Studie der besagten Bertelsmann Stiftung hat für eine «lernförderliche Infrastruktur» digitaler Art an Grund- und weiterführenden Schulen einen Bedarf von 2,8 Millarden Euro jährlich ermittelt. (Aber seltsamerweise ohne die Berufsschulen und den zweiten Bildungsweg mit ein zubeziehen, obwohl doch gerade hier, so nah am Berufsleben, nichts mehr ohne Digitalkompetenz gehen soll.) Dabei rechnet sie pro Schüler mit Kosten von nur etwa 400 Euro im Jahr. Das impliziert, dass nicht in allen Klassenzimmern Endgeräte installiert sind, sondern an einer Modellschule mit 750 Schülern von 40 Klassenräumen zwei Computerräume mit 60 Endgeräten zur Verfügung stehen. Außerdem soll jeder Schüler ein mobiles Endgerät besitzen. Wenn diese 810 Endgeräte 450 000 Euro kosten sollen, hieße das je Endgerät gut 550 Euro. Oder auf alle deutschen Schulen hochgerechnet: 800 Millionen Euro im Jahr.

Eine Finanzierung über die Schulträger, heißt es, sei bei diesen Kosten kaum umsetzbar. Also sollen die Schüler auch Endgeräte mitbringen können, aber vielleicht nur bestimmte Gerätetypen. Oder sie sollen sie leasen dürfen – 10 bis 25 Euro je nach Endgerät werden veranschlagt –, was aber die Lernmittelfreiheit berühren könnte, weshalb hier unter Umständen Gesetzesänderungen nötig seien.

2,8 Milliarden im Jahr klingt viel, 400 Euro pro Schüler klingt wenig. Aber nur, wenn man nicht vergleicht. Die gesamten Investitionsausgaben pro Schüler in Deutschland lagen in der letzten Auswertung des Statistischen Bundesamtes bei 400 Euro, der «laufende Sachaufwand», also Schulbücher, Mieten, Mobiliar, Strom etc. bei 900 Euro. Für 2,8 Milliarden Euro im Jahr könnte man etwa 50 000 Grundschullehrer oder 40 000 zusätzliche Gymnasiallehrer einstellen, also etwa 5 Prozent mehr Lehrer. Die Kosten der vielfältigen Updates sind dabei noch gar nicht berücksichtigt, so wenig wie der Verschleiß, dem die Endgeräte unterliegen, die Verluste an Adaptern und so weiter. Wer einmal ein Schulbuch gesehen hat, das fünf Jahre lang durch Schülerhände ging, kann sich eine Vorstellung davon machen, wie ein entsprechendes Tablet oder Smartphone aussehen würde. Darüber hinaus würde eine Schule, die über fünfhundert Tablets verfügt, an Sicherungsmaßnahmen und Versicherungsprämien nicht weit hinter einem Flagship-Store zurückbleiben können.

Der Begriff «Digitalisierung der Schule», so können wir resümieren, enthält eine Forderung und will Medienkompetenz, Umgang mit Geräten, Lernsoftware, Individualisierungsversprechen, die kritische Nutzung des Internets, die Erleichterung der Schulverwaltung und Programmierenkönnen gleichermaßen umfassen. Belastbare Hinweise darauf, dass der Unterricht durch Einsatz von Software besser wird, oder dass Kinder, die mehr Zeit am Computer verbringen, bessere Lernerfolge zeigen, gibt es jedoch nicht. Niemand wird sich sinnvollerweise dagegen aussprechen, an Schulen Informatikunterricht anzubieten. Maschinen als solche sind ein interessanter Weltausschnitt, die Effekte medial unterstützter Kommunikation sind es auch. Wenn alle Schüler Endgeräte haben, spricht nichts dagegen, ihnen einen Text im PDF-Format zu schicken anstatt als Papierausdruck. Wenn sie YouTube-Tutorials nutzen, weil ihnen dort etwas verständlicher erklärt wird als im Unterricht, ist das auch nicht wesentlich anders, als wenn sie vor vierzig Jahren ein Buch zur Hand nahmen, das der Lehrer nicht kannte. Für die Lehrkräfte können solche Tutorials ebenfalls instruktiv sein, genauso wie Hunderte anderer Materialien, die in der Bibliothek namens Internet zu finden sind. Das alles kann aber genutzt werden, ohne Hymnen auf die Zukunft anzustimmen, auf den endgültigen, technologisch ermöglichten Durchbruch zum gerechten und berufsqualifizierenden Unterricht und auf das ganz neue Lernen. Ein wichtiges Lernziel an Schulen ist Resistenz gegen Phrasendrescherei. Man könnte beim Thema Digitalisierung damit anfangen.

IX. KAPITEL

Wovon man die Schule befreien muss: Lehrillusionen

Ganze Klassen», schrieben die erstaunten Besucher der Schulen des fernen Landes, «folgen Zeile für Zeile dem, was im Schulbuch geschrieben steht, in einer Geschwindigkeit, die der Lehrer vorgibt. Reihen über Reihen von Kindern tun alle dasselbe auf dieselbe Weise, ob es sich um Kunst, Mathematik oder Geographie handelt. Wir sind von Schule zu Schule gegangen und haben fast identische Schulstunden gesehen, man hätte die Lehrer austauschen können, die Kinder hätten keinen Unterschied gemerkt.»

19. Jahrhundert, die Schule als Maschine, Frontalunterricht. Schon das Wort klingt wie eine Verletzung der Menschenrechte. In diesem Begriff kommt alles zusammen, was am Unterricht streng, unerbittlich, autoritär anmutet. Im Frontalunterricht, so befinden heutige Pädagogen, wird die Lerngruppe «als Plenum» unterrichtet. Einer oder eine redet vor allen, sie hören zu, sind das Publikum. Der Lehrer versucht, den Stoff an alle Schüler gleichzeitig und insofern effizient zu vermitteln, durch unerwartete Fragen – das Drannehmen – die Aufmerksamkeit zu binden und Antworten zu geben, wenn es zu Rückfragen kommt. Die Lehrperson leitet das Unterrichtsgespräch. «Steuern» und «kontrollieren» sind Begriffe, die einem in so

gut wie jeder pädagogischen Definition des Frontalunterrichts begegnen.

Laut empirischen Erhebungen ist dieser sogenannte Frontalunterricht die nach wie vor dominante Unterrichtsform an deutschen Schulen. Es werden Klassen, nicht einzelne Schüler unterrichtet. Wurden 1984 einer Erhebung zufolge noch drei Viertel aller Unterrichtsstunden als «Klassenunterricht» gestaltet, so waren es dreißig Jahre später immerhin noch um die fünfzig Prozent. Es folgen etwa gleichrangig Gruppenarbeit, Partnerarbeit, Einzelarbeit und, abgeschlagen, Projektunterricht. In der Grundschule ist der Frontalunterricht weniger dominant als in den weiterführenden Schulen, am beliebtesten ist er im Gymnasium. In Fremdsprachen und Mathematik ist er häufiger die Regel als in Deutsch und Naturwissenschaften.

Aber das Bild des Lehrers vor der Klasse mit der Schultafel im Rücken ist in Verruf geraten. Es gilt als das Symbol einer lernfeindlichen Unterrichtsform. Lernen, heißt es, sei Selbsttätigkeit. Belehrung hingegen hemme Selbsttätigkeit, mache die Schüler passiv. Sie arbeiteten gegeneinander statt miteinander. Sie würden in obrigkeitsstaatliches Denken – alle Wahrheit kommt von oben – hineinsozialisiert. Ein Großteil der Schüler wünsche, oder kreuzt das jedenfalls auf Umfragebogen an, aktiver an der Unterrichtsgestaltung beteiligt zu werden. Der Frontalunterricht könne den Unterschieden in einer Klasse nicht Rechnung tragen, es bedürfe vielmehr der «inneren Differenzierung» des Unterrichts und eines «adaptiven» Lehrstils, der verschiedene Lernaktivitäten gleichzeitig zulasse. Zuhören und Zusehen scheinen selbst in einer Zeit, in der die Mediennutzung auf YouTube und Netflix endlose Stunden des Zuhörens und Zusehens bedeutet, für die pädagogische Zunft ein Ärgernis zu sein. Denn wenn alle demselben zuhören müssen, steht das für sie im Verdacht des blinden Gehorsams und der Leugnung von Individualität.

Die Philosophen des deutschen Idealismus, die um 1800 herum nicht nur das Bildungssystem in Preußen neu begründeten, sondern auch eine Theorie der Subjektivität entwickelten, sahen das interessanterweise genau umgekehrt. Sie fanden, die größte Freiheit habe ein denkender Kopf in einer Vorlesung und nicht so sehr in einem Seminar. Denn in der Vorlesung könne er sich – es ging damals nur um männliche Köpfe – seine eigenen Gedanken machen, ja, werde geradezu angeregt zu denken, während man im Seminar in Kommunikation hineingezogen werde, was immer ein wenig Unfreiheit bedeute und stets ein wenig Schall, der schneller ist als das Licht. Reden und Denken ist zweierlei. Der große Soziologe Erving Goffman hat einst den Begriff «socialized trance» für diese Unfreiheit geprägt. Man könnte ihn mit «Gesprächsversunkenheit» übersetzen. Einer Diskussion, soll das heißen, kann man sich schlechter entziehen als einer Ansprache an einen ganzen Saal. Schüler wissen das. In Anbetracht ihrer Fähigkeiten, sich dem Zugetextetwerden von Lehrern durch Geistesabwesenheit bei physischer Präsenz zu entziehen, wirkt die Behauptung, Frontalunterricht sei als solcher autoritär, ein wenig naiv.

Wie immer man das sehen will, gerade die Kreidetafel als Symbol des Frontalunterrichts ist schlecht dafür geeignet, autoritäres Unterrichten zu belegen. Oder sagen wir es besser so: Sie kann auch ganz anders genutzt werden. Dass sie mit Kreide beschriftet wurde, enthielt für jeden, der in den letzten Jahrzehnten noch Unterricht mit ihr erlebt hat, den greifbaren Hinweis auf die Vorläufigkeit allen Wissens. Deswegen bestehen viele Mathematiker bis heute darauf, eine Kreidetafel in ihrer Nähe zu haben. Die inzwischen beliebten Arbeitsblätter sind, wenn man sich schon auf solche Unterscheidungen einlässt, viel festlegender als die leeren weißen Blätter des alten Schulheftes. Schüler füllen heute viel mehr aus, als dass sie etwas schreiben.

Dass die Tafel eines der wenigen Hilfsmittel im Unterricht war, das Schule und Universität teilten, deutet ebenfalls an, wie wenig sie an einen Zusammenhang autoritären Eintrichterns gebunden ist. Der Versuch, die Erläuterung, deren man sich noch nicht sicher ist und die darum wieder wegwischbar sein soll, das fortwährende Verfertigen des Anschriebs beim lauten Nachdenken, das unübersichtliche Bild von hingeworfenen Evidenzen gehören zu ihr, gerade nicht die starre Ansage. Dass jetzt «Whiteboards» in den Klassenzimmern angebracht werden, ohne dass jemand die Rückkehr der bösen Tafel beanstanden würde, muss wohl am Zusatz «interaktiv» liegen, der alles heilt, was andernfalls bedenklich wäre.

So viel zum Medium, jetzt zur Form des Unterrichtens. Die Erfahrung, dass Unterricht nicht allein dadurch weniger lehrerzentriert ist, dass die Schüler im Kreis oder sonstwie verteilt sitzen, ist eine Erfahrung, die ebenfalls schon in den siebziger Jahren gemacht werden konnte. Wenn es erlaubt ist, eine Anekdote einzuschieben: Wir, in Darmstadt um 1977 herum, fanden an der Kontroverse darüber, ob kreisförmiges Sitzen demokratisch geboten oder lächerlich sei, vor allem interessant, dass man vor jeder Stunde, in der ein Lehrer mit anderer kommunikationspolitischer Ansicht als seine Vorgängerin kam, die Anordnung ändern und die Tische umbauen konnte, was sehr sorgfältig geschah und deswegen erfreulich viel Zeit verbrauchte.

Es änderte aber nichts an dem, was folgte. Nämlich Mathematik bei Herrn Storch. Der war völlig fassungslos, dass wir so taten, als hänge an der Partizipation irgendetwas; eine

Fassungslosigkeit, die wir natürlich – Schüler sind grausam – genauso genossen wie die Zeitverluste, die das Umstellen des Mobiliars bedeutete. Über den Zusammenhang von Sinus und Cotangens wiederum ließ sich dann, als die alte Sitzordnung endlich wiederhergestellt war, ganz schlecht diskutieren. Er musste frontal unterrichtet werden, denn niemand hätte von sich aus beansprucht, an dieser Stelle autonom und «selbstwirksam» sein zu wollen. Wer nicht mitkam, der Autor beispielsweise, kam eben nicht mit; man konnte zwar Fragen stellen, musste aber im Zweifel zu Hause allein versuchen, sich die Sache noch einmal anzusehen. Oder mit einer Vier in Mathematik leben, das geht auch.

In dem Maße, in dem Aufgaben richtig oder falsch gelöst werden können, wird also die Rolle des Lehrers auch bei geänderter Sitzordnung stabil bleiben. Die Forderung, er habe stattdessen ein Lernmoderator zu sein, ein Coach oder ein Unterstützer, und die Schüler seine Assistenten oder er der ihre, hat, um beim Bild des Kollegen zu bleiben, ungefähr den Wert, den die Einführung des Duzens bei Ikea für die dortigen industriellen Beziehungen hatte. Der schülerzentrierte Unterricht ist selbst eine lehrerzentrierte Idee, denn natürlich wäre die Lehrkraft maximal entlastet, wenn die Schüler sich allein unterrichten würden und nur noch einiger Anregungen und Korrekturen bedürften. Aber die Vorstellung eines Unterrichts, der strikt am individuellen Lernstand ausgerichtet wird, ist haltlos. Es gibt kein soziales Interaktionsgebilde, das fünfundzwanzig Zentren haben könnte. Oder, um es in den Worten eines Berliner Schülers zu sagen: «Seltsam, in der Lehrprobe haben wir immer Gruppenarbeit, sonst haben wir immer Frontalunterricht – aber die Gruppenarbeit funktioniert, weil wir sonst immer Frontalunterricht haben.»

Regelmäßig wird darum die Forderung, den Frontalunterricht aufzugeben, mit heroischen Erwartungen an die Lehrerschaft verbunden. Je heterogener die Lernvoraussetzungen sind, argumentiert beispielsweise eine kürzlich an der Universität Potsdam angefertigte Studie, desto schwieriger werde es für Lehrer, jeden Schüler und jede Schülerin in ihrer «Zone der nächsten Entwicklung», also weder stark unterfordernd noch stark überfordernd, zu unterrichten. Einige Seiten zuvor hatte dieselbe Studie dafür plädiert, auf «äußere Differenzierung», also auf Klassen mit vergleichsweise ähnlichem Leistungsstand, zu verzichten. Das vermeide soziale Ungleichheiten im Bildungssystem. Allerdings fügen die Autorinnen sogleich hinzu, größere Heterogenität von Lerngruppen führe «nicht zwangsläufig» zu besseren Lernergebnissen. Zuvor hatten sie berichtet, dass nichts auf einen Zusammenhang zwischen einem Rückgang an Differenzierung im deutschen Schulsystem und einer gleichmäßigeren, weniger sozial vorbestimmten Lesefähigkeit im Pisa-Test 2015 hindeute. Es gibt also einstweilen keinen Nachweis eines Zusammenhangs von irgendetwas mit irgendetwas anderem, aber größere Heterogenität ist gut!

Und, wir erinnern uns, sie ist schwierig. Denn sie erfordert einen Unterricht, der nicht für alle Schüler einer Klasse gleich ist. Die Lehrkraft soll mithin ihren Unterricht an fünfundzwanzig unterschiedliche Lernstände und Unterstützungsbedürfnisse anpassen, und zwar «kontinuierlich», bei gutem Lernklima und unter Erreichen «bestimmter unabdingbarer Lernziele». In Deutschland werde das nur selten praktiziert. Die Erziehungswissenschaftlerinnen fordern also eine komplette Umstellung des Lehrens – um dann am Ende des Abschnitts mitzuteilen, zur Effektivität einer solchen Umstellung existiere «eine ältere Metaanalyse» aus den Vereinigten Staaten, womit eine einundzwanzig Jahre alte Untersuchung gemeint ist, die einen winzigen Unterschied zugunsten des nichtfrontalen Unterrichtens ermittelt hat.

Fassen wir zusammen: Zuerst werden heterogene Klassen gefordert, weil sie angeblich für den sozialen Ausgleich gut sind, auch wenn es dafür keine Belege gibt. Dann wird festgestellt, solche Klassen erzwängen freilich eine vollständige Umstellung des Lehrstils. Der Sinn einer solchen Umstellung wird mit einer Studie belegt, die mehr als zwanzig Jahre alt ist und über deren Voraussetzungen – etwa: Wie heterogen war in den metaanalysierten Einzelstudien jeweils die Schülerschaft, handelte es sich um sprachliche, kulturelle oder leistungsbezogene Heterogenität, um welche Fächer ging es, auf welche Weise wurde differenziert unterrichtet? – nichts weiter mitgeteilt wird. Die gemessene Effektstärke wird mit «sehr klein» angegeben.

Sehr klein? Bei einer geforderten kompletten Umstellung des Lehrstils? Einer Umstellung, die wiederum gefordert wurde, weil die Effekte des Unterrichts in sehr heterogenen Klassen als sehr groß phantasiert wurden? Kann man Lehrer nicht verstehen, die von einer solchen Wissenschaft nicht länger belehrt werden möchten? Die es satthaben, für einen Unterricht geschmäht zu werden, dessen Alternative von einer nichtunterrichtenden und also auch die Kosten haltloser Reformvorschläge nicht tragenden Pädagogik, die sich empirisch nennt, auf diese Weise als wünschbar beschrieben wird? Wir können nichts belegen, sagen die sogenannten empirischen Bildungsforscher, aber es wäre schön, wenn ihr alles anders machen würdet.

Der Verdacht kommt auf, dass es nur eine Instanz gibt, für die eine solch komplette Umstellung wünschbar wäre: die empirische Bildungsforschung selbst und die an sie angeschlossenen Weiterbildungsindustrien, die den Lehrern gern gegen

Gebühr ihren alten Stil austreiben würden, um dann unter Abwurf von Schriftgut sowie dem Abhalten vieler Tagungen und Seminare den ganz neuen Unterricht an den Schulen einzuführen. Im Vorwort zur Potsdamer Studie teilt ein Staatssekretär a. D. aus Brandenburg, im früheren Leben Gymnasiallehrer, denn auch mit: «Ohne Änderung der Lehrerausbildung und praxisnahe Angebote in der Fortbildung, beispielsweise zur Stärkung der diagnostischen Kompetenz, wird es nicht gehen.» Und mit einer solchen Änderung, ergänzen wir, nach allem, was wir wissen, auch nicht.

Wer jetzt mit den Achseln zuckt, weil es sich doch nur um eine Studie handelt, hat keine von all den anderen gelesen, die auf dieselbe Weise vorgehen. Aus irgendeiner Messung, irgendeiner unterrichtsbegleitenden Forschung werden Empfehlungen abgeleitet, die ganze Schulsysteme und Ausbildungsgänge betreffen. Dass die größte Auswertung pädagogischer Feldstudien, die bekannte Hattie-Studie, nicht vor zwanzig Jahren, sondern 2008 einen Zusammenhang zwischen erfolgreichem Unterricht und einer aktiven, laut denkenden, immer wieder die Initiative an sich ziehenden Lehrperson nachgewiesen hat, diese Einsicht wird großräumig umfahren. «Das Ende des Frontalunterrichts» überschrieb die an dieser Stelle offenkundig verrückt gewordene Friedrich-Ebert-Stiftung die Pressemitteilung zu ihrer Auftragsforschung, in der sie behauptet, die Studie zeige, dass Frontalunterricht nicht mehr zukunftsfähig sei. Die Suggestion, es seien Defizite dieses Unterrichtsstils empirisch nachgewiesen worden, erfüllt den Tatbestand der bewussten Irreführung – denn die Studie hat empirisch gar nichts erforscht, sondern nur Literatur zusammengestellt, Begriffe ausgeführt und mit Wünschen dekoriert. Was soll man von einem Fach wie der Erziehungswissenschaft im Allgemeinen, der empirischen Bildungsforschung im Besonderen halten, in dem ein solches Vorgehen, ein solcher Unfug nicht zu erheblichen Reputationsverlusten der Forscher führt?

Dass ein lehrerzentrierter Unterricht auf vielfältigste Weise erteilt werden kann, gut und schlecht, einfallsreich und langweilig, gesprächsintensiv und monologisch, wird in derart ideologischen Texten absichtsvoll weggelassen. Wer ihn ein «Scheingespräch» nennt, unterstellt ohne weitere Begründung, dass es im Rahmen des Lehrvortrags nur zu rhetorischen Fragen kommen kann. Wovon es abhängt, ob die eine oder die andere Variante sich durchsetzt, bleibt unerforscht.

Dabei wird über den Frontalunterricht geredet, als handele es sich um ein Rezept für die Zubereitung von Spiegeleiern, bei dem man von der Sequenz «Butter in die Pfanne, Pfanne erhitzen, Eier aufschlagen und vorsichtig in die Pfanne geben, erst danach salzen» nicht abweichen dürfe, weil es dann keine Spiegeleier mehr seien. In Wahrheit sind die Übergänge beispielsweise zu dem, was Amerikaner «direct instruction» nennen, fließend: kurzer Lehrvortrag, Beispiele für das, was erreicht werden soll und für die Wege, die dorthin führen, Verständnisüberprüfung, bis alle im Boot sind, und erst danach angeleitetes Üben. Der «locus of control» ist in beiden Fällen die Lehrperson, das erwünschte Ergebnis der Stunde ist nicht offen: Es soll ein Resultat erreicht werden, das durch wiederholtes Üben alle erreichen.

Würde man den Frontalunterricht nicht zu einer strikten Methode verdinglichen, entfiele auch das Argument, es könne mit ihm nicht so weit her sein, denn dann hätten die deutschen Schüler ja in den internationalen Vergleichsstudien besser abschneiden müssen. In diesem Reflex steckt eine Verwechslung notwendiger und hinreichender Bedingungen. Der lehrerzentrierte Unterricht kann der wirksamste Kommunikationsstil sein, ohne Erfolge zu garantieren, weil die noch von anderem abhängen als der Art des Unterrichtsgesprächs. Unterschiede zwischen Lehrern und Unterrichtsstilen sind wichtig und erklären viel, aber Unterschiede zwischen Schülern erklären noch mehr, weshalb in manchen Klassen gelingt, woran andere scheitern.

Abgesehen von diesem Denkfehler wird hier ein Strohmann verprügelt. Es steht außer Frage, dass auch an deutschen Schulen unendlich viel langweiliger Unterricht erteilt wird. Niemand wird behaupten, dass es darunter keinen schrecklichen Frontalunterricht gibt. Niemand, der sich gegen die Phantasien vom selbstwirksamen, selbstregulierenden und individualisierten Unterricht mit dem Lehrer als Coach und Differenzialdiagnostiker von fünfundzwanzig heterogenen Individuen wendet, redet damit endlosen Lehrermonologen, Rechthabereien und einem Desinteresse an der Vielfalt der Schüler das Wort. Aber das Problem mit schlechtem Frontalunterricht ist nicht, dass hier «lehrerzentriert» unterrichtet wird, sondern dass Gedankenlosigkeit, mangelndes Interesse und Dienst nach Vorschrift ganz methodenunabhängig verbreitete Phänomene des Berufslebens sind.

Will man die Wirksamkeit einer Lehrmethode einschätzen, kann man nicht solche Lehrer heranziehen, die jeden Unterricht, ganz gleich, nach welcher Methode, an die Wand fahren. Man kann nicht die denkbar dümmste Art der direkten Instruktion mit der denkbar utopischsten Art des Unterrichts «vom Kinde aus» vergleichen. Die deutsche Lehrkraft nicht nur als Vertreterin, sondern als Verbreiterin obrigkeitsstaatlichen Denkens mittels Frontalunterricht – viel Glück damit, so etwas mit Schülern auch nur zu versuchen. Nein, der Popanz des finsteren Frontalunterrichts, des «radikal lehrerzentrierten und -gesteuerten Unterrichts, mit Schülern, die schweigend zuhören», wird als typischer Fall aufgebaut, damit sich das neue, allen gerecht werdende Lehren durch Teamarbeit, selbstbestimmte Tempowahl und Gruppenpuzzles nicht in der Praxis selbst rechtfertigen muss, sondern durch eine düstere und noch immer andauernde Vorzeit gerechtfertigt wird, die es endlich ablöst.

In der kanadischen Provinz Quebec kam es in den Jahren nach 2000 zu einer solchen Ablösung. Es wurde eine Reform der Grundschul- und ersten Sekundarstufe im Geiste des selbsttätigen, aktiven «Hands-on»-Lernens durchgeführt. Die Schüler sollten nicht mehr passiv zuhören, sondern einen Unterricht genießen, der auf ihre Bedürfnisse und Themeninteressen Rücksicht nahm, weniger memorierte, weniger vom Lehrer vorgetragenen Stoff vorsah, der projektförmig stattfand, fächerübergreifend und schülerzentriert im Kommunikationsstil. Das Ergebnis war niederschmetternd, wie eine Forschergruppe um die kanadische Ökonomin Catherine Haeck nachwies. Binnen kurzer Zeit gingen die mathematischen Fähigkeiten praktisch aller Schüler, ganz gleich, welcher Leistungsstärke oder Herkunft, deutlich zurück, und zwar desto mehr, je länger sie diesem Unterricht ausgesetzt waren.

Quebec ist keine Anekdote. Das gesamte Verständnis von Schule ist heute durchdrungen von der Vorstellung, die Lehrkraft solle nicht das Zentrum des Unterrichts sein. Lehrer, die nur noch Begleiter des Lernens sind. Schüler, die selbst herausfinden, was interessant ist und wann sie welchen Lernfortschritt verwirklichen. Die im eigenen Tempo lernen und darin respektiert werden wollen. Schüler also, die im Klassenzimmer fast wie Autodidakten agieren, denen ab und an ein freundlicher Beobachter assistiert. Lernumgebungen, wie eine Bezeichnung für diese Klassenzimmer lautet, in denen Disziplin etwas ist, das ganz auf Einsicht beruhen soll. Lernmaterialien, in denen Arbeitsblätter das Buch abgelöst haben, weil Bücher so einen autoritären und nichtinteraktiven Eindruck machen, wohingegen das Ausfüllen von Leerstellen in Textaufgaben nicht nur die Eigentätigkeit steigert, sondern die Kinder auch besser auf das Ausfüllen von Formularen vorbereitet. Entdeckendes Lernen, aktives Lernen, individualisiertes Lernen, Gruppenarbeit, Projektarbeit, Freiarbeit – in seiner Geschichte der englischen Schulreformen zitiert der britische Historiker Robert Peal einen Psychologen, der über die vielfältigen Namen spottet. Sie seien erfunden worden, um jedes Mal, wenn die kindzentrierte Pädagogik widerlegt sei, sie unter einer neuen Bezeichnung wiederkehren zu lassen.

Als widerlegt könnte man sie seit den siebziger Jahren bezeichnen, als im größten Erziehungsexperiment der jüngeren Bildungsgeschichte, dem «Project Follow Through» von 1967 in hundertachtzig US-amerikanischen Schulgemeinden Zehntausende von Schülern mit bildungsarmem Hintergrund jahrelang nach neun verschiedenen Lehrmodellen unterrichtet wurden. Zwei dieser Modelle waren lehrerzentriert, eines favorisierte bilingualen Unterricht, die übrigen sechs folgten mehr oder weniger kindzentrierten Ideen. Das 1977 vorliegende Ergebnis war, dass ein Unterrichtsstil in allen Bereichen (Lesen, Schreiben, Rechnen und sprachliche Artikulation) die größten Erfolge erzielte, und zwar mit weitem Abstand: die direkte Instruktion. Entwickelt worden war diese Methode allerdings nicht von einem Erziehungswissenschaftler, sondern von einem Philosophen, Siegfried Engelmann, der in der Werbeindustrie gearbeitet hatte, was dafür sorgte, dass das amerikanische Bildungsestablishment es ablehnte, Folgerungen aus den Befunden der Langzeitstudie zu ziehen. In der umfangreichsten Auswertung pädagogischer Studien zu Erfolgsfaktoren des Unterrichts, der auf fünfzigtausend For schungspublikationen basierenden berühmten Hattie-Studie, bestätigten sich diese Befunde.

Doch was ist mit Finnland? Ist Finnland nicht das schlagende Beispiel dafür, dass reformpädagogisches Parallelunterrichten von leistungsheterogenen Gruppen sozial gerecht und kognitiv erfolgreich ist? Als Finnland im Jahr 2000 Pisa-Sieger in «Lesekompetenz» wurde und auch 2003 und 2006 ganz vorne lag, riefen jedenfalls alle, die es schon vorher wussten: Hurra, ein Land ohne Frontalunterricht, ein Land mit integrierten Gesamtschulen, ein Land mit individualisiertem Unterricht und Lehrern, die keine Dirigenten eines Orchesters sind, sondern Lernbegleiter. Als andere Eigenschaften des finnischen Schulsystems, die seinen Erfolg ausgemacht haben sollen, galten relativ kurze Schultage, sozialpädagogische Unterstützung, viel Diskussionen unter den Lehrern. Die Hauptpunkte aber, die hierzulande aufgegriffen wurden, waren das lange gemeinsame Lernen in heterogenen Gruppen und die dazu passende Abkehr vom Frontalunterricht.

Inzwischen sind diese Rufe nicht nur deshalb leiser geworden, weil von den Lehrern in Korea, Japan und Singapur, deren Schüler zuletzt hervorstachen, nicht bekannt ist, dass sie sich im Klassenzimmer zurücknehmen und einen schülerzentrierten Unterrichtsstil pflegen. In Finnland tun sie das übrigens auch nicht, wie dann bald bekannt wurde und man eigentlich auch hätten wissen können – hieß es doch, das Land habe sich bei seinen Schulreformen von der Unterrichtskultur der DDR anregen lassen. Diese Kultur galt nicht gerade als autoritätsfeindlich. Eine Kultur, darf angemerkt werden, die bis heute dafür sorgt, dass die Schulleistungen im Osten Deutschlands sich sehen lassen können.

Aber natürlich fanden sich auch in Finnland Anhänger von

Gruppenarbeit und einem Unterricht, in dem die Schüler sich möglichst viel gemeinsam erarbeiten sollen, der Lehrer nur ein Unterstützer selbstaktiver Jugendlicher ist. Solche Lehrer wurden dann hierzulande als mitursächlich für die finnischen Pisa-Erfolge präsentiert. Finnische Bildungspolitiker, die Mitte der achtziger Jahre eine große Schulreform durchgeführt hatten, wollten da gar nicht widersprechen. Politikern ist es stets sehr willkommen, wenn die Ursachen gesellschaftlichen Gelingens – das kann doch kein Zufall sein – in ihre eigene Wirkungsperiode fallen.

Vor drei Jahren hat allerdings der schwedische Bildungsökonom Gabriel Heller Sahlgren eine Studie veröffentlicht, die solche Deutungen auskühlte. Ihre Befunde waren geeignet, jene Erklärung zu verhöhnen, nach der die reformpädagogische Abkehr vom Frontalunterricht Ursache des finnischen Pisa-Wunders sei. Denn die Leistungen finnischer Schüler im Jahr 2000 gehen ihr zufolge auf das alte, autoritäre finnische Schulsystem zurück, das von Mitte der achtziger Jahre an langsam dezentralisiert worden sei, in einem Prozess, der erst Mitte der neunziger Jahre abgeschlossen war. Die Pisa-Triumphe wurden also, so der Befund, von Schülern erzielt, die gerade noch in den Genuss jenes Systems gekommen waren, von dem danach alle behaupteten, der finnische Pisa-Triumph habe es widerlegt. Im Theater würden wir sagen: eine Komödie.

Bis Anfang der achtziger Jahre gab es in Finnland ein strenges Berichtswesen, zentrale Steuerung und wenig Autonomie für einzelne Schulen. Seinen Leistungsaufstieg nahm das Land, als es noch stark unter dem Eindruck dieser älteren Schulpolitik stand und beispielsweise seine Lehrerbildung noch nicht reformiert hatte. Manche finnischen Didaktiker und Bildungsforscher, die Sahlgren Auskunft gaben, sind sich sicher, dass die Pisa-Resultate, sofern sie überhaupt etwas mit dem Schul system zu tun hatten, mehr auf die Tradition und weniger auf die Reformen zurückzuführen sind.

Was für eine Tradition? Eine, in der den Lehrern eine hohe Autorität zugeschrieben wird. Während in anderen skandinavischen Ländern, so Sahlgren, zwischen vierzig und achtzig Prozent der Bevölkerung Lehrern einen niedrigen sozialen Status zuschreiben, waren es in Finnland nur zwanzig Prozent der Befragten, die entsprechend dachten. Der Lehrberuf spielt dort nämlich seit langem eine besondere Rolle. Finnland ist eine Nation, in der die allgemeine Schulpflicht erst in den vierziger Jahren des 20. Jahrhunderts durchgesetzt wurde. Lehrer unterrichteten im dörflichen Finnland nicht nur Kinder, sondern galten als «Leuchten der Nation», weil sie die Erwachsenen ebenfalls bildeten. Dies blieb auch in der Zeit des Kalten Krieges so, man brachte die Lehrer mit den Zielen nationaler Selbstbehauptung in Verbindung und sah gern Modellbürger in ihnen. Und zwar strenge Modellbürger mit asketischer Lebensführung und strikter Verpflichtung auf die Modernisierung des Landes. Die Komik der Kinderbuchreihe «Ella in der Schule» des finnischen Autors und ehemaligen Grundschullehrers Timo Parvela versteht erst ganz, wer sieht, welche hohen finnischen Ideale der Schule und des Lehrberufs darin dem Lachen preisgegeben werden. Die Lehrer, die jene Pisa-Sieger aus dem Jahr 2000 unterrichtet hatten, sind mit diesen Idealen aufgewachsen und in einem strikten System der Lehrerbildung, das sie hochhielt, ausgebildet worden.

Dass Finnlands Lehrer bei ihren Schülern besonders beliebt seien, kann man allerdings nicht sagen. Entsprechende Umfragen belegen im internationalen Vergleich das Gegenteil. Schülermitverwaltung kennen finnische Schulen nicht. Die Stimme der Kinder werde nicht gehört, wenn es um den Unterricht gehe, berichtet ein Unicef-Report, den Sahlgren zitiert.

Gehorsam, ernstes Verhalten, disziplinierte Arbeit bestimmten lange die finnische Schulkultur.

«Ganze Klassen folgen Zeile für Zeile dem, was im Schulbuch geschrieben steht, in einer Geschwindigkeit, die der Lehrer vorgibt. Reihen über Reihen von Kindern tun alle dasselbe auf dieselbe Weise, ob es sich um Kunst, Mathematik oder Geographie handelt. Wir sind von Schule zu Schule gegangen und haben fast identische Schulstunden gesehen, man hätte die Lehrer austauschen können, die Kinder hätten keinen Unterschied gemerkt.» – Woher stammt dieses Zitat? Nicht aus dem 19. Jahrhundert. Sondern aus einem Bericht, den eine britische Forschergruppe 1996 schrieb, nachdem sie sich fünfzig finnische Schulen angeschaut hatte, vier Jahre vor der ersten Pisa-Studie.

Wir sollten trotzdem den Eindruck festhalten, dass diese Beschreibung für viele von uns wie aus dem 19. Jahrhundert klingt. Denn das führt uns zur Einsicht, dass die Schule, wie sie vielerorts noch vor kurzem war, den Anhängern der «konstruktivistischen» Pädagogik, die vom Kind und nicht vom Lehrer aus unterrichten wollen, wie aus dem 19. Jahrhundert erscheint. Obwohl es 1996 in Finnland eben keine Schule war, in der Lehrer ihren Erwartungen mit Stöcken Nachdruck verschafften, keine Schule, die Arme ausschloss oder Mädchen benachteiligte, und auch keine, die sinnfremde Unterrichtsstoffe paukte. Sondern nur eine Schule, in der Lehrer als Autoritäten auftraten.

Es gibt dabei keinen Grund, Autorität an das Durchsetzen mechanischen Verhaltens zu binden. Aber es gibt auch keinen Grund, sie zu verachten. Autorität ist nicht die Sache mit dem Stock, mit dem endlosen Monolog, dem Rechthaben, dem Chef-im-Ring-Verhalten. Autorität ist die Sache mit dem «Sie weiß mehr als ich» und dem «Hier weiß ich mehr», mit dem «Das kann ich wirklich noch nicht», dem «Es ist interessant genug, dass ich darüber nachdenke», dem «Ich höre erst einmal zu, bevor ich losrede», es ist auch die Sache mit dem «Wenn es Dissens gibt, muss ihn manchmal ein Dritter entscheiden».

Seit der Bildungsforscher John Hattie vor zehn Jahren jene schon erwähnte umfangreiche Studie «Visible Learning» über die Erfolgsbedingungen des Unterrichts vorgelegt hat, beginnt sich die Diskussion über die Dogmen des schülerzentrierten Unterrichts zu ändern. Denn die wichtigsten Erfolgsfaktoren des schulischen Lernens liegen ihr zufolge auf Seiten der Lehrkraft: die Qualität ihrer Instruktion, ihre Glaubwürdigkeit und Klarheit, das ständige Feedback, das zu geben sei, die Befähigung der Schüler, sich auszudrücken und das eigene Niveau einzuschätzen, sowie eine strikte Sequenz aus klar kommunizierten Unterrichtszielen und Erfolgskriterien, modellhaftes Vorführen von Lösungen, Überprüfung, ob alle verstanden haben, und anschließendem Üben. Lautes Denken ist hilfreich, Klassendiskussionen sind es, etwas in eigene Worte zu fassen. Die Autorität der Lehrkraft beruht dabei sowohl auf ihrer Beherrschung des Stoffes und der Deutlichkeit, mit der er dargestellt wird, wie auf der Fähigkeit, auf typische, aber auch überraschende Fragen zu antworten.

Hinter dem Widerstand gegen all das, gegen direkte Instruktion, gegen den Lehrvortrag und gegen ein immer wieder die Lehrkraft ins Spiel bringende Unterrichtsgeschehen steckt ein altes Dogma. Es geht auf den französischen Philosophen Jean-Jacques Rousseau zurück und besagt, man lerne nur durch Erfahrung und Selbstreflexion. Sogar das Lesen wollte er seinem fiktiven Zögling, Émile, sich weitgehend selbst beibringen lassen. Auch das später formulierte Prinzip «Learning by Doing» kann so interpretiert werden: als Polemik gegen das

Lernen von Tatsachen, Daten, Regeln und ganz allgemein von «Das ist so»-Mitteilungen. Und als Favorisierung von lebensnahen Unterrichtsstoffen, die interdisziplinär und am besten in Form von Projekten angeeignet werden sollen. Die Kritik des Frontalunterrichts und überhaupt der zentralen Stellung der Lehrkräfte geht insofern stets mit einer Kritik des Wissens und einem Lob der Lebensnähe einher. Kreativität, so eine andere Formulierung derselben Überzeugung, steckt schon im Kind, man muss sie nur entfesseln, entfalten, entwickeln. Die Schule soll aus dem Kind etwas herausholen, nicht etwas in das Kind hineintun.

Aber so sinnlos die Vorstellung ist, am besten befülle man Schüler mit dem Wissenswerten, weil die Welt aus Fakten bestehe, so sinnlos ist die entgegengesetzte Behauptung, alles in der Welt könne gleichzeitig reflektiert, innerlich angeeignet, selbständig und aktiv handelnd erschlossen werden. Und zwar von Schülern jeder Altersstufe. Denn es gibt Sachverhalte ganz unterschiedlicher Erschließbarkeit. Nicht alles kann man sich innerlich aneignen, nicht alles kann gleichermaßen gut verstanden werden, und die Lernpsychologie sagt seit langem schon, dass man manches besser lernt, indem man es erst einmal hinnimmt.

Dass Paris die Hauptstadt von Frankreich ist, kann natürlich eine ganze Reflexionskaskade zu den Konzepten «Hauptstadt», «Staat», «Franken», «Franzosen» und «Zentralität im Vergleich» auslösen. Man wird sie aber vermutlich, wenn man das Thema überhaupt interessant findet, auf verschiedene Klassenstufen verteilen und mit relativ einfachen dogmatischen Setzungen beginnen: «In jedem Staat gibt es eine Stadt, in der die Regierung sitzt, wir nennen sie Hauptstadt, bei uns ist das Berlin, in Frankreich ist das Paris. Weiß jemand von euch, wo Frankreich liegt?» Schon Grundschülern, nur weil man sie für Subjekte hält, «geographische Kompetenz», kritische Reflexion und eigene Erschließung von Welten zuzumuten, die sie nicht einmal vom Hörensagen kennen, kehrt die sinnvolle Reihenfolge um. Wer einen Raum zum ersten Mal betritt, orientiert sich an den wichtigsten Tatsachen – fensterlos oder nicht, eine oder zwei Türen, rund oder eckig? – und reflektiert nicht über ein Konzept, das dahintersteckt. Das ist auch logisch, denn etwas kann nur da-hinterstecken, wenn es ein «da» gibt.

Der Irrtum, dem eine an Fakten desinteressierte Pädagogik unterliegt, besteht darum nicht so sehr darin, dass Fakten als Wissensbestände, als Informationen wichtig wären. Hier haben die Kritiker das Argument auf ihrer Seite, wie viel vergessen wird, wie viel nachschlagbar ist und wie viele Fakten «konstruiert» sind, also auf komplexen Voraussetzungen beruhen. Doch um die verwegene Behauptung, es sei unterinformiert und womöglich sogar ungebildet, wer nicht wisse, mit welchem Roman der junge Goethe berühmt wurde, geht es gar nicht. Für manche mag es sogar entbehrlich sein zu wissen, wo genau sich Paris befindet. Der Zweck des Unterrichtens von Tatsachen ist aber nicht, Erfolge in Quizshows zu ermöglichen oder, was dasselbe ist, kleine Enzyklopädisten hervorzubringen.

Er liegt zunächst vielmehr darin, dass verstanden wird: Es gibt Tatsachen, jene schwer umgänglichen (nicht unumgänglichen), kurzen und kontextfreien Ergebnisse einer geregelten Untersuchung, wie die Wissenschaftshistorikerin Lorraine Daston Tatsachen definiert. Es gibt also Umstände, auf die man sich verlassen kann. Und von denen aus es weitergeht. Wenn Paris die größte Stadt Frankreichs ist, kann man andere Städte in Bezug auf sie lokalisieren, wovon Franzosen den ausgiebigsten Gebrauch machen. Wenn es eine Hauptstadt gibt,

gibt es dann auch Nebenstädte? Woran kann man eine Hauptstadt erkennen? Wie wirkt es sich aus, wenn sich die Hauptstadt in der Mitte oder an der Grenze des Landes befindet, eine große oder kleine Stadt ist, und weshalb liegen so viele Hauptstädte an großen Flüssen? Wenn man «Paris» auf einer Karte von Texas findet, kommt man ins Nachdenken. Mit anderen Worten: Wer nicht ungefähr weiß, was es mit Paris auf sich hat, dem bleiben auch hundert andere Weltaspekte verschlossen.

Der rhetorische Trick der reformpädagogischen Polemik gegen das Wissen besteht also darin, eine relativ armselige Information herauszuziehen – eine Jahreszahl, Eigenschaften eines Lebewesens, die Inhaltsangabe des «Faust», die Formel für Kaliumnitrat – und dann zu fragen, was es bringt, das zu wissen. Ist es nicht viel wichtiger, historische Kompetenz, Kartenlesekompetenz, literarische Urteilskraft, chemische Denkfähigkeit und so weiter zu erlangen? Eine Frage, die nur bejaht werden kann. Aber der Trick, auf dem die Unterscheidung von sinnlosen Fakten und sinnhaftem Lernen beruht, ist billig. Denn eine einzelne Information ist immer sinnlos. Hundert Informationen hingegen ergeben ein Bild.

Das Einmaleins ist auch so eine Tatsache. Man kann erklären, was das heißt, «Plutimikation» (Pippi Langstrumpf). Man kann sie aus der Addition herleiten oder aus anderen wiederholten Handlungen. Aber irgendwann sollte $7 \times 7 = 49$ unabhängig davon, wie man dazu kam, als Routinewissen im Langzeitgedächtnis abgelegt sein und nicht mehr berechnet werden müssen. Und auch hier gilt: dass 7×7 nicht irgendetwas ergibt, sondern 49, ist als vereinzelter Merkposten von geringem Wert, das gesamte große Einmaleins hingegen ist im Alltag von unschätzbarem Nutzen. Man nennt es Technik: etwas nutzen, das man nicht vollständig durchdrungen hat. Die Schule besteht nicht allein darin, Techniken zu vermitteln, aber sie besteht auch darin. Passive Wiedergabe und Anwendung hat den Vorteil, effizient und akkurat zu sein, aktive Konstruktion ist hilfreich, wenn das Gedächtnis Schwierigkeiten hat. Aber «eine Wissensstruktur hat keine besonderen magischen Eigenschaften, nur weil sie selbsterzeugt ist», und da Eigenproduktion – etwa: an den Fingern abzählen, herleiten – schiefgehen kann, ist es manchmal vorteilhaft, das Wissen mitzuteilen, anstatt es hervorbringen zu lassen.

Oder nehmen wir die Literatur. Im Deutschunterricht der sechsten Klasse kann es vorkommen, dass die Schüler angehalten werden, eine Geschichte mit unheimlichen Aspekten zu schreiben. Dafür werden sie im fragenden Unterrichtsgespräch mit Wissen darüber versorgt, was Spannung in eine solche Geschichte bringen kann. Sie lernen eine Art normative Gattungspoetik des Unheimlichen. Ihr sollen sie folgen, und der Deutschlehrer prüft, ob die einzelnen Elemente – harmloser Anfang, etwas Rätselhaftes, irgendetwas im Dunkeln oder im Nebel, plötzliche Erlebnisse, überraschende Wendung, Auflösung – von den Schülern reproduziert wurden. Die «spannungskompetente» Lösung dieser Aufgabe ist in Ordnung. Aber die originellsten Geschichten kann erzählen, wer schon viele Geschichten kennt. Denn jede Geschichte, die uns fasziniert, besteht aus Geschichten, die wir bereits kennen, und aus Abweichungen von ihnen. Das müssen darum nicht einmal Geschichten sein, die dem ähneln, was dann eine Gespenstergeschichte sein soll. Als Charles Dickens die vielleicht erste «mystery novel» schrieb, seine Weihnachtsgeschichte um den Geizhals Scrooge, bestand sie naturgemäß fast vollständig aus Elementen, die aus anderen Arten von Erzählung stammten – und dann fügte er die Geister hinzu.

«Sei kreativ!» ist also nicht die beste Anweisung, um Kreativität zu begünstigen. Kreatives Schreiben beispielsweise ergibt sich nicht daraus, sich hinzusetzen und zu versuchen, einen möglichst eigenen Text zu schreiben. Vielmehr geht Kreativität aus Übungen hervor, die selbst eher repetitiv, auf Fragmente und auf etwas konzentriert sind, das dem erwünschten Ergebnis gar nicht ähnlich sieht. Fußballspieler, so ein Beispiel des schwedischen Psychologen Karl Anders Ericsson, trainieren nicht, indem sie das Match proben und elf gegen elf spielen, sie üben in viel kleineren Einheiten Pässe, Dribblings, Balleroberung – Routinen als Grundlage von einfallsreichem Spiel. Auf den ersten Blick mag Routine wie ein Gegensatz zum Denken wirken, weil sie erlaubt, auf es zu verzichten. Aber genauer betrachtet ist Routine kein Gegensatz zum Denken: Gedanken zu haben setzt voraus, dass wir über Routinen verfügen, die uns für das Denken entlasten. Probleme zu lösen, ist umso einfacher, je mehr andere Probleme bereits gelöst sind.

Der Irrtum der entgegengesetzten Ansicht, die Schüler sollten sich möglichst früh alles selbständig erschließen, beruht auf einer Verwechslung von Ziel und Methode: Man wird nicht unabhängig dadurch, dass man weitgehend alleingelassen wird. Man lernt nicht denken dadurch, dass jemand fragt was man über eine Sache denkt. So wie man nicht schreiben lernen kann, nur indem man zuhört oder liest. Es bedarf der Instruktion. Andernfalls steht den Schülern nur das Wissen zur Verfügung, das sie außerhalb der Schule oder vermittelt durch die Zufälle ihrer eigenen, dann ja konsequenterweise auch nicht instruierten Informationssuche aufgenommen haben.

So hat es beispielsweise keinen Sinn, Kindern schon «kritisches Hinterfragen» abzuverlangen, bevor sie sich in etwas auskennen. Sie lernen dann nur die kritischen Fragen samt den dazugehörigen Antworten auswendig und schreiben in

Erdkundetests der Grundschule brav hin, dass der Kalibergbau die Flüsse belastet. Aber sie wissen dabei natürlich noch lange nicht, was ein Salz ist, warum gerade die Flüsse betroffen sind und weshalb etwas, das Pflanzen nutzt, Flüssen schadet, ja, was «Düngemittel» überhaupt heißt. Es sieht dann nur so aus, als hätten sie eine kritische Einstellung. Man muss mit ihnen darüber sprechen, um zu erfahren, dass ihre einzige kritische Einstellung die achselzuckende zu solchen unverstandenen Ritualen ist.

Das führt abschließend zum dritten reformpädagogischen Lehrdogma, das die Kritik des Frontalunterrichts und der Wissensvermittlung ergänzt: das Dogma, der Unterricht habe lebensnah und deshalb interdisziplinär zu sein. Denn die wirkliche Welt kenne ja gar keine nach Fachgrenzen aufgeteilten Probleme. In ihr hänge stattdessen alles mit allem oder jedenfalls vieles mit vielem zusammen, und in solchen Zusammenhängen denken zu lernen, sei es, was die Schule den Schülern mitgeben solle. Die Kinder werden als kleine Experten behandelt, als Forscher oder als Reporter oder als Leute, die eine Präsentation vorbereiten müssen. Referate, in denen Recherchen dargestellt werden sollen, setzen bereits in der Grundschule ein. Die Schüler sollen etwas tun, das so ähnlich aussieht und sich so ähnlich anhört wie das, was Wissenschaftler und andere Wissensexperten tun: einen Vortrag halten über das, was sie herausgefunden haben. Der maximale Effekt ist nicht selten, dass die Schüler etwas Passendes aus dem Internet abschreiben und dann vortragen. Denn natürlich sind sie in fast nichts von dem, wozu sie etwas sagen sollen, Experten und können es auch von einer Woche auf die andere nicht werden. Was immer in Kindern ist, das herausgeholt und entfaltet werden kann, Expertise ist es nicht.

Die gegenteilige Annahme beruht auf einer Verwechslung von Neugier und Denken. Die Freude am Denken liegt in der Lösung von Problemen, was bedeutet, dass sowohl das Scheitern an Problemen wie der Umgang mit bereits gelösten Problemen freudlos bleiben. Der Projektunterricht mit seinen dem wirklichen Leben entnommenen Fragestellungen kombiniert oft beides: ein hochkomplexes, jeden Schüler überforderndes Weltproblem, verbunden mit einer Menge irgendwo abrufbarer Antworten. Neugier wird aber nicht durch den Grad geweckt, in dem ein Problem mit der Welt verbunden ist, sondern durch das Ausmaß, in dem es den Schülern so vorkommt, als könnten sie es lösen. Man kann ihnen nicht einreden, dass sie die Lösungen auf die Fragen finden, wie der Klimawandel aufgehalten werden kann, was es mit Patchwork-Familien auf sich hat oder mit Konflikten zwischen Religionen, oder wie man verhindert, dass Kalibergwerke nahe Flüsse belasten. Sie spüren, dass ihnen das Hintergrundwissen dazu fehlt, und fühlen sich nur auf die Suche nach schon gegebenen Antworten geschickt, die irgendwo im Internet versteckt sind.

Um es noch einmal zu unterstreichen: Es geht nicht darum, gegen Gruppenarbeit oder Phasen im Unterricht zu polemisieren, in denen «Learning by Doing», lehrerunabhängiges Üben oder Selbstdenken praktiziert werden. Es geht darum, wo der Schwerpunkt des Unterrichts liegen sollte, insbesondere in den Klassenstufen, in denen an Wissen und Können aufgebaut wird, was später für alle möglichen Formen von Selbstaneignung zur Verfügung stehen kann. Wenn Unterricht, der den Schülern eine Aufgabe stellt und sie dann weitgehend allein lässt, in der elften Klasse eines Gymnasiums stattfindet, wie beispielsweise im Schulversuch des Zürcher «Selbstlernsemesters», ist wenig dagegen einzuwenden. Hier wurde, berichtet Jürgen Oelkers, ein ganzes Halbjahr ohne direkte Einwirkung der Lehrkräfte auf das Lernen durchgeführt, nachdem zuvor klar definierte Aufträge erteilt worden waren. Wöchentliche Sprechstunden der Lehrer und E-Mail-Verkehr hatten nur unterstützende Funktion. Der Aufwand war erheblich, die Erfolge gaben der Sache recht. Es liegt aber auf der Hand, dass so etwas nur mit schon weit fortgeschrittenen Jugendlichen mit einem hohen Bildungsgrad und nur mit einem Lehrkörper möglich ist, der viel Planung und Aufmerksamkeit in ein solches Experiment investiert. Die Lernziele im Zürcher Versuch wichen im Übrigen nicht von den normalen Lernzielen der betreffenden Klassenstufe ab. Es wurde also nicht gleichzeitig mit den Inhalten und den Methoden experimentiert.

Wer kochen können will, kann nicht einfach damit anfangen zu kochen. Man muss vorher eine Menge über die Küche, über Zutaten und Maßeinheiten wissen. Was ist Oberhitze? Was heißt «köcheln»? Was «spiralförmig» und was «glattstreichen»? Woran erkennt man, ob das Ei noch frisch ist? Wollte man, wie Rousseau es vorgeschlagen hat, das Lernen von all dem der Selbsterfahrung überlassen, käme es in absehbarer Zeit nicht zu einem Gericht. Wollte man es allein dem «Learning by Doing» überlassen, gingen dabei ziemlich viele Eier drauf – und womöglich auch viel Motivation. Wenn ein Koch in der Küche ist, haben die, die in seiner Gegenwart kochen üben sollen, einen Anspruch darauf, dass er sie nicht in jede Falle laufen lässt. Das bedeutet nicht, dass er das Kochen vorführt und sie versuchen, ihn nachzuahmen. Aber es heißt, dass er sie zunächst instruiert, was das Ergebnis sein soll und was man benötigt, um es zu erreichen, und dass er mit ihnen klärt, ob die wichtigsten Handgriffe verstanden wurden und beherrscht werden. Man muss erst ein Ei aufschlagen, ein Rezept lesen und einen Ofen bedienen können, bevor man das

Weltproblem «Backe einen Kuchen» in Form eines Projekts zu lösen vermag. Das Ganze ist weniger als die Summe seiner Teile.

X. KAPITEL

Wovon man die Schule befreien muss: Zentralismus

Das deutsche Schulsystem leidet, so heißt es, an Kleinstaaterei. Die sechzehn Bundesländer haben die Hoheit über ihre Schulen und richten sie nach den bildungspolitischen Positionen der dort gerade Regierenden aus. Das hat – auch weil es Bundesländer wie Bayern und Bremen gibt, in denen sehr lange immer dieselben regierten – zu sehr unterschiedlichen Schulmodellen geführt. Sechzehn verschiedene Lehrpläne für dasselbe Fach je Klassenstufe, sechzehn mal x Schulbücher, sechzehn verschiedene Leistungserwartungen und nach der Grundschule mehr als ein Dutzend Schulbezeichnungen: Stadtteilschule, Hauptschule, Integrierte Gesamtschule, Kooperative Gesamtschule, Gemeinschaftsschule, Mittelschule, Mittelstufenschule, Realschule, Realschule plus, Sekundarschule, Integrierte Sekundarschule, Oberschule mit und ohne gymnasiales Angebot, Gymnasium, Oberstufenkolleg, Duale Oberschule und so weiter.

In manchen Ländern wird an den Hauptschulen festgehalten, die andernorts allmählich verschwinden oder schon ganz abgeschafft sind. In Nordrhein-Westfalen stürzt eine Landesregierung über ihren Versuch, um jeden Preis «Inklusionsklassen» zu etablieren, in denen Kinder, die aus ganz unterschiedlichen – körperlichen, geistigen, psychischen – Gründen lernbehindert sind, zusammen mit allen anderen unterrichtet werden. In Rheinland-Pfalz hat man bei der flächendeckenden Verkürzung der Gymnasialzeit auf acht Jahre und auch beim Zentralabitur nicht mitgemacht; in ostdeutschen Bundesländern wie Thüringen und Sachsen waren es seit jeher acht Jahre, weshalb man dort den ganzen westlichen Rummel um G8 nicht verstand. In Bremen wird Religionsunterricht als Christliche Religionskunde erteilt, in Berlin ist Ethik Pflichtfach. Ob in der Grundschule nach Gehör geschrieben werden kann oder ob es, wie in Mecklenburg-Vorpommern, untersagt ist, variiert genauso wie die Entlohnung der Lehrer oder der Anteil der Ganztagsschulen.

Zwei Folgen davon werden zumeist diskutiert. Die Bundesländer schneiden in den PISA-, IGLU-, TIMSS- und VERA-Tests um nur einige dieser schulübergreifenden Klassenarbeiten zu nennen, die sich nicht auf das zuvor im Unterricht Behandelte beziehen, sondern eigene Leistungserwartungen prüfen, sehr unterschiedlich ab. Bremen, das ist der Evergreen, weit hinter Bayern. Bremen, darf man ergänzen, natürlich vor allem im Durchschnitt weit hinter Bayern. Die einzelnen Schulen, die offiziell nicht ausgewertet werden, weisen durchaus sehr gemischte Ergebnisse vor und unterscheiden sich innerhalb Bayerns und Bremens beispielsweise stärker als die Durchschnitte beider Bundesländer. Doch darüber, woran das liegen mag, spricht eine Öffentlichkeit wenig, die sich vorstellt, dass der Erfolg von Schulen stark durch die föderale Bildungspolitik bestimmt wird und nicht durch die Elternhäuser, die lokale Lage am Arbeitsmarkt oder die Wohnquartiere in Großstädten. Lieber stöhnt man laut auf, wie unter solchen Umständen die Abschlüsse noch vergleichbar sein sollen. Es müsse, heiße es, ein Zentralabitur her, das alle Bundesländer gleichmäßig unter Druck setze, ein bestimmtes Leistungsniveau zu erreichen.

Die andere Folge des Bildungsföderalismus, die viel diskutiert wird, betrifft weniger Abschlüsse als Anschlüsse. Wie soll es denn, wird gefragt, einer Schülerin, die mit ihren Eltern von Bremen nach Bayern zieht, möglich sein, dort an das Leistungsniveau ihrer Klassenstufe anzuschließen, wenn in Schwabing in der neunten Klasse behandelt wird, was in Huchting erst in der zehnten dran ist? Um unterschiedliche Leistungsstände zu verhindern, wäre nicht ein nationales Zentralabitur geboten, das sie im Zweifel nur feststellen würde. Es wäre vielmehr eine Schulpolitik aus einem Guss verlangt, die dafür sorgt, dass in allen neunten Klassen der Bundesrepublik dasselbe unterrichtet und erwartet wird. Soll eine solche zentrale Schulpolitik aber nicht nur im Abwerfen von zentralen Willenserklärungen über sämtlichen Schulen bestehen und im Berliner Aufstampfen mit den Füßen, wenn irgendwo im Land wieder etwas nicht funktioniert hat, so würde sie eine erhebliche Verwaltungsaufgabe bedeuten. Es bräuchte letzten Endes, seien wir offen, nicht nur einen zentralen Bildungsetat und ein Bundesbildungsministerium von beeindruckender Größe, es bräuchte dann auch eine nationale Schulaufsicht in Form einer Bundesbehörde mit Hunderten von Zweigstellen.

Ist hier eine Analogie erlaubt? Die Eltern von Franz sind Säufer, die Eltern von Cem arbeiten fleißig, sind aber nicht wohlhabend, die Eltern von Ann-Sophie können ihr Kind auf eine Sommerschule in England schicken. Diskutiere den Vorschlag, dass es in einer idealen Welt besser für die Bildung der Kinder wäre, wenn Franz, Cem und Ann-Sophie dieselben Eltern hätten.

Auch wenn diese kleine Denkaufgabe nicht jeden Aspekt

der Forderungen nach einem Bildungszentralismus erfasst leuchtet doch ein, dass eine zentrale Bildungspolitik nur dann von Vorteil wäre, wenn a) die Bildung von der besseren Politik abhängt und b) in der Zentrale auch die bessere Bildungspolitik gemacht würde. Wenn also a) Cems Bildung dadurch beeinträchtigt wird, dass der Fleiß seiner Eltern sich nicht in einem hohen Einkommen auszahlt, und es sicher ist, dass Ann-Sophie auf der Sommerschule auch etwas lernt. Vor allem aber wenn b) sicher ist, dass wenn Franz, Cem und Ann-Sophie in der idealen Welt alle dieselben Eltern hätten, es nicht die Eltern von Franz wären.

Was macht uns, mit anderen Worten, denn so sicher, dass eine zentral eingerichtete Schule eine vernünftig eingerichtete Schule wäre? Wie kommen wir darauf, dass die Zentrale ideal besetzt sein wird? Was gibt den Freunden des Zentralismus die Gewissheit, dass nicht zentral «Schreiben nach Gehör» unterrichtet würde, nicht zentral G8 verordnet worden wäre, um danach zentral zum Rückzug nach G9 zu blasen, nicht zentral Frühchinesisch eingeführt würde oder wieder Mengenlehre für Erstklässler oder die Möglichkeit, Mathematik in der zehnten Klasse abzuwählen? Wir haben in den vergangenen fünfzig Jahren so viele Schulexperimente, Schulideologien und Schulreformen erlebt, die sich, höflich ausgedrückt, nicht bewährt haben. Wie kommen wir unter diesen Umständen auf die Idee, in einer bildungspolitisch zentralisierten Schulrepublik wären sie nirgendwo eingeführt worden, hätten sie sich nicht flächendeckend ausgewirkt oder wären nicht überall gescheitert? Die Behauptung, mehr Zentralismus führe zu besseren Schulen, beruht auf einem derart offenkundigen Denkfehler, dass allein die Behauptung schon ausreicht, um der Bildung derer, die sie aufstellen, mit Skepsis zu begegnen.

Nehmen wir als konkreten Fall das Zentralabitur. Es ist inzwischen beinahe bundesweit eingeführt. Die neuen Bundesländer hatten es bis auf Brandenburg ohnehin, Bayern und Baden-Württemberg auch, der Westen hat bis auf Rheinland-Pfalz unter dem Eindruck der Pisa-Studien nachgezogen. Ob sich seitdem die Leistungen der Schüler in Hessen, Bremen oder Berlin verbessert haben, ist unklar. Gibt es Studien, die belegen könnten, dass die Schulen in einen stärkeren Wettbewerb getreten sind? Dass die Ergebnisse anzeigen, an welchen Schulen mehr, an welchen weniger gelernt wurde? Dass die Prüfungen anspruchsvoll genug sind, um solche Unterschiede hervortreten zu lassen? Das immerhin ist die Erwartung der Befürworter zentralisierter Prüfungen. Sie beschweren sich darüber, dass eine 2,0 in Regensburg etwas anderes signalisiere als eine 2,0 in Bremerhaven. «Schlechte Länderleistungen» würden nicht sanktioniert.

Was ebenfalls nicht sanktioniert wird, sind solche Redensarten. Sonst könnte sich beispielsweise der Unfug nicht so hartnäckig halten, es gebe «Länderleistungen». Tatsächlich sind die Leistungsunterschiede zwischen den besten und den schlechtesten Gymnasien einer Großstadt größer als die zwischen Bundesländern. In den Pisa-Studien gab es auch bayerische Gymnasien, die bescheiden abschnitten, und nordrhein-westfälische, die exzellierten. Was geeignet ist, die Erzählung von den bundeslandabhängigen Schulerfolgen als statistisches Artefakt auszuweisen. Denn keine Schülerin wird «im Landesdurchschnitt» unterrichtet, sondern in Schulklassen, von Lehrern, in einem Stadtteil, unterstützt von Eltern oder auch nicht. Dabei ist noch gar nicht angesprochen, ob die föderalen Unterschiede auf der jeweiligen Schulpolitik beruhen oder nicht vielmehr auf anderen Merkmalen der Bundesländer wie dem Grad ihrer Urbanisierung oder der Art ihrer Industrialisierung.

Den Befürwortern des Zentralabiturs ist es gleichgültig, dass solche Fragen ungeklärt sind. Wenn die zentralisierten Prüfungen in den Ländern nicht ausreichen, um Bewertungsgerechtigkeit herzustellen, dann müsse eben noch mehr zentralisiert werden. Ob es für die segensreiche Wirkung eines Bundesabiturs irgendwelche Anhaltspunkte in anderen Schulsystemen Europas gibt, in Frankreich etwa, das für seinen Zentralismus bekannt, wenn auch nicht berühmt ist, oder in Skandinavien, sagen sie nicht. Es verhält sich wie bei der endlosen Debatte um die Schulstruktur: Auch wenn es gar keine Anhaltspunkte dafür gibt, dass diese ausschlaggebend ist, läuft die Rhetorik einfach weiter.

Wofür es hingegen Anhaltspunkte gibt, ist die Illusion einer «Qualitätssicherung» durch zentralisierte Prüfungen. Denn was würde geschehen, wenn bei stark ungleichen Schulen die Einführung des Zentralabiturs dazu führte, dass in manchen von ihnen ein Viertel der Schüler gar nicht durchkäme und die Hälfte mit einer 3,0? Mehr Wettbewerb in der nächsten Runde, sagen die Marktutopisten mit einer Schwäche für zentrale Abrechnung. Auf Länderebene ist ebendies nach Einführung des Zentralabiturs nicht geschehen. Wir haben nicht davon gehört, dass nun in Berlin Gymnasien, die in schwierigen Stadtteilen liegen, weniger Schüler durchs Abitur bringen als zuvor. Das spricht dafür, dass man das politisch untragbare Nichtbestehen ganzer Schulklassen zu verhindern wusste – durch die Absenkung von Prüfungsstandards oder Lockerung von Korrekturkriterien. Die berühmte Noteninflation mit immer mehr 1,0-Abiturschnitten ist ironischerweise nicht zuletzt ein Effekt des Zentralabiturs. Denn normale Bestehensquoten sind an schwächeren Schulen bei einem Vergleich aller mit allen nur durch Prüfungen zu erreichen, die an stärkeren Schulen zu massenhaften Bestnoten führen. Das Zentralabitur führt mithin aus politischen Gründen zur Senkung der Standards.

Würde sich hieran bei einem Bundesabitur etwas ändern? Oder anders gefragt: Welche Erwartungen würden bei einer solchen Prüfung in den Kernfächern zugrunde gelegt? Solche, die sich an der Leistungsverteilung von Gymnasien in Schwabing und Winterhude orientieren, oder solche, die Rücksicht auf weniger günstige Bildungslagen nehmen? Die Länder, heißt es heute, müssten sich auf einheitliche Prüfungen einigen. Aber führt irgendein Weg daran vorbei, dass sie sich nur auf solche einigen könnten, die fast alle durchkommen lassen würden? An der Tatsache, dass die Notendurchschnitte nicht über allgemeine und überlokale Fähigkeiten informieren, änderte sich also durch ein Bundesabitur gar nichts. Würde es von einem Bundesministerium für Bildung gestellt werden, das die zentrale Verantwortung dafür hätte, so käme nur hinzu, dass diese Verantwortung noch weiter von den einzelnen Schulen entfernt ausgeübt würde als ohnehin schon.

Bleiben wir noch einen Moment beim Abitur. Vor einiger Zeit waren wir Zeuge eines kleinen Gesprächs zweier Deutschlehrerinnen, von denen die eine aus Baden-Württemberg, die andere aus Bayern kam. In Baden-Württemberg sind die literarischen Texte, die in der Reifeprüfung «drankommen» können, lange vorher als «Schwerpunktthemen» bekannt. Die Schüler und ihre Lehrer üben in den Klassen – und im Internet – also an Kleists Novellen, «Maria Stuart» und «Homo faber». Das Erstaunen der bayerischen Lehrerin war groß. Denn in Bayern wissen die Schüler und Schülerinnen nicht, mit welchem Werk sie sich in der Abiturklausur auseinandersetzen müssen. Das wiederum erstaunte ihre Kollegin: Worauf bereiteten sich denn dann die bayerischen Abiturienten vor? Na, auf alle denkbaren Werke, lautete die Antwort, wir müssen ihnen Begriffe,

Argumente, Gesichtspunkte an die Hand geben, die ihnen auch beim Verständnis von Texten helfen, die sie eventuell zum ersten Mal lesen.

Man erkennt an diesem kurzen Austausch zwei ganz unterschiedliche Auffassungen von Prüfung und von Unterricht. Die eine findet, dass die Schüler Vertrautheit unter Beweis stellen sollen, also beispielsweise einen Sinn für die historischen, singulären Aspekte einer Dichtung und die Fähigkeit, sich in ihr zu bewegen. Sie stellt die Einheit des Werks und die Tiefe seiner Erschließung in den Vordergrund. Die Schüler sollen «gut in Kleist» sein, womöglich einen Schriftsteller in all seiner Vielfalt, seinem Stil, seinen Mitteilungsabsichten kennenlernen. Das Risiko in der Prüfung liegt dann darin, dass die Schüler bloßes Faktenwissen über, sagen wir: «Michael Kohlhaas» abspulen. Die andere Auffassung zielt mehr darauf ab, den Sinn für das zu schulen, was Werke miteinander teilen, Gattungsmerkmale der Novelle beispielsweise, Erzählmuster, Epochenstile, Reimformen und Rhythmen. Ihr zufolge heißt ein Werk verstehen, Begriffe anzuwenden, die unabhängig von ihm entwickelt worden sind. Man hat «Michael Kohlhaas» gelesen, wird aber in der Prüfung mit «Auf der Galerie» von Kafka konfrontiert und soll untersuchen, ob es sich hierbei auch um eine Novelle handelt. Das Risiko dieser Betrachtungsweise liegt darin, dass nicht Wissen über einen Text, sondern ein Begriff schematisch angewendet wird und die Schüler schon zufrieden sind, wenn sie sich erinnert haben, was alles zu einer Novelle gehört.

Es gibt keinen Grund, die eine Auffassung gegen die andere auszuspielen, auch wenn die bayerische vermutlich etwas anspruchsvoller ist. Doch je nachdem, welche Art von Prüfung man wählt, wird der zuvor erteilte Unterricht ein anderer sein müssen. Weshalb sollte aber zentral entschieden werden, ob

Deutschstunden besser sind, die im Geist der Individualität von Werken und Autoren erfolgen, oder solche, die stärker auf den Vergleich und die Vergleichbarkeit von Werken zielen?

Warum sollte überhaupt bundesweit verordnet werden, was zu lesen ist? Schon die hessische Festlegung, kein Schüler des Bundeslandes sollte das Gymnasium mit dem Abitur verlassen, ohne zuvor den «Faust» im Nacken gespürt zu haben, ist zentralistischer und ganz unsachgemäßer Blödsinn. Denn vieles, was man am «Faust» lernen kann, lässt sich auch an anderen Dramen lernen, und es sollte den Lehrkräften und ihrem aus Kenntnis erwachsenen Vergnügen an einem Schauspiel überlassen bleiben, womit sie ihren Schülern sinnvolle Schwierigkeiten bereiten. Weshalb? Weil es keine «wichtigsten» Dramen gibt. Weil der «Faust» manche Eigenschaften hat, die lehrreich sind, aber andere nicht, die es auch wären. Weshalb Tragödie und nicht Komödie, weshalb das Drama eines Gelehrten und nicht das einer Ehefrau, weshalb ein erfundenes Mittelalter und nicht erlebte Gründerzeit? Es gibt keine richtigen Antworten auf diese Fragen, und also wäre es günstig, wenn Lehrerinnen und Lehrer für die Beschäftigung mit Werken ferner Zeiten zu begeistern vermögen, weil sie sie selbst gern lesen. Die Begründung «Wir kommen jetzt zu einem der wichtigsten deutschen Theaterstücke» verfängt als solche noch nicht, zumal sie selbst die Kenntnis sehr vieler anderer Theaterstücke voraussetzt und der Lehrkraft womöglich anzumerken ist, dass sie sich diese Begründung auch nur angelesen hat.

Das Zentralabitur und die Deutschprüfung sind hier nur Beispiele für die Fragwürdigkeit der Forderung, alle Schüler denselben Prozeduren zu unterziehen. Gleich unterrichtet werden sie ohnehin nicht. Dass an einer Schule oder in einem Bundesland ein Drittel durchfiele oder auch nur mit einer Vier nach Hause ginge, würde politisch niemals zugelassen. Das

Zentralabitur führt also zur Anpassung der Standards nach unten, nicht nach oben. Für eine bestimmte Art zu prüfen, gibt es keine Letztbegründungen, und in vielen Fächern gibt es nicht einmal letztgültige Kriterien dafür, welche Stoffe beherrscht werden müssen, um «hochschulreif» zu sein. Dass man in Schleswig-Holstein die Ökologie des Wattenmeers ins Zentrum des Biologieunterrichts stellen könnte, in Konstanz hingegen die von Binnengewässern, liegt auf der Hand. Prüfungen sollten zum Unterricht passen, der zuvor erteilt wurde, und nicht umgekehrt der Unterricht sich an Prüfungen irgendeiner Art anpassen. Fast jeder beklagt das «teaching to the test», aber wenn es um die Zentralisierung des Schulsystems geht, fordern inzwischen fast alle etwas, das genau dazu führt: zum Lernen einzig und allein auf die eine Prüfung für alle hin.

Wie sichert man aber, so lautet an dieser Stelle die berechtigte Rückfrage, bestimmte Standards, wenn sie nicht zentral überprüft werden? Wie gewährleistet man, dass Lehrkräfte, deren Unterrichtserfolge sich keinem Vergleich stellen müssen, überhaupt auf Erkenntnisgewinne ihrer Schüler achten? Hinter dem Plädoyer für mehr Zentralismus steckt die Vorstellung, dass nur zentrale Aufsicht Qualität sichern kann, dass es also einen inneren Zusammenhang von zentraler Bildungspolitik und der Durchsetzung anspruchsvoller Bildung gibt. Tatsächlich sprechen schon diejenigen Bundesländer, die wie Sachsen oder Bayern oder Schleswig-Holstein in manchen Vergleichstests deutlich besser abschneiden als andere, dagegen, dass ein dezentralisiertes Bildungssystem keine guten Schulleistungen hervorzubringen vermag. Die Frage müsste also lauten, wie es denn Bayern oder Sachsen oder Thüringen geschafft haben, in einem vergleichsweise guten Ruf zu stehen, was ihre Schulen angeht.

Hier kommen ganz verschiedene Antworten in Betracht. Man kann sich die Abiturientenquoten und den Differenzierungsgrad der dortigen Schulen anschauen, also fragen, wie in einem Schulsystem mit einer der wichtigsten Folgen hoher Standards umgegangen wird: dass nicht alle sie erfüllen. Man kann sich die Einstellung der Lehrkräfte anschauen und fragen, ob nicht eine gewisse Resistenz gegenüber Reformphantasien und ein Festhalten an bewährten Unterrichtsformen dazu beiträgt, die Erwartungen an einen erfolgreichen Unterricht besser zu erfüllen. Man könnte auch untersuchen, ob ein Verständnis der Schule, das sie nicht von vornherein auf das Bewirken von Bildungsaufstieg hin zum Studium festlegt, hilfreich beim Wecken von kognitiven Fähigkeiten ist.

All diese Fragen werden aber nicht gestellt. Die Bildungspolitik lernt nicht, sie gibt sich nicht einmal Mühe, aus lokalen und regionalen Erfolgen wie Misserfolgen zu lernen. Sie schafft lieber die Hauptschule ab, als sich zuvor diejenigen Hauptschulen anzuschauen, die sich und ihre Schülerschaft sehen lassen können, um von ihnen zu lernen. Sie faselt, wenn sie G8 aufgrund irgendwelcher Zurufe seitens der Wirtschaft durchsetzen möchte, lieber davon, es sei «Luft im System», als konkret nachzufragen, ob es diese Luft tatsächlich gibt, und ob diese Luft, wenn es sie denn gibt, womöglich eine Funktion hat, ob man die Verweildauer an Schulen also folgenneutral komprimieren kann. Sie schüttet lieber Milliarden für Digitalisierung aus, als zuvor darüber nachzudenken, was sie sich davon eigentlich verspricht und welchen Sinn es haben könnte, iPads im Unterricht einzusetzen. Erinnert sich noch jemand an die Sprachlabors der siebziger Jahre? Auch so eine Fortschrittsidee, aus deren Scheitern nicht für das nächste Technologieversprechen gelernt worden ist. Man hält lieber an ideologisch gestützten Modellen wie der Gesamtschule fest, als zu erkunden, weshalb manche Gesamtschulen besser funktionieren als andere und weshalb Gesamtschulen in den ansonsten gern als Argument herangezogenen Pisa-Tests kein bisschen besser abgeschnitten haben als die Schulen des gegliederten Systems. Für das Gymnasium gilt übrigens dasselbe, denn auch hier wird nicht versucht, von den guten für die weniger guten zu lernen.

Wer sich um das Einhalten von Standards an Schulen Sorgen macht, müsste darum nicht mehr Zentralisierung fordern, sondern mehr lokale Anschauung. Es sind die guten Beispiele, aus denen gelernt werden kann, aus denen aber weder die Erziehungswissenschaft noch die Schulpolitik gern lernen möchte, weil sie als einzelne Beispiele nicht zu einer Theorie aufgerundet werden können und nicht zu einem Reformprogramm, dem man alle Schulen unterziehen kann. Eine gute Schule, formuliert der Schweizer Erziehungswissenschaftler Jürgen Oelkers zu Recht, ist nicht die Umsetzung einer Theorie, sondern eine lokale Praxis. Deshalb wäre es vernünftig, wenn die Zeit, die an den Schulen mit der Umsetzung von Reformen vertan wird, in den Austausch der Lehrkräfte investiert würde, und zwar darüber, was im Unterricht gelungen ist und was nicht. Das kann ein Austausch innerhalb einer einzelnen Schule sein, aber auch ein Austausch zwischen Schulen. Die Schulaufsicht wäre ihrerseits besser, wenn sie nur durch Beobachtung der Mindeststandards als Instanz der Kontrolle aufträte, sich ansonsten aber als Organisation des vergleichenden Lernens der Schulen voneinander verstünde. Wenn in Grundschulen das Dividieren nicht mehr unterrichtet wird, ist das ein Fall für die Schulaufsicht, genauso wie wenn Schüler mit vierzehn noch nicht alphabetisiert sind. Aber auch hier helfen nur lokale Anstrengungen, nicht allgemeine Programme, die sich eine Zentrale ausdenkt.

Am wenigsten helfen Lehrpläne, jene immer umfangreicher, immer redseliger und immer törichter werdenden Konvolute von Erwartungen, die nur dazu dienen, dass die Bildungspolitik sagen kann, sie habe formuliert, was überall gelten soll. Um nur ein Beispiel zu geben: In der sechsten Klasse an hessischen Gymnasien, wir haben es also mit elf- bis zwölfjährigen Schülern und Schülerinnen zu tun, soll der Geschichtsunterricht verbindlich mit acht Unterrichtsstunden einsetzen, in denen der Übergang von nomadischen Gesellschaften zu sesshaften behandelt wird. Dabei sollen die Schüler den Menschen «als Individuum und Gemeinschaftswesen, zwischen Tradition und Fortschritt und in seinen unterschiedlichen gesellschaftlichen Rollen» kennenlernen und erkennen, dass der Übergang von der aneignenden zur produzierenden Wirtschaftsweise mit neuen Formen des Zusammenlebens einhergeht. Außerdem sollen die Zeit als Bezugsrahmen der Geschichte, der Unterschied zwischen relativer und absoluter Chronologie, der Quellenbegriff und der Begriff der Fundstätte, die Klimaabhängigkeit früher Gesellschaften, der Begriff der jungsteinzeitlichen Revolution, die Domestikation von Pflanzen und Tieren sowie das Konzept der Arbeitsteilung erörtert werden. In 8 mal 45 Minuten, also sechs Zeitstunden.

Laut Lehrplan sollen die Schüler der Klassen 6 bis 9 dabei folgende Fähigkeiten entwickeln:

«Fragestellungen erarbeiten (die eigene Interessengebundenheit wahrnehmen und reflektieren; die Fragestellung präzise erfassen; Fragen und begründete Vermutungen zu historischen Phänomenen formulieren); Ursachen für ein historisches Phänomen benennen; die Interdependenz von Ursachen erkennen; langfristig und kurzfristig wirkende Faktoren unterscheiden; Bedingungen für das Handeln von Menschen benennen; Annäherung an das Erleben damaliger Menschen durch Einfühlung und Distanz durch Analyse suchen; Zusammenhänge darstellen und veranschaulichen; die Ausgangsvermutungen, die eigenen Vorannahmen und Prämissen überprüfen, den eigenen Erkenntnisweg überprüfen, Maßstäbe für das Urteil reflektieren, für die Beantwortung der Fragen angemessene Methoden wählen (mögliche Lösungswege finden; Quellen und Literatur als Basis für Informationen beschaffen; Zusammenhänge von Fragestellungen und vorhandenem Material überprüfen und ggf. die Fragestellung verändern); Informationen erarbeiten (grundlegende Elemente von Quellenkritik und Quelleninterpretation anwenden: Autor, Adressat, Intention, Zeitpunkt der Entstehung, historischer Kontext; Sprache untersuchen und Begriffe klären; Befragungen planen, durchführen und auswerten; nach Ursachen für unterschiedliche Wahrnehmung fragen; unterschiedliche Positionen beschreiben).»

Wenn sie das können, möchte man sagen, steht ihrem direkten Übergang auf einen Lehrstuhl der Geschichtswissenschaft nur noch das Abfassen einer Habilitationsschrift im Wege. Das muss auch den Autoren dieses Katalogs geschwant haben, weswegen sie hinzufügen: «Eine volle Ausbildung dieser Kompetenzen am Ende der Jahrgangsstufe 9 darf nicht erwartet werden.»

Eine volle Ausbildung dieser Kompetenzen war ganz offenkundig auch bei den Verfassern nicht vorhanden, haben sie doch ihrerseits die Prämissen dieser Maximalforderungen nicht geprüft, Fragen der Angemessenheit – beispielsweise von Lernerwartung und Stundenzahl – nicht berücksichtigt und nicht einmal den historischen Stoff durchdrungen, den sie für verpflichtend erklären. Wie etwa soll denn der neolithische Mensch der elfjährigen Schülerin als Individuum bekannt werden? Durch welche Selbstzeugnisse? Wie soll man die

Möglichkeiten, Funde relativ und absolut zu datieren, Schülern erläutern, die über das Konzept «Kohlenstoff» noch nicht verfügen und womöglich überhaupt noch nie darüber nachgedacht haben, wie man die Unterscheidung «früher / später» im Vergleich zu einem Kalender handhabt? Allein dieses Thema, die Bestimmung von Zeit, die Deutung von Funden, würde mehr als die für die gesamte Jungsteinzeit vorgesehenen acht Stunden verdienen. Wieso nimmt sich ausgerechnet der Geschichtsunterricht keine Zeit, an einem ersten Fall von Geschichte mit den Schülern zu erörtern, was alles in einer Vergangenheit steckt, wie man überhaupt auf sie gestoßen ist, was sie einem sagt und was nicht?

Es folgen sieben Stunden für die Ägypter, denen merkwürdigerweise vom Lehrplan die Erfindung der Schrift zugeordnet wird – die viel einflussreicheren Mesopotamier sind «fakultativ», das heißt, sie fallen unter den mit Stoff überhäuften Tisch –, elf für die Griechen, und achtzehn in Klasse 7 für die offenkundig besonders wichtigen Römer. Am Ende der Klasse 7 sind wir beim Westfälischen Frieden angelangt. 78 Schul- und 58 Zeitstunden für etwa, von den Ägyptern her gerechnet, viertausend Jahre Geschichte.

Was aber würde falsch laufen, wenn diese zentral für Hessen verbindlich gemachte Abfolge nicht verbindlich wäre? Wenn man sich die ganze sechste Klasse für die Sesshaftigkeit und Mesopotamien, also Städtegründung, Wasserwirtschaft und Schriftentstehung Zeit nähme. Wenn man den Griechen mehr Stunden gäbe als den Römern. Oder wenn man die morgenländische Entstehung des Christentums behandeln würde, die im Lehrplan vergessen worden ist, wo die Christen erst auftauchen, wenn sie verfolgt werden und das antike Judentum fakultativ ist. Das sogenannte Mittelalter dauert im Lehrplan etwa eintausend Jahre – von den Merowingern bis zu den Medici! –, für die fünfzehn Stunden vorgesehen sind, danach folgen neunzehn Stunden für die dreihundert Jahre zwischen großer Pest und dem Ende des Dreißigjährigen Krieges. Das kann man alles so machen. Aber weshalb sollte es eine verbindliche Anordnung sein? Und was würde man sich von Diskussionen versprechen, die auf einen bundeseinheitlichen Lehrplan zuliefen, sodass endlich sichergestellt wäre, dass jedes deutsche Schulkind elf Stunden mit den Hellenen behelligt wurde, zwölf Stunden über das deutsche Kaiserreich unterrichtet wurde, vier Stunden lang von der Christenverfolgung erfuhr, aber nichts von den Mesopotamiern, dafür in achtzehn Stunden etwas über den Ost-West-Konflikt?

Von anderen Arten, Geschichte zu unterrichten, beispielsweise als Technikgeschichte oder als Geschichte der Familie, als Wirtschaftsgeschichte, Religionsgeschichte oder als Ernährungsgeschichte, haben wir dabei noch gar nicht gesprochen. Wenn es so viele sinnvolle Weisen gibt, den Verstand für zeitlich ferne Gesellschaften zu interessieren, das Gefühl für Altes und Fremdes zu wecken und sich in Begriffen zu üben, die entlegene Zeiten erschließen – warum sollte dann die Schule von zentralen Festlegungen der teilweise ödesten und konventionellsten, auf jeden Fall aber einseitigsten Art profitieren?

Der Unterricht benötigt jenseits der Basisqualifikationen des Lesens, Schreibens und Rechnens, bei denen verpflichtende Vorgaben sinnvoll sind, Spielräume für Schwerpunktsetzungen, exemplarisches Lernen, das Ausprobieren von Felderkundungen. Er benötigt also lokale Freiheit, weil seine Aufgabe, am Wissen die Fähigkeit zu denken zu entwickeln, eine anspruchsvolle ist. Sie hat ständiges Üben und die Auseinandersetzung mit komplexen Fragen mit Interesse zu verbinden. Ihre größten Feinde sind Langeweile, Faulheit und Gleichgültigkeit. Lehrer müssen eigene Wege gehen können, um diese Schwierigkeiten zu überwinden. Wenn eine Schülerin das Gymnasium verlässt, ohne von Karl dem Großen oder Maria Theresia gehört zu haben, aber an anderen Figuren, Epochen, Zeiten gelernt hat, wie sich Vergangenheit erschließt, ist kein Fehler gemacht worden. Das bisschen Karl der Große wird sie sich bei Bedarf dann ebenfalls erarbeiten. Ich könnte heute nicht einmal mehr sagen, ob in meinem über weite Strecken äußerst langweiligen Geschichtsunterricht jemals Maria Theresia oder die Entdeckung Amerikas «dran waren», und wenn, wie ausführlich.

Die Freiheit, unter den schwierigen Fragen und anspruchsvollen Stoffen diejenigen zu wählen, die für eine konkrete Schulklasse die richtigen sind, sollte den Lehrern gegeben werden. Es ist wohlgemerkt nicht die Freiheit, die Rolle des Wissens herunterzuspielen, nicht die Freiheit, alles wegzulassen, was Mühe bereitet, und auch nicht die, im Unterricht ständig nur Steckenpferde zu reiten. Sondern es wäre die Freiheit, sich eigene Gedanken über das Pensum zu machen. Solche eigenen Gedanken sollten sich auch ganze Schulen und Schulgemeinden machen dürfen.

XI. KAPITEL

Schüler sind Kinder, Kinder sind Schüler

Ob die Schule leisten kann, was sie leisten könnte, liegt nicht nur an ihr. Auch Internate, die den ganzen Tag bis weit in den Abend hinein Einfluss auf ihre «Insassen» nehmen, hängen von Voraussetzungen ab, die sie selbst nicht garantieren können. Darum ist es falsch, es ganz der Schule zuzuschreiben, wenn Schüler zurückbleiben, wenn sie die Schule abbrechen oder wenn der Unterricht durch ihr Verhalten erschwert wird. Der wiederholte Befund, an deutschen Schulen hänge der Bildungserfolg *besonders stark* von der Herkunft der Schüler ab, enthält eben auch die Aussage, dass er *überall* von der Herkunft der Schüler abhängt. Etwa die Hälfte der Unterschiede zwischen Klassenleistungen, wollen Bildungsforscher ausgerechnet haben, geht auf Unterschiede zwischen den Schülern zurück, nur ein Drittel auf Unterschiede zwischen den Lehrern und ihrem Unterrichtsstil.

Woher kommen die Unterschiede zwischen den Schülern? Die Schüler sind schon sozialisiert und auf eine bestimmte Weise erzogen, wenn sie in der Schule ankommen. Sozialisiert meint: Durch das wiederholte Erleben von bestimmten Situationen und das Handeln in ihnen sind sie auf Situationen ähnlicher Art vorbereitet. Wer auf einem Bauernhof aufwächst, wird sich auch ohne Unterricht auf anderen Bauernhöfen leichter zurechtfinden als ein Stadtkind. Unter den Stadtkindern wiederum hängt viel vom Viertel ab. Sind die Eltern selbständig, prägt das anders, als wenn sie angestellt oder verbeamtet oder arbeitslos sind. Einzelkinder wachsen anders auf als solche, die viele Geschwister haben. Selbstverständlichkeiten im Umgang der Geschlechter oder der Altersstufen miteinander beeinflussen ebenso wie der Kirchgang, die Tischsitten oder die Art des Urlaubs den Horizont und das Verhaltensrepertoire eines Kindes. Wird in Familien während gemeinsamer Mahlzeiten über dies und das diskutiert, fällt denen, für die Diskutieren insofern etwas Alltägliches ist, die Teilnahme am Unterrichtsgespräch leichter als Schülern, die zu Hause nicht einmal gemeinsame Mahlzeiten kennen. Oder als Schülern aus Familien, in denen Beiträge der Kinder nicht so erwünscht sind. Vor allem der Sprachgebrauch der Eltern führt zu erheblichen Unterschieden.

Sozialisation erfolgt unabsichtlich. Fast niemand stellt den Fernseher an, kauft beim türkischen Landsmann ein oder fährt nach Italien anstatt an die Nordsee, um die Kinder zu beeinflussen. Das wäre auch oft vergeblich, denn Sozialisation erfolgt nicht als verlässlicher Transfer: Dass es zu Hause viele Bücher gibt, kann auch zum Protest gegen Bücher führen; dass es keine gibt, mag zu ihrer Attraktion beitragen; die Kenntnis der Kirche oder zu stark aufgeräumter Wohnungen provoziert unter Umständen ihre Ablehnung. Robinson suchte auf Schiffen und Anton Reiser beim Theater gerade eine Welt, in die sie nicht hineinsozialisiert worden waren. «Es kommt hinzu», notiert der Soziologe Niklas Luhmann, «daß in der Ablehnung typischerweise die größeren Individualitätschancen liegen als in der Konformität.» Wenn also beispielsweise Kinder aus Elternhäusern, in denen ihnen ständig das Lesen empfohlen und vorgemacht wird, selbst lesen, «bedarf dies einer zusätzlichen Erklärung».

Erziehung hingegen erfolgt absichtlich. Sie setzt auf Ratschläge, Bitten, Ansagen, Hinweise, Befehle, Sanktionen und Gespräche. Sozialisiert wird man durch Dabeisein, erzogen durch Kommunikation, die mehr oder weniger ausdrücklich ihre Ziele ausweist. Sie tut es, weil sie die betroffene Person, das Kind, auf ungewohnte Situationen vorbereiten will. Darum geht mit der modernen Gesellschaft ein besonderer Erziehungsbedarf einher, denn in ihr wird es immer unwahrscheinlicher, dass die Kinder das Leben ihrer Eltern fortsetzen. Wir nennen es Freiheit, wenn wir einen offenen Horizont unterstellen. Um auf ihn, also auf Ungewissheit vorzubereiten, teilt Erziehung Dinge mit, die das Kind nicht täglich selbst wahrnehmen kann, nicht einfach durch Imitation oder verarbeitete Anschauung lernt, nämlich Kenntnisse und Handlungsmuster für andere Zusammenhänge als den der eigenen Familie und des lokalen Milieus.

Die Schule ist insofern ein Produkt der Abkehr von der landwirtschaftlichen Produktion. Denn solange die allermeisten Menschen in einer nachbarschaftlichen Ökonomie beschäftigt waren und die Kinder beruflich meistens wurden, was ihre Eltern waren, blieb die Familie das Zentrum der Lebensläufe. Erst die soziale Mobilität, die durch Handel und Industrialisierung ausgelöst wurde, schuf den Bedarf für eine von den Familien abgelöste Erziehung; nicht zuletzt, weil die nicht mehr im eigenen Haushalt arbeitenden Eltern – zunächst ging es vor allem um die Väter – keine anschaulichen Handlungsmodelle für die Kinder mehr sein konnten. Seitdem nimmt die Institutionalisierung staatlicher Erziehung gegenüber familiärer Erziehung zu. Arbeiteten einst viele Kinder in und für die Familie, so arbeiten heute die Eltern, sofern sie Arbeit haben, für sich und wenige Kinder, die währenddessen in mehr oder weniger staatliche Obhut gegeben werden.

Das verteilt, im historischen Vergleich betrachtet, die Verantwortlichkeit für Erziehung um. Zunächst wurde es Aufgabe des Staates, alle Kinder zu erziehen, die man sich später als Arbeitskräfte außerhalb von Haushalten vorstellte. Dann wurde es seine Aufgabe, alle Kinder zu erziehen, unabhängig davon, welchen weiteren Lebenslauf sie haben würden. Schließlich wurde es seine Aufgabe, alle Kinder und Jugendlichen lange zu erziehen. Nachdem auch das mehr oder weniger durchgesetzt war, wurde es seine Aufgabe, alle Schüler zu möglichst hohen Abschlüssen zu führen, kein Kind zurückzulassen und möglichst ganztags zu erziehen. Der Umfang des angemeldeten Bedarfs an außerfamiliärer Erziehung und die Zahl der Bedürftigen ist so kontinuierlich gewachsen. Überall, wo Defizite sichtbar werden, kommt die Forderung auf, die Schule müsse so ausgestattet werden, dass sie in der Lage ist, Abhilfe zu schaffen. Die Arbeitsteilung zwischen Einkommenserzielung und Kindererziehung, notierte der amerikanische Soziologe James S. Coleman schon vor dreißig Jahren, ist nicht nur eine Arbeitsteilung zwischen Haushalten (denen des Typs «Doppelverdiener ohne Kinder» und denen der kinderreichen Familien, die auf Sozialhilfe angewiesen sind), sondern auch eine zwischen Haushalten, die voll berufstätig sind, und einem Staat, der die Erziehung von Kindern übernehmen soll.

Entsprechend lesen sich auch die staatlichen Lehrpläne nicht mehr als schul- und fächerspezifische Auflistungen wünschbarer Unterrichtsziele, sondern als Anleitungen zur Menschwerdung. Alles, was man überhaupt sein kann und was wertgeschätzt wird, kommt in ihnen als von der Schule zu vermittelnde Kompetenz vor. Sie sind gerade mal sechs Jahre alt, und schon sollen sie auf den Weg zum «mündigen Bürger» gebracht werden, zu einem bestimmten Konfliktverhalten erzogen, zu Toleranz, kritischen Einstellungen und was nicht allem noch. Papier ist geduldig.

Außerdem meint man, es könne gar nicht früh genug damit angefangen werden, den Kindern etwas von Sexualität, Demokratie, Umweltschutz zu erzählen. Daran ist nicht zu beanstanden, dass es sich um kontroverse Materien handelt oder um solche, die besser den Familien anvertraut würden. Der konservative Protest dagegen, Elfjährige stundenweise mit der Existenz verschiedener Formen des Geschlechtslebens bekannt zu machen, greift am Problem vorbei, weil er es für ein moralisches Problem hält. Es ist vielmehr ein kognitives. Denn was wird in solchen von Gekicher und Verlegenheit geprägten Stunden gelernt? Zumeist nicht viel mehr, als dass die Erwachsenen offenkundig ein Problem haben. Und wie ernst nehmen Schüler, die acht oder zehn sind, die Redensarten von Lehrern wenn diese ihnen vom wirklichen Leben erzählen? Die Schule entledigt sich einer vermeintlichen Pflicht, die Schüler haken es ab und beziehen ihre Informationen über das heikle Thema gewiss nicht primär aus dem Unterricht. Dasselbe gilt für andere moralisch besetzte Stoffe.

Die Schule kann die Familie nicht vertreten. Sie kann auf die Kinder mittels Lehre, Problemstellungen und Belohnungen für Lösungsbeiträge einwirken. Haltungen, Anstrengungs bereitschaft und Selbstbilder werden hingegen stärker durch die Familien vermittelt und jedenfalls geschwächt, wenn die Familien nicht schuladäquat erziehen, weil sie irrtümlicher weise denken, es sei die Aufgabe der Schule, nicht nur zu un terrichten, sondern auch alle Voraussetzungen dafür zu schaf fen. Ähnlich sehen es übrigens auch die, die der Schule als wichtigste Aufgabe zuweisen, die unterschiedliche Familien herkunft der Schüler zu neutralisieren. Für Ganztagsschulen plädieren sie nicht nur, um möglichst viel Zeit für Schüler mit Rückständen zu haben, sondern auch, um die Ungleichheit bewirkenden Kontaktzeiten mit den Herkunftsmilieus kurz zu halten. Aus den gleichen Gründen wird gegen Hausaufgaben polemisiert: Unterschiedliche Ressourcen sollen keine Rolle spielen. Dass sich die Eltern mit ihren Kindern nicht über schulrelevante Fragen unterhalten dürfen, hat allerdings noch niemand gefordert, wenn man von Fanatikern der Methode «Schreiben nach Gehör» absieht, die heimische Korrekturen der «falschen» Rechtschreibung zu unterbinden suchen.

Weil die Isolation der Schüler von ihren Herkunftswelten weder möglich noch wünschenswert ist, hängt der Erfolg von Unterricht auch mit dem Wandel dessen zusammen, was Familie, Kindheit und Jugend bedeuten. Wer nach den Möglichkeiten der Schule fragt, muss darum auch die sozialisierenden und erziehenden Welten außerhalb der Schule in den Blick nehmen. Es ist in den Familien eine Welt, die der vor vierzig Jahren nicht mehr gleicht. In den Haushalten sind oft beide Eltern berufstätig, was die Tagesabläufe, den Abstimmungsbedarf, die Anwesenheiten und die Freizeitgestaltung stark verändert hat. Mütter mit mehr als zwei Kindern, die noch im Jahrgang 1940 mehr als ein Viertel aller Frauen ausmachten, hatten im Jahrgang 1970 einen Anteil von nur noch fünfzehn Prozent. Es gibt also diesseits von Einwandererfamilien weniger Erziehung durch ältere Geschwister. Andere erziehende Institutionen wie Kirchen, Haus- oder Dorfgemeinschaften sind ebenfalls rückläufig. Dafür sind als sozialisierende Faktoren die Medien und der Konsum aufgerückt. Die Schule unterbricht, wenn sie es denn tut, vor allem den Kontakt zu diesen Lebenswirklichkeiten. Zugleich sind Kinder nicht mehr brav wie Tom und Annika, weshalb eine Pointe, die 1945 in der Figur von Pippi Langstrumpf lag, heute weniger trifft. Die Geschlechterrollen sind, auch wenn es manchen nicht weit und schnell genug damit geht, nicht mehr zementiert. Scheidungen und zusammengesetzte Familien sind verbreitet. Vor allem aber sind die Altersrollen nicht mehr stabil.

Das alles wirkt sich auf die Unterrichtsressource Autorität aus. Denn sie findet weniger Unterstützung in der Umwelt der Schule, weil dort die Begegnung von Kindern und Erwachsenen seltener geworden ist. So hat die Gegenwart der Erwachsenen zu Hause abgenommen. Zunächst war es nur der abwesende Vater, dann kam in vielen Haushalten die berufstätige und durch Doppelbelastung angestrengte, vom Vater wenig entlastete Mutter hinzu. In manchen Familien, die alle Vorteile des guten Einkommens der Eltern genießen, gehen sie mit besonders häufiger Abwesenheit einher, weil die Arbeitswoche nicht endet, weil es Dienstreisen gibt und Pflichten der Netzwerkpflege. Die Interaktion geht zusätzlich zurück, wenn Medien eine große Rolle spielen und in die Lücken dringen, die sich in der familiären Kommunikation auftun. Von der Frage, ob sich der Computer (das Smartphone) im Kinderzimmer befindet, oder nur außerhalb desselben benutzt werden darf, hängt viel ab. Die Sonderwelt der Lektüre, die schon immer eine war, von der die Erwachsenen nicht alles wussten, darf damit nicht verwechselt werden, denn sie war keine unendliche. Irgendwann schlief man über dem Buch, Comic oder Magazin unter der Bettdecke ein. Das Internet bietet ganz andere Möglichkeiten, sich aus der Gegenwart der Erwachsenen zu verabschieden, es erhebt ganz andere Ansprüche auf die Aufmerksamkeit seiner Nutzer.

Hinzu kommen Verschiebungen in den räumlichen Umständen des Aufwachsens. Urbanisierung und Mobilität führen dazu, dass «Häuser» nicht mehr selbstverständlich als soziale

Einheiten angesprochen werden können, in denen die Kinder auch von Nachbarn erzogen werden. Die Nostalgie knüpft, was die Kindheit angeht, an Zeiten an, in denen es unerschlossene Flächen gab, Naturzonen ohne Verbotsschilder, vor allem aber die Bereitschaft von Eltern, das Herumtreiben zuzulassen. Die unerschlossenen Flächen wird es so leicht nicht wieder geben, aber die Nervosität vieler Eltern, was das Herumtreiben und das unbeaufsichtigte Spielen ihrer Kinder angeht oder einen Schulweg mittels öffentlicher Verkehrsmittel oder mit dem Rad, ist merkwürdig. Offenbar werden die Risiken des Konsums geringer eingeschätzt als die der Stadt.

Aber nicht nur die Nachbarn erziehen nicht mehr mit. Viele Eltern verbitten sich, dass irgendjemand anderes als sie selbst auf ihren Nachwuchs einwirkt. Selbst Lehrer müssen mit Stilkritik rechnen und damit, dass in den Familien schlecht über sie geredet wird. An das Verstandesgebot, ihnen selbst dann nicht in den Rücken zu fallen, wenn sie dafür Anlass bieten, fühlen sich viele Eltern nicht gebunden. Die Kinder wiederum nehmen das nicht nur als Autoritätsverlust der Lehrperson wahr, sondern auch als eine starke Aufweichung der Erwachsenenfront. Nur weil sie älter sind, schließen sie, haben ihnen Erwachsene nichts zu sagen. Es scheint weniger Konsens der Älteren gegenüber den Jüngeren zu geben, weil die Meinungen, wie zu erziehen sei, eben stärker variieren als früher: «Papa hat es aber erlaubt!»

Vor drei Jahrzehnten schon hat der amerikanische Psychologe David Elkind auf den Umstand hingewiesen, dass Kinder immer schneller erwachsen werden sollen. Schon um die Lernfortschritte von Säuglingen machen sich viele Eltern Sorgen. Je weniger Kinder sie haben, desto mehr verspüren sie den Druck, aus ihnen etwas zu machen. Das pflanzt sich an den Schulen fort, wenn dort schon die Jüngsten als Staatsbürger behandelt werden. Streiten sich Kinder auf dem Schulhof, werden Mediationsverfahren angeworfen. Anstatt Weisungen erhalten sie Verhaltensvorschläge und Diskussionsofferten. In einem Rahmenplan für Grundschulen heißt es, die Kinder sollten bei Planungen und Entscheidungen so weit wie möglich einbezogen werden, Verantwortung für die gemeinsame Lernumwelt übernehmen, sich ihrer Konsumentenrolle bewusst werden und so weiter. In Sportvereinen wird sehr früh kommuniziert, dass es hier nicht um Spielen, sondern um Leistung geht und Kinder, die sie nicht bringen, keine Rücksicht erwarten dürfen. Diejenigen, die sie bringen, haben etliche Termine, die wiederum mit den Terminen für musische Erziehung oder Nachhilfe in Übereinstimmung gebracht werden müssen.

Der Medienkonsum führt dazu, dass Kinder sehr früh mit Sexualität, Schönheitsidealen, Gewalt bekannt gemacht werden. Sie schauen mit zehn «Ladykracher» auf YouTube und erfahren dort, was ein Blowjob ist oder dass es jedenfalls dieses Wort gibt, obwohl sie es gleichzeitig peinlich finden, wenn sich zwei in einem Liebesfilm küssen. In den Schulen wird Zehnjährigen nicht nur das Halten von Referaten nahegelegt, die sie dann aus dem Internet abschreiben, wobei die Schlauen danach noch versuchen, die Spuren des Abschreibens zu tilgen. Es wird ihnen auch das Halten von Power-Point-Vorträgen abverlangt.

Dazu passt der säkulare Trend, Schülern die Wahl und die Abwahl von Unterrichtsfächern zu überlassen. Zwar unterliegt auch er dem Vor und Zurück des bildungspolitischen Reformbetriebs, sodass Fächer von Jahrgang zu Jahrgang mal mehr, mal weniger verpflichtend sind. Doch alles in allem begegnet die Schule den Schülern spätestens zu Beginn der Oberstufe oft als Kantine, in der sie sich ihr eigenes Menü zusammenstellen. Dafür spricht die Selbstverpflichtung, die sie damit nach dem Ende der eigentlichen Schulpflicht eingehen; dafür spricht auch, dass womöglich Einzelne von ihnen zu diesem Zeitpunkt schon wissen, wo die Schwerpunkte ihres fachlichen Interesses liegen. Festzuhalten ist nur, dass die frühe Ablösung von elterlicher und überhaupt erwachsener Autorität auch hier erfolgt.

Es sind also ganz unterschiedliche und untereinander gar nicht kausal zusammenhängende Tatbestände, die im Verhältnis von Kindern und Erwachsenen die Verhaltenserwartungen verändert haben. Einen Generationenkonflikt gibt es auch deshalb immer weniger, weil die Erwachsenen ihrerseits die Kultur ihrer eigenen Jugend weiterführen. In ihren Freizeitaktivitäten, ihrer Kleidung, ihrem Habitus markieren sie nicht ihren Altersabstand. Mit vierzig werden sie noch als jung angesprochen, selbst Fünfzigjährigen kann das noch passieren, obwohl manche von ihnen dann wiederum für gleichaltrige weiße Frauen schon alte weiße Männer sind. Jungbleiben ist jedenfalls eine weitverbreitete Devise.

Kinder müssen sich darum inzwischen selbst als kleine Erwachsene vorkommen. Die Konsumgüterindustrie hat sie seit langem schon als solche entdeckt. Das alte «Torwächter-Modell» der Werbung für Kinderprodukte, demzufolge die Eltern von ihnen überzeugt sein müssen, ist längst durch direkte Ansprache auf allen Kanälen ersetzt worden. Das mittlere Alter für Einkaufsbesuche in Geschäften ohne die Eltern liegt nach amerikanischen Zahlen bei acht Jahren. Wenn James Colemans Diagnose zutrifft, dass Kinder immer öfter nur noch unter sich sind und altersgemischte Interaktion abnimmt, weil das Familientreffen durch organisierte Freizeitverwendung abgelöst worden ist, das gemeinsame Fernsehen durch altersspezifische Angebote und die Läden in der Nachbarschaft durch

Einkaufszentren, stehen zwischen der Welt der Erwachsenen und den Kindern immer weniger vermittelnde Instanzen.

Nimmt man beide Sachverhalte zusammen, so kann man von einem Paradox immer längerer Jugend bei immer früherem Erwachsenscheinen sprechen. Die Pubertät setzt heute, vor allem ernährungsbedingt und aufgrund hormonaktiver Stoffe, früher ein als noch vor zwanzig Jahren. Von den Eltern werden Kinder im dominanten Mittelschichtsmilieu vermehrt freundschaftlich behandelt und weniger als Adressaten von Weisungen. Früh werden sie gefragt, was sie möchten. Einer Welt des verordneten Verhaltens, in der Erwartungen der Älteren sanktionsbewährt waren und oft mit Gewalt durchgesetzt wurden, sind die meisten Kinder nicht mehr ausgeliefert. Stattdessen herrscht freilich viel Indifferenz gegenüber ihren Entscheidungen. Coleman hat das als eine Schwächung der Beziehungsintensität zwischen Eltern und Kindern interpretiert, weil bei egalitären Einstellungen aller zueinander beide Seiten, die Eltern wie die Kinder, sich stärker für ihre eigene Altersgruppe interessieren als für die Jüngeren oder Älteren.

Was heißt das für die Voraussetzungen der Schule? In einem Text zur «Krise in der Erziehung» hat die Philosophin Hannah Arendt vor sechzig Jahren schon auf ein naheliegendes Missverständnis im Umgang mit Kindern hingewiesen. Kinder sind neu, die Griechen haben sie sogar als «die Neuen» bezeichnet. Also denken viele, dass Erziehung eine besondere Gelegenheit ist, das Neue, das bessere Neue durchzusetzen. Was immer wir uns wünschen, durch Erziehung soll es verwirklicht werden. Doch gerade dadurch, dass man Kinder auf das vorbereitet, was den Erwachsenen selbst als das Neue vorkommt, so Arendt, «schlägt man den Neuankömmlingen ihre eigene Chance des Neuen aus der Hand». Die Welt, in die man

Kinder durch Erziehung einführt, ist aber eine alte Welt, eine gewordene Welt, die sich nur im Rückgriff auf schon lange Bekanntes verstehen lässt. Nur für Kinder ist sie neu. Denn Kinder wissen nicht, was Strom ist, dass es ihn nicht immer gegeben hat oder was nötig ist, um ihn herzustellen. Kindern muss der Unterschied zwischen einem König und einer Bundeskanzlerin erklärt werden – und später womöglich die vielen Unterschiede zwischen Königen und zwischen Bundeskanzlern. Das siebenjährige Mädchen, das beim Ansehen von «Die Schwester der Braut» fragt: «Papa, war die Welt früher schwarz-weiß?», hat Anspruch auf eine Antwort nicht nur in der Sache. Sondern auch in der von jener Frage mitberührten Dimension, dass die Gegenwart unzählige Voraussetzungen hat. Kinder können nicht in die Zukunft eingeführt werden, sondern nur in eine Gegenwart, die nicht so selbstverständlich ist, wie sie sich und wie sie vielen Erwachsenen vorkommt.

Zugleich müssen Kinder und Jugendliche vor vielen Aspekten dieser Gegenwart geschützt werden, weil sie es als Neue, Unwissende mit ihr noch nicht aufnehmen können. Es ist absurd zu behaupten, sie wüssten am besten, was für sie gut ist, so wie es absurd war zu denken, Erziehung sei Herrschaft der Eltern über die Kinder. Wer demgegenüber mit großem Recht sagt, Erziehung sei das Beherrschen des Verhältnisses von Kindern und Erwachsenen, setzt damit den Unterschied beider voraus. Dieser Unterschied verschwindet nur durch langanhaltendes Lernen, Bildung ist darum etwas Allmähliches, nichts Plötzliches und nicht einmal etwas Schnelles. Sie steht mit Erfahrung in einem engeren Zusammenhang als mit Erlebnis. Es hat darum seinen guten Sinn, wenn die Schule sich als Zwischenraum versteht, in dem Wirklichkeiten nicht nur aufgerufen werden, sondern auch gefiltert. Die Schule erzieht seit jeher auch immer gegen ihre Umwelten, deren überwältigenden Charakter, deren scheinhafte Evidenz, deren Unmittelbarkeit. Die Zeit beispielsweise, die vor Bildschirmen aller Art verbracht wird, ist seit den 1990er Jahren stark angestiegen. Sie liegt bei den Vierzehn- bis Neunzehnjährigen derzeit täglich bei 112 Minuten Fernsehen und 332 Minuten bei audiovisuellen Medien insgesamt.

Was immer dann im Einzelnen auf den Bildschirmen gesehen wird, allein ein solcher Umstand zwingt die Schule, sich zu entscheiden: Will sie sich als Ort verstehen, der dieser Wirklichkeit entspricht, oder als Ort, an dem Kinder und Jugendliche nicht schutzlos ihren eigenen Impulsen ausgesetzt sind? Und nicht schutzlos einander. Hannah Arendt berührt einen wichtigen Punkt, wenn sie davon spricht, dass die Zurücknahme elterlicher und pädagogischer Autorität einer ganz besonderen Tyrannei den Weg bahnt: der Tyrannei der Gleichaltrigen, der «peers». Befreit von den Ansagen der Älteren, gehorchen sie dann der Gruppe, die von den Eltern und Lehrern unausgefüllte normative Lücken sofort besetzt.

Wer an der Wirklichkeit außerhalb der Schule etwas ändern will, muss sich an die Erwachsenen halten. Denn sie schaffen die Umstände der Sozialisation wie der Erziehung, und wenn sie sich daraus zu Teilen zurückziehen, erschwert das die Arbeit der Schule. Wenn also beispielsweise mehr Distanz zu audiovisuellen Medien oder mehr Verstand bei ihrer Nutzung erwünscht wäre, wird sich das nicht und jedenfalls nicht allein durch Kurse zum «kritischen Umgang» mit dem Internet oder mit Computerspielen bewirken lassen. Es nutzt wenig, den Kindern das Lesen zu predigen, wenn zu Hause ständig der Fernseher läuft und die Kinder zumeist auf «TikTok» oder bei «World of Warcraft» sind. Wenn mehr Toleranz gegenüber anderen Lebensformen erwünscht ist, kann sie nicht durch

Toleranzunterricht herbeigeführt werden, sondern nur dadurch, dass Toleranz unter Erwachsenen normal wird. Soziale Ungleichheit wird nicht durch Kurse beseitigt; deren Teilnehmer erhöhen zwar ihre Karrierechancen und haben irgendwann einen Bachelor in Irgendwas, aber unter den gegebenen Umständen werden andere weiter den Müll wegräumen, im Callcenter sitzen oder die Päckchen zustellen. Diese gegebenen Umstände lassen sich ändern, aber nicht durch Schulunterricht. Es liegt darum eine gewaltige Verlogenheit darin, Kindern und Lehrern die Durchsetzung des gesellschaftlich Wünschenswerten zuzuschieben.

Das gilt nicht zuletzt für die Bildung selbst. Kinder sollen sehr viel mehr lesen als Erwachsene, sehr viel besser rechnen als diese, sehr viel mehr wissen. «Was unsere Kinder wissen müssen» heißt der Titel eines sehr löblichen und mit besten Absichten geschriebenen Buches des Bildungsjournalisten Thomas Kerstan. Und was müssen sie wissen? Sie müssen wissen, was das suprematistische Quadrat ist, «Hamlet» müssen sie kennen (obwohl die Frage «What happens in Hamlet?» nach wie vor ungeklärt ist) und «Doktor Schiwago» (habe ich noch nicht gelesen), den Comic «Maus» sollten sie kennen, aber auch das Grundgesetz (kam bei uns in den siebziger Jahren nur in einer Stunde dran) und beispielsweise Jared Diamonds evolutionstheoretischen Blick auf die Gesellschaft. Relativ typisch ist, dass Kindern vor allem ästhetisches, historisches und philosophisches Wissen angesonnen wird; hundertfünfzig Seiten lang werden entsprechende Kunstwerke und Bücher aufgeführt, für Mathematik, Physik, Chemie und Biologie bleiben dann noch vierzig Seiten. Auf diese Weise entsteht in Wahrheit kein Kanon für Schulen, sondern ein Katalog dessen, was Erwachsene gerne wüssten, um sich als gebildet bezeichnen zu können. Würde eine Lehrerin sagen, sie habe all die Werke gelesen, gehört und angeschaut, die in diesem Katalog aufgeführt sind, man würde sie anstaunen.

Eine der Voraussetzungen für eine Schule, die solchen Idealen nahekommen könnte, wäre darum, dass erst einmal die Erwachsenen sich bildeten, läsen, nachdenklich wären, argumentierten und in ihren Freizeitbeschäftigungen wählerischer würden. Die Kritik der Schule ist oft zutreffend, aber zugleich heuchlerisch, weil selbstgerecht. Wie kommen wir denn auf die Idee, die Schule könnte etwas durchsetzen, das von einem Großteil der Erwachsenen täglich als nicht so vorrangig behandelt wird? Oder etwas wegerziehen, was Erwachsene täglich als normal vorführen?

Die Medienwissenschaftlerin Sherry Turkle vom Bostoner MIT hat das einmal durchgespielt am Gebrauch von Smartphones, die in vielen Familien zu einer Flucht aus der Konversation geführt habe. Konversation sei für Kinder ein Spiegel ihrer selbst, schule im Umgang, fördere Empathie und alle sprachlichen Register, nicht zuletzt auch das Zuhören. Darüber hinaus markiert Konversation in Familien die Grenze zwischen privat und öffentlich, sie bietet also kommunikativen Schutzraum. Wenn das Internetverhalten der Erwachsenen sie absorbiert, ihre eigenen Geräte niemals abgeschaltet sind und jede Mitteilung sofort nachgeschaut werden muss, kein Gespräch davor sicher ist, von außen unterbrochen zu werden, bilde sich, so Turkle, bei denen, die Kommunikation gar nicht mehr anders erfahren, das Vermögen zur Konversation erst gar nicht aus. Vom Vertrauen, jederzeit die Aufmerksamkeit der Eltern bekommen zu können, ganz zu schweigen.

Wenn in den Schulen dann von Aufmerksamkeitsdefiziten, Konzentrationsschwierigkeiten und Problemen beim sprachlichen Ausdruck die Rede ist, geht es darum nicht selten auch um die Eltern. Die aber haben oft vergessen, dass ihre eigenen

Fähigkeiten, die kognitiven wie die emotionalen und die kommunikativen, nicht von ihrem Erziehungsstil hervorgebracht worden sind, sondern von dem ihrer Eltern und Lehrer. Die Kinder in den Genuss dessen kommen zu lassen, was an der eigenen Erziehung im Rückblick gut erscheint, liegt nahe, sofern es so etwas als gut Empfundenes darin gab. Schulen sind darauf angewiesen, dass in den Familien nicht gegen sie und gegen die Tugenden gelebt wird, die der Unterricht beansprucht. Die Mediennutzung ist nur eines von vielen Beispielen für eine Form der Sozialisation und Erziehung, die es den Schulen schwermacht.

Im Zuge einer empirischen Studie in den Vereinigten Staaten zeigte sich einst, dass asiatische Einwanderer in einem Schulbezirk im Durchschnitt doppelt so viele Schulbücher gekauft hatten als die anderen Familien. Nämlich immer ein Buch für das Kind und das gleiche Buch noch einmal für die Eltern. Man mag die buchstäbliche Umsetzung dieser Methode, Anteil an der Schule zu nehmen, als viel zu zumutungsreich ablehnen. Die Anekdote enthält gleichwohl ein gutes Bild dafür, dass Erziehung und Bildung nicht vollständig delegiert werden können. Wer stets nur nach dem Staat und seinen Schulen ruft, wenn pädagogische Defizite sichtbar werden, überschätzt nicht nur deren Möglichkeiten – er unterschätzt auch die der Familien.

XII. KAPITEL

Was zu tun ist: Lehrerbildung

Lehrer sind Schlüsselfiguren der Schule. Aber nicht alle Lehrer. Wer die Schulen bis zum Abitur durchläuft, ist von vierzig bis siebzig Personen unterrichtet worden. John Hatties Bemerkung, davon würden die meisten nur zwei oder drei als besonders erinnern, mag etwas untertreiben. Schließlich werden Lehrer aus vielen Gründen erinnert, und nicht nur, wenn sie ausschlaggebend für die Orientierung eines Schülers gewesen sind. Der Unterricht fordert nachgerade dazu auf, die Person zu beobachten, die ihn gibt, und sich nicht nur Gedanken über das Thema der Stunde zu machen, sondern eben auch über sie. Dennoch hat Hattie recht, wenn er sagt, dass es immer wieder dieselben drei Merkmale sind, mit denen einflussreiche Lehrer im Rückblick beschrieben werden: Sie unterhalten eine besondere Beziehung zu den Schülern. Sie haben besonders gut erklärt, auch Schwieriges. Sie haben die, die sich an sie erinnern, auf etwas hingewiesen, was die Schüler sonst vielleicht nie kennengelernt hätten.

Gute Lehrer lehren. Sie befinden sich also nicht «auf Augenhöhe» mit den Schülern, sondern können etwas, was diese noch nicht können. Doch dieser Vorsprung, der mehr als ein paar Schulstunden betragen muss, um wirksam zu sein, macht

Lehre noch nicht aus. Zu ihr gehört, dass er von beiden Seiten als unproblematisch empfunden wird, weil die Absicht ist, ihn zum Verschwinden zu bringen. Ich sehe (weiß, kann, kenne) etwas, das du nicht siehst, aber bald sehen wirst. Beim Lehren geht es nicht darum, das Gegenüber zu informieren oder es in seinen bis dahin irrigen Annahmen zu verändern. Lehren ist nicht dasselbe wie Belehren. Es enthält keinen Vorwurf. Lehrer weisen zwar ab und zu auch zurecht, weil es nicht anders geht oder weil es ihnen unterläuft, aber wenn sie zurechtweisen, lehren sie nicht. Wenn Angeklagte über ihre Rechte belehrt werden, Bewohner über die Hausordnung oder Schüler, die glauben, stören zu dürfen, dann geht es nur darum, ihnen mitzuteilen, was der Fall ist und gilt. Belehrung fordert zur Kenntnisnahme auf, aber nicht zum Erwägen, Durchdenken, Verstehen. Die Vorwurfslosigkeit des Lehrens besteht hingegen gerade darin, dass es den Kenntnisabstand zwischen Lehrer und Schüler nicht nur zu überwinden, sondern auch zu nutzen versucht. Nicht, dass die Schüler etwas nicht wissen, sondern dass sie darum etwas nicht können, ist der Grund des Lehrens.

In diesem Sinne lässt sich das Lehren von vielen anderen Handlungen unterscheiden, die im Unterricht vorkommen. Lehrer, schreibt Erziehungswissenschaftler Andreas Gruschka, prüfen, loben, ermahnen, diskutieren, strafen, lassen spielen, geben Ratschläge. All das unterstützt den Unterricht gegebenenfalls, aber es macht ihn so wenig aus wie die Lehrer in erster Linie Erzieher, Prüfer, «Coaches» oder Klassenraummanager sind. Wenn auf solche Tätigkeiten die meiste Zeit der Schulstunden verwendet wird, steckt der Unterricht vielmehr in einer Krise. Denn er findet dann immer weniger statt. Wenn die Lehrerbildung ihrerseits nicht das Unterrichten lehrt, sondern vor allem die Vorbereitung von Schülern auf Tests, die Schicksalsergebenheit gegenüber den jährlich wechselnden

Reformideen oder die Delegation des Erkenntnisgewinns auf die Schüler, höhlt sie den Beruf aus, auf den sie hinzuführen behauptet. Sie vertauscht seine Mittel und seinen Zweck.

Der Zweck des Lehrens ist die Versachlichung von Autorität. Erwachsene haben einen Vorsprung vor Kindern, der sich aus der bloßen Tatsache ergibt, dass sie schon etwas länger da sind, dass sie stärker sind, dass sie Vorrechte besitzen und mehr Ressourcen. Lehren heißt, diesen Vorsprung durch Weltkenntnis abzuarbeiten. Eltern lehren beispielsweise ihren Kindern nicht die Sprache, sie sprechen einfach mit ihnen. Die Sprache zu unterrichten, überführt das unwillkürliche Lernen in gedankliche Arbeit. Es wird an ihr etwas gezeigt, was sich nicht von selbst erschließt, ihre Grammatik beispielsweise oder die Vielfalt der Möglichkeiten, sie zum Einsatz zu bringen. Man sieht es auch den Zahlen nicht auf den ersten Blick an, was man mit ihnen alles machen kann, dass sie eine Ordnung zu haben scheinen, dass es sogar Zahlen gibt, die nichts zählen. Lehren ist das exemplarische Auswählen von Sachverhalten, um an ihnen den Schülern etwas beizubringen, was sich nicht von selbst erschließt, was aber schon erschlossen ist. Insofern ist Lehren auch nicht Forschen. Lehrer stellen meistens Fragen, auf die sie die Antwort oder den Spielraum sinnvoller Antworten schon kennen. Wer den Sinn dieses Vorgehens bezweifelt, versteht nicht, was mit Versachlichung von Autorität gemeint ist. Ich weiß (kenne, kann, sehe) etwas, das du nicht weißt, sagt die Lehrperson, aber ich zeige dir, wie du zu diesem Wissen kommen kannst und was es bedeutet, etwas zu wissen. «Die Qualifikation des Lehrers besteht darin», wie Hannah Arendt es formuliert hat, «daß er die Welt kennt und über sie belehren kann, aber seine Autorität beruht darauf, daß er für diese Welt die Verantwortung übernimmt.» Die Lehrperson steht dafür ein, dass es nicht nur möglich, sondern sinnvoll ist, sich

Kenntnisse zu erarbeiten und die Schwierigkeiten zu überwinden, die es macht.

Was heißt das für die Lehrerbildung? Sie sollte zwei Schwerpunkte haben: Erstens die Kenntnis des Weltausschnitts, der später unterrichtet werden soll, der Fächer also, die man unterrichtet. Und zweitens die Kenntnis der Schwierigkeiten des Unterrichtens selbst, jener Schwierigkeiten also, die sich aus der asymmetrischen Kommunikation ergeben, die den Unterricht fast immer auszeichnet. Wenn das Erste mangelhaft erfolgt, hat die Lehrperson zu wenig, was sie unterrichten kann. Wenn es am Zweiten mangelt, kommt es zum sogenannten «Praxisschock» und im Extremfall dazu, dass jemand zu spät merkt, gar nicht für diesen Beruf geeignet zu sein; schlimmstenfalls wird diese Einsicht mit dem Verbleib im Lehrberuf kombiniert.

Im Unterschied zu anderen universitären Berufsausbildungen hat die Lehrerbildung eine besondere Voraussetzung. Angehende Mediziner sind nicht in Krankenhäusern groß geworden, die wenigsten Juristen studieren ihr Fach, weil sie als Jugendliche schon so oft vor Gericht standen, keine Studentin der Kunstgeschichte oder des Maschinenbaus hat zuvor dreizehntausend Stunden in Museen oder Fabrikhallen verbracht. Lehrer und Lehrerinnen aber waren zuvor Schüler. Mitunter noch kurz zuvor. Wir haben es also mit einer sehr speziellen Berufswahl zu tun. Soeben sind die jungen Frauen und Männer der Schule entsprungen, schon wollen sie, nach einem halben Jahr in Neuseeland oder Brasilien, wieder zu ihr zurück, nicht selten sogar zu genau der Schule zurück, an der sie ihr Abitur gemacht haben. Denn nach wie vor herrscht die größte Nachfrage nach Studienplätzen für das Lehramt am Gymnasium, was dieser Tage dazu führt, dass erste Bundesländer Grundschullehrer so gut bezahlen wie Studienräte, um überhaupt noch jemanden zu bekommen.

In der Lehrerbildung spielt dieses Vorleben der zukünftigen Lehrer als Schüler insofern eine Rolle, als es sie unterschätzen lässt, auf welche Schwierigkeiten sie sich mit diesem Beruf eingelassen haben. Man spricht von einer «Lehre der Beobachtung», einer «apprenticeship of observation», der sie durch ihr eigenes Schülersein unterzogen wurden und die ihnen den Eindruck vermittelt, zu unterrichten könne so schwer nicht sein. Dabei sehen sie, wie in den ersten Analysen zu diesem Phänomen festgehalten wurde, nur die Bühnenexistenz der Lehrer, aber nicht die Hinterbühne der Schule, der Vorbereitung und der Nachbereitung; jedenfalls dann nicht, wenn sie nicht auch noch Lehrerkinder sind. Was sie sich unter Lehren vorstellen, ist darum eher imaginativ als analytisch, es beruht mehr auf persönlichen Eindrücken als auf Verstehen. Außerdem neigen sie dazu, sich vor allem an die guten Lehrer zu erinnern und sich in sie hineinzuversetzen. Auch das kann später zum Praxisschock beitragen.

Zugleich wirkt dieser Umstand auf die Lehrerbildung ein. Ob es zutrifft, dass Lehrer so unterrichten, wie sie unterrichtet worden sind, darf zwar bezweifelt werden. Aber wenn sie sich an eigene Erfahrungen als Schüler halten, ist das noch kein Argument zugunsten erziehungswissenschaftlicher «Innovationen». Viele Erziehungswissenschaftler haben die Trägheit des Unterrichts, was Reformideen anlangt, auf dieses Festhalten am als bewährt Empfundenen zurückgeführt, ohne aber zu prüfen, ob eine konservative Praxis sich nicht auch einer berechtigten Skepsis gegenüber Innovationen verdankt. Man kann das Sprachlabor nicht nur ablehnen, weil man selbst in keinem unterrichtet wurde, sondern auch, weil es nicht funktioniert hat. Und wenn man als Schüler fasziniert von einem Unterrichtsstil war, ist das allein noch kein Argument gegen diesen Stil.

An den Universitäten, an denen die Ausbildung zum Lehrberuf zumeist stattfindet, sitzen die Lehramtsstudenten zwischen zwei Stühlen. Von den Fachwissenschaftlern, den Mathematikern und Germanisten, Historikern und Biologen, werden sie oft als Leute betrachtet, die sich dem Fach nicht ganz verschrieben haben. Eine Französischlehrerin wird von Romanisten, eine Physiklehrerin von Physikern nicht als zukünftige Kollegin gesehen, weil sich die Professoren entgegen ihrer Selbstbeschreibung eben doch in erster Linie als Forscher und nicht als Lehrer verstehen. Diese Geringschätzung ist schon deshalb fehl am Platz, weil es viele Forschungsstellen und also viele Forschung gar nicht gäbe, wenn nicht die Lehramtskandidaten durch ihre schiere Anzahl für die Größe der universitären Fachbereiche sorgten. Oder denkt die Germanistik ernsthaft, es gäbe sie überhaupt in diesem Umfang ohne Deutschlehrer? Sie geringzuschätzen ist aber vor allem töricht, weil über die Qualität der sogenannten Hochschulreife die Schulen mit der wissenschaftlichen Forschung verbunden sind. Mit der Vernachlässigung der Lehramtskandidaten schneiden sich viele universitäre Fächer zeitversetzt ins eigene Fleisch.

Das Problem der Fachwissenschaften mit den Lehrerinnen und Lehrern ist allerdings nicht auf einen Affekt zu reduzieren, der je nach Person und Fach mehr oder weniger ausgeprägt ist. Es besteht darin, dass ihre hochspezialisierte Forschung eben immer weniger für den Unterricht abwirft. Lehrer lehren zumeist nicht das Neue, Spezielle, sondern in erster Linie das Alte, Bewährte, Grundsätzliche. Sie führen in eine Welt ein, die es schon gibt, nicht in eine, die vielleicht gerade entsteht. Der Kontakt zur neuesten oder zumindest jüngeren Forschung kann, wenn eine Lehrkraft ihn auf ihrem Gebiet während des Studiums oder sogar danach noch sucht, ein Impuls für den

Unterricht sein. Das meiste solcher Forschung aber wird nie in den Schulunterricht eingehen, weil das CRISPR-Cas-System der Genregulation im Biologieunterricht den allermeisten Schülern so wenig verständlich wäre wie die jüngsten Befunde zum Einfluss der lateinischen Rhetorik auf Shakespeares Dramen für sie in Englischstunden über «Othello» interessant wären. Aber wer weiß? Wenn sich ein Forscher die Mühe machte, solche Befunde daraufhin anzuschauen, was an ihnen pädagogisch lehrreich ist, ließe sich aus Quentin Skinners «Forensic Shakespeare» und seiner Untersuchung von Gerichtsreden des Dramatikers vielleicht doch eine Unterrichtseinheit zum Thema «Wie verteidigt man sich gegen Vorwürfe, a) die nicht stimmen und b) die stimmen?» machen.

Die Fachwissenschaftler freilich sind mit anderem beschäftigt als damit, ihre Erkenntnisgewinne für den Unterricht auszuwerten. Und die Lehramtsstudenten werden von ihnen nicht dazu angehalten, gedankenanregende Erkenntnisse in Schulstunden zu übersetzen. Alle gehen davon aus, dass mehr oder weniger feststeht, was zu unterrichten ist, und versuchen dann, möglichst eingängige Übersichten zu vermitteln, Lehrbuchwissen, wie das genannt wird. Shakespeare beispielsweise ist im Englischunterricht der Oberstufe an hessischen Gymnasien zu einem mehr oder weniger fakultativen Autor geworden, dessen «Der Widerspenstigen Zähmung» zum Thema Geschlechterrollen und dessen «Macbeth» im ebenfalls fakultativen Modul «Politik und Macht» herangezogen werden kann; nur im Leistungskurs ist eine Einheit «Extreme Situationen» verpflichtend, wozu «Hamlet» als mögliche Lektüre angegeben wird. Es kann also passieren, dass eine Schülerin Englisch als ihr wichtigstes Fach wählt und den welthaltigsten, komischsten, sprachmächtigsten und gedankenreichsten englischen Dramatiker seit Menschengedenken nicht kennenlernt. Wenn er doch gelesen wird, so geschieht es dem Lehrplan zufolge als historischer Beitrag zu Allerweltsthemen: Literatur als Illustration. Dazu bedarf es dann in der Tat nicht eines fachwissenschaftlichen Studiums der Anglistik. Man könnte den Lehramtsstudenten auch gleich den Lehrplan, den englischen Text und ein paar Arbeitsblätter mit Fragen in die Hand drücken, die sich zum Frauenbild Shakespeares oder zu Hamlets Dilemma stellen lassen.

Eine fachwissenschaftliche Lehrerbildung könnte solche stofflichen Interessen – Was hat die Literatur zu Fragen gesagt, die uns gerade beschäftigen? – durchaus aufnehmen. Aber sie wäre nur für einen Unterricht informativ, der beispielsweise auch «Macbeth» und «Hamlet» in die Diskussion von Frauenrollen auf der Bühne hineinzöge, am besten aber «Was ihr wollt», die Komödie, in der es bei Shakespeare überhaupt nur um Geschlechterrollen und das Spiel mit der Schauspielerrolle im Unterschied zur Rolle im Stück geht. Die Anglistik sucht ja in der Beschäftigung mit Shakespeare keine Illustration von sozialkundlichen Themen, für die man schließlich genauso gut auch ganz andere Texte aus anderen Epochen heranziehen könnte. Oder am besten eben gleich Sachtexte. Für sie ist Shakespeare vielmehr ein ästhetisch, sprachlich und historisch faszinierender Schriftsteller, den sie aufgrund dieser Bedeutung erforscht. Was sie Lehramtsstudierenden zu sagen hätte, wäre also viel spezifischer etwas über Shakespeares Werke, seine Zeit, seine Sätze, seine Kunst. Doch die Überlegung, welche ihrer Erkenntnisse in Schulstunden für Sechzehnjährige eine Rolle spielen könnten, stellen die Forscher eben meistens nicht an. Man wünschte sich deshalb etwas weniger Forschung und etwas mehr – vielleicht sogar eigene universitäre Stellen für – Gedanken, wie sich Ergebnisse der Wissenschaft schulisch anwenden ließen.

«Gibt es doch schon!», rufen an dieser Stelle die Fachdidaktiker. Sie sitzen auf dem anderen Stuhl, neben dem die Lehramtsstudenten sitzen, wenn sie nicht gerade in erziehungswissenschaftlichen Kursen über Lerntheorien stecken, die ihnen später im Unterricht nicht helfen. Wozu wir gleich kommen. Tatsächlich ist Fachdidaktik an sich eine gute Idee. Wenn sie sich nur nicht ihrerseits als Wissenschaft verstünde, als «Vermittlungswissenschaft» nämlich, die sich in Gegensatz zu handwerklichen Fragen des Unterrichts wie zur Urteilskraft derjenigen bringt, die sich mit einer Sache so ausführlich beschäftigt haben, sei es nun Mathematik oder Deutsch oder Religion, dass sie in der Lage sind, sie zu lehren. Die meisten Didaktiker verstehen sich als Leute, die den Lehrern Materialien und Methoden an die Hand geben, mit denen sie treffsicher Effekte erzielen können. Die Effekte nennen sie inzwischen «Kompetenzen». Und sind mit Aussagen der Art zur Stelle, dass mittels einer nach wissenschaftlichen Kriterien erfolgenden Textauswahl im Deutschunterricht «Emanzipation im Sinne von Selbsttätigkeit, Kritikfähigkeit und Verantwortlichkeit» bewirkt werden kann. Wovon sich die Schüler emanzipieren sollen, bleibt in solchen Formeln ebenso unbeantwortet wie die Frage, auf welche Weise Literatur einem solchen Vorgang dienen könnte. Wäre nicht eine viel begrenztere Absicht, nämlich die, Schülern das Erkennen und Verstehen von Erzählungen, Dramen, Gedichten zu lehren, schon das Höchste, auf das Literaturunterricht zielen kann?

An einer jüngeren «Einführung in die Deutschdidaktik» lässt sich das gut zeigen. Ihr literaturdidaktischer Teil führt in Kürze auf, welche Effekte dem Lesen von Dichtungen heute zugeschrieben werden, wobei so sinnlose Sätze fallen wie der, Dichtung sei «in der Lage, differenzierte Komplexitätsbeschreibungen der subjektiven und gesellschaftlichen Wirklichkeit leisten und in vielen Kontexten anschlussfähig arbeiten zu können», was mit genauem Seitenverweis auf ein soziologisches Buch erfolgt, in dem an der betreffenden Stelle gar nichts über Literatur steht. Dass ästhetische Texte in der Lage seien, in vielen Kontexten anschlussfähig zu arbeiten – wie verhält es sich mit dem Deutsch und dem Verstand von jemandem, dem bei solch einer Formulierung nicht der Bleistift abbricht? Es folgen weitere Belege dafür: Das Spielerische «könnte zunehmend eine Strategie darstellen, individuelle und soziale Anforderungen zu bewältigen» – «Teilhabe am sozialen Leben ist mit dem fiktiven Raum der Literatur auch inhaltlich zu füllen» – «nachhaltiges Textverstehen braucht die emotionale Verbindung mit persönlichen Erfahrungsbereichen; diese kann angebahnt werden etwa durch Visualisierungen in Form von mentalen oder gemalten Bildern». Inwiefern nachhaltiges Textverstehen, sagen wir von «Hänschen klein», der «Räuber» oder «Effi Briest», durch gemalte Bilder begünstigt wird und ob überhaupt das Problem des Ehebruchs um 1880 in Preußen mit persönlichen Erfahrungsbereichen von heutigen Sechzehnjährigen emotional verbunden werden muss, um zum Verstehen zu führen, ist völlig unklar. Dass sich langsames Lesen hingegen «speziell bei schwerzugänglichen Texten (etwa hermetischer Lyrik) anbietet», kann nur bejaht werden; selbst bei nichthermetischer Lyrik erweist sich schnelles Lesen oft als unzuträglich.

Die zukünftigen oder gegenwärtigen Deutschlehrer und -lehrerinnen, die von solchen kuriosen Mitteilungen angesprochen werden sollen, erfahren alles Mögliche über Lesestrategien («textnahes Lesen»), über ein halbes Dutzend Funktionen der literarischen Sprache, darunter auch die «ästhetische» im Unterschied zu einer, «mit der ein Subjekt Gefühle oder seine Einbildungskraft zum Ausdruck bringen will», über Theorien der Literatur, aber auch des Lernens, der Kultur, des Gehirns oder der Jugend, alles aus zweiter Hand und oft in Form von langen Listen. Von den Werken der Literatur selbst erfahren sie aber von den Didaktikern nur, dass es unendlich voraussetzungsvoll ist und theorie- wie problembeladen, sich mit ihnen zu beschäftigen.

Dass Literatur im Unterricht eine kognitiv ergiebige Freude und ein Feld voller Entdeckungen sein kann, darauf kommt man durch Lektüre fachdidaktischer Aufsätze jedenfalls nicht. Stattdessen entsteht der Eindruck, dass Fachdidaktik gar nicht Literatur zu «vermitteln» hilft, sondern dafür sorgen soll, dass irgendwelche Erkenntnisse der Literaturwissenschaft und benachbarter Disziplinen in stark vereinfachter Form Eingang in den Unterricht finden. Das kommt einem Misstrauensvotum gegenüber den Werken gleich, denen offenbar gar nicht zugetraut wird, als solche zu Fragen und Gedanken zu führen. Dabei ist es doch offensichtlich, dass die Pointe eines Vergleichs von Franz Kafkas «Auf der Galerie» mit der Theaterszene in Thomas Manns «Bekenntnisse des Hochstaplers Felix Krull» nicht darin läge, die Schüler eine Reihe literaturgeschichtlicher, erzähltheoretischer oder gattungspoetischer Gemeinplätze abspulen zu lassen, sondern ihren Sinn für die Frage zu wecken, welchen Preis die Erzeugung von Schein hat und wie die Hinterbühnen der Vorderbühnen von Kunst aussehen.

Während sich also die Fachwissenschaft aus der Sicht der Schule und ihrer Lehrer meistens in spezieller Komplexität verliert, mit der im Unterricht nichts anzufangen ist, entfremdet die Didaktik, so wie sie oft praktiziert wird, die zukünftigen Lehrer ihren Gegenständen durch eine gestelzte, terminologisch und klassifikatorisch überwürzte Halbbildung. Das Sortieren von Dingen (Texten, Epochen, Stilmitteln etc.) dominiert das Stellen von Problemen und die Suche nach Lösungen für sie. Dabei steckt die Welt voller Rätsel. Wenn Literatur die Antwort ist, was war dann die Frage? Wenn der Reim die Lösung ist, was war dann das Problem (und war es nur eines)? Und wozu sind Balladen gut? Was könnte das Wort «Milchbruder» bedeuten, ziehe zur Beantwortung Worte wie «Butterkeks», «Butterbrot», «Buttermilch» und «Butterblume» heran. Versuche einen Blumenstrauß zu beschreiben, ohne Adjektive zu verwenden. Wie teilt man einem Dialogpartner mit, dass man jetzt gerne auch etwas sagen würde? Und so weiter. Die Überführung der sogenannten Unterrichtsgegenstände (Adjektive, Faust, Expressionismus, Kreuzreim) in Fragen und Probleme ist die dringlichste Aufgabe jeder Didaktik.

Dass die existierenden Didaktiken davon weit entfernt sind, gilt allerdings nicht für alle gleichermaßen. Wenn der Eindruck nicht täuscht, dann haben die «Vermittler» des naturwissenschaftlichen Wissens durchschnittlich eine größere Distanz zu Redensarten als Angehörige von Disziplinen, die sich ihrer Sache – sei diese nun die Sprache, die Literatur, die Politik, die Religion oder die Geschichte – nicht ganz sicher sind und vor lauter Relativierungen – «man kann es auch anders sehen» – sowie der Sorge, bloß nicht verbindlich zu wirken, nachgerade zitternd vor Studierenden und Schülern stehen. In Biologie, Chemie und Physik ist womöglich klarer, welche elementaren Fragen an ihre Gegenstände zu stellen sind, liegt die Struktur «Problem-Lösung» als Merkmal gelingenden Unterrichts mehr auf der Hand.

Nehmen wir die Physikdidaktik. Ihr Problem ist gewiss nicht die Unsicherheit des physikalischen Wissens oder der Zweifel der Lehrer, wozu man sich überhaupt mit Kraft, Licht, Elektrizität oder Atomen befassen soll. Ihr bedeutendster Exponent, Martin Wagenschein, hat vielmehr darauf hingewiesen, dass Schüler vor Phänomenen stehen, von denen man nicht schnell zu den richtigen, abstrakten Beschreibungen eilen sollte, die von den Schülern andernfalls mehr hingenommen als verstanden werden. Lehrer sein heiße, einen Sinn zu haben für den werdenden Geist, also für seine Fragen, seinen an den Anschauungen haftenden Naturbegriff, seine Irrtümer. Die Systematik des Stoffes sei nicht die Systematik des Nachdenkens über ihn, man müsse nicht nur vom vorhandenen physikalischen Wissen aus denken, sondern auch von den Wegen aus, die zu ihm geführt haben.

Das setzt voraus, dass man Ideale der Exaktheit nicht für die primären hält, also beispielsweise die Mathematisierung der Physik nicht zu früh – und noch bevor überhaupt ein Verständnis der Vorgänge da ist – einsetzen lässt. Das kostet außerdem Zeit, aber Wagenschein schlägt auch für den naturwissenschaftlichen Unterricht ein exemplarisches Vorgehen vor. Jedoch nicht, um Zeit zu sparen, sondern weil Lehren nicht Stoffeanhäufen sei. Wieso also nicht die wichtigsten Aspekte der Zoologie an einem halben Dutzend Tiere vorführen? Wieso nicht die ersten vier Wochen in Physik bei einem einzigen Vorgang verweilen: Ein Stein fällt aus dem Fenster, wohin fällt er? Weshalb dasselbe nicht auch in Chemie: Was ist Feuer? Der Übergang zu Konzepten wie Verbrennung, Gas, Massenerhalt, Farbe liegt auf der Hand. Für den weiteren Fortgang im Fach ist der Gedanke des exemplarischen Unterrichtens also ebenfalls und jenseits von «Projektwochen» reizvoll. Wagenschein hält es beispielsweise für möglich, durch eine eindringliche Beschäftigung mit dem Satz «Kraft = Masse x Beschleunigung» die «mechanischen Situationen grundsätzlich zu bewältigen».

Wäre es, mit anderen Worten, nicht sinnvoll, sich von einer Didaktik der blinden Stoffbewältigung und des Abhakens

Dutzender von angeblich zu erwerbender Kompetenzen abzuwenden, hin zu einer Didaktik des verstehenden, also verlangsamten Denkens? Dazu allerdings müssten die Didaktik und die Bildungspolitik ihre Nervosität ablegen, es könne am Ende im Unterricht etwas nicht drangekommen sein. Ja, das wird so sein, es wird irgendetwas, die Tenside oder die Säuren, der Naturalismus oder der Vormärz, Mesopotamien oder das Osmanische Reich, nicht vorgekommen sein. Mit sechzehn oder achtzehn werden die Schüler nicht als komplette Erwachsene, Abendländer, Verfassungspatriotinnen, Innovativkräfte, Gründer, gebildete Persönlichkeiten vor uns stehen. Vor uns, die wir es auch nicht sind. Sie werden es aber auch nicht, wenn man sie die meiste Zeit nur durch Stoffe gehetzt hat.

Voraussetzung für einen solchen Unterricht, der sich exemplarisch an ihre Einbildungskraft, ihr Denkvermögen, ihr Gedächtnis und ihre Urteilsfähigkeit wendet, sind allerdings Lehrer, die sehr im Stoff stehen, sich gut in ihm und den Fragen, die er enthält, orientieren können. Wo sollen solche Lehrer und Lehrerinnen denn herkommen? Ist das Lehrpersonal derzeit nicht sogar so knapp, dass die Schulen wie das Naturtheater von Oklahoma bei Kafka sagen «Wir nehmen jeden»? Bevor wir zu den praktischen Aspekten der Lehrerbildung kommen, sei angesichts des Ernstes dieser Fragen ein ganz konkreter Vorschlag gemacht. Wir haben nämlich eine große Gruppe von Personen, die sehr gut in den Unterrichtsstoffen der Schulen stehen, die gewohnt sind zu unterrichten und die, wenn sie ihren derzeitigen Beruf seriös betreiben, nachdenklich sind. Es handelt sich um die jungen Forscher. Von Seiten der Wissenschaftspolitik und von den Universitäten wird jungen Leuten, die intelligent sind und sich für Erkenntnisgewinn interessieren, seit Jahrzehnten eingeredet, sie seien am besten in Sonderforschungsbereichen, Exzellenzclustern und anderen Drittmittelprojekten aufgehoben. Irgendwann, wird ihnen erzählt, kommt dann die Professur.

Die Professur kommt dann natürlich für die allermeisten nicht, aber man hat immerhin geforscht und die Menschheit durch das Studium der «kulturellen Grundlagen von Integration», die Erkundung «normativer Ordnungen» sowie von Korallenriffen, Entzündungen und der Wahrheit über den Gang nach Canossa vorangebracht. Die Menschheit weiß davon zwar nicht viel, denn die Aufsätze der Forscher werden schon von anderen Forschern kaum gelesen und bestenfalls zitiert. Aber die Wissenschaftsministerien und der Chef der Deutschen Forschungsgemeinschaft können jedenfalls so reden, als werde der technische, ökonomische und kulturelle Fortschritt durch derlei Mittelvergabe abgesichert. Niemand, aber auch niemand hat je die Gegenrechnung angestellt, was einer Gesellschaft dieser Verbrauch von Intelligenz in der Wissenschaft kostet, wenn man ihm gegenüberstellt, welche Wirkung junge Forscher, die sich in ihren Disziplinen auskennen, an Schulen entfalten könnten. Gewiss nicht alle von ihnen, denn nicht jede Disposition zur Gelehrsamkeit, zum Ausrechnen von Gleichungen, zum Herumbasteln an Experimenten und zum Machen von Fußnoten lässt sich dem Schulunterricht produktiv zuführen. Aber doch viele von ihnen könnten, entsprechend ausgebildet, die Schulen beleben.

Es gibt also, wenn der Ausdruck erlaubt ist, eine riesige pädagogische Begabungsreserve in Gestalt junger Forscher. Man müsste ihnen vielleicht nur versprechen, dass sie auch ohne erziehungswissenschaftliche Exerzitien und das Sichverbeugen vor den Gesslerhüten der Kompetenzdidaktik, also nur mit ihrem Common sense ausgestattet und von der Frage «Was ist für junge Leute interessant an deinem Fach?» angeleitet in den Schuldienst kommen könnten. Es müsste Freiheiten für sie geben, ihren Weg zu Geschichtsstunden oder Chemiestunden oder Religionsstunden zu finden, ohne dass ein Curriculumsbeamter einschritte, wenn sie irgendetwas weggelassen haben. Würde man die Mittel, die derzeit in die sogenannte empirische Bildungsforschung, in das Durchführen von Pisa-Tests und in die kompetenzorientierte Weiterbildungsindustrie investiert werden, Maßnahmen zuführen, die für mehr Durchlässigkeit der Universität zu den Schulen sorgten, und würde man auch nur einen kleinen Teil der Drittmittel für die Forschung einer Lehrerbildung reservieren, die ohne Beteiligung der Erziehungswissenschaften stattfände – es wäre allen geholfen, außer den Erziehungswissenschaften.

Schüler lernen aber nicht nur von Lehrern, sondern auch an ihnen. Sie beobachten sie, stundenlang, und zwar in den allermeisten Fällen eine größere Gruppe von Schülern eine einzelne Person. Die wiederum muss sich im Unterricht selbst nur von Schülern und nicht von anderen Erwachsenen (Kollegen, Eltern) beobachtet sehen, was den Lehrern große Chancen zu individuellem Verhalten einräumt. Jeder kennt aus Schulfilmen die Szene, in der ein Kollege oder gar die Schulleitung zufällig erstaunter Zeuge des Unterrichts wird. Normalerweise kennen nur die Schüler die Unterschiede der Lehrer und erleben, wie verschieden dieselbe Rolle ausgefüllt wird. Das immerhin aber können Lehrer wissen: dass sie als Person und mithin nicht nur als Abgesandte des Abendlandes oder als Kompetenzbeauftragte der Bildungspolitik wahrgenommen werden. Und dass die Schüler, die sie unterrichten, nicht nur durch das gemeinsame Pensum zu einer Klassengemeinschaft werden, sondern auch durch das vergleichende Reden über ihre Lehrer und die Varianten von Autorität, gelingender wie misslingender, die sie zur Aufführung bringen.

In die Bereitschaft, mitzumachen und sich etwas von einer Person beibringen zu lassen, geht das ein. Die institutionelle Autorität der Lehrperson wird in einer sozialen Szene stark verdichteter Interaktion auf die Probe gestellt, die Qualität, mit der sie ihre Rolle ausführt, ist nicht unabhängig von ihrem Auftreten. Hierbei, in der konkreten Situation im Klassenzimmer, helfen Theorien der Erziehung oder Erkenntnisse der Lernpsychologie, die im Lehramtsstudium weidlich behandelt werden, nicht, und auch die Fachdidaktik weiß nicht viel über Lehrer als Personen zu sagen. Trotzdem müssen Lehrer handeln, auch wenn sie keine Instruktion bekommen haben, wie sie das tun sollen.

In seiner «Soziologie des Unterrichtens» hat Willard Waller schon 1932 eine ganze Liste von praktischen Fragen und Problemen zusammengestellt, die hier einschlägig sind. Sie betreffen zunächst die Aufrechterhaltung von höflichem Verhalten und die Beachtung von Regeln im Unterricht. Die Mittel dazu sind Weisungen, die weder als Frage («Seid ihr bitte ruhig?») noch im Beschwerdeton («Ich habe es schon hundertmal gesagt») vorzubringen sind und die am besten nicht begründet werden, weil das nur Zweifel an ihnen weckt. Es sind im Grenzfall Bestrafungen, die unpersönlich und gerecht erfolgen müssen, weil sie den Unterschied zwischen erlaubt und unerlaubt markieren sollen, um die Tat zu isolieren, aber nicht den Täter als Person, weshalb sie auch nicht die ganze Klasse betreffen sollten, die dadurch zu einem Kollektivsubjekt gemacht würde. Waller empfiehlt Zurückhaltung bei Zornesausbrüchen, die den Lehrer als Person exponieren; er sieht aber auch, wie schwer das mitunter angesichts der physischen Nähe der Beteiligten durchzuhalten ist und dass Lehrer das Schimpfen dem Strafen auch deshalb vorziehen, weil dann das Disziplinproblem den Klassenraum nicht verlässt. Ganz rät er von Gebrüll ab, das in einer Bestrafung kulminiert, denn das vermische persönliche und unpersönliche Sanktion und offenbare die Hilflosigkeit beider.

Alle solche Techniken, einen disziplinierten Umgang miteinander zu bewirken, setzen voraus, dass die Schüler nicht freiwillig da sind und der Schule eher den Sinn zuordnen, dort ihre Freunde zu treffen. Dadurch unterscheiden sie sich stark von den Klienten anderer Professionen, die Experten im Bewusstsein einer Schwierigkeit aufsuchen, die sie selbst nicht lösen können: Krankheit, rechtliche Konflikte, Seelenqualen, Vermögensfragen und so weiter. Lehrer hingegen haben Klienten vor sich, die oft die Ferien das Beste an der Schule finden und keinesfalls denken, dass die Unkenntnis des Ersten Punischen Krieges oder der Existenz irrationaler Zahlen für sie ein persönliches Problem darstellt, das zu beseitigen sie – oder auch nur: ihre Eltern – sich an die Schule gewendet haben. Ein gewisser Antagonismus ist aus der Unterrichtssituation nur um den Preis illusionärer Beschreibungen herauszuhalten, wenn man vielleicht auch nicht mit Waller vom «feudalen Überbau» der Schule und einer «zugrundeliegenden Feindseligkeit» zwischen Lehrern und Schülern sprechen muss. Eines der größten Probleme der Erziehung, so hatte schon Kant formuliert, sei es, wie man die Unterwerfung unter den gesetzlichen Zwang «mit der Fähigkeit, sich seiner Freiheit zu bedienen, vereinigen könnte. Wie kultiviere ich die Freiheit bei dem Zwange?». Denn nur wenn Freiheit als Bereitschaft ins Spiel kommt, mitzumachen und sich auf die Kommunikation der Lehrkraft einzulassen, kann Unterricht etwas bewirken.

Wie kultiviert man also Freiheit bei dem Zwange? Durch Überredung. Wenn Schüler den Eindruck haben, sie müssten tun, was von ihnen verlangt wird, nicht weil die Lehrer es sinnvoll finden, sondern weil es so angeordnet ist, werden viele von ihnen über kurz oder lang im Umkehrschluss annehmen, dass alles, was verlangt wird, im Grunde gar nicht sinnvoll ist. Sie werden sich zumindest innerlich allem widersetzen, was angeordnet wird, eben weil es angeordnet wurde und bestenfalls eines lernen: kultivierten Gehorsam. «Aber Erziehung», so Waller, «die nicht in irgendeinem Sinne angenehm (pleasant) ist, ist keine Erziehung.» Was heißt, dass Lehre am besten stattfindet, wenn in der Unterrichtssituation möglichst viele vergessen haben, dass sie gar nicht freiwillig da sind. Überredung und Ablenkung auf die Unterrichtsfragen also sind entscheidend. In älteren Bildungswelten war das die Aufgabe der Rhetorik: jemanden zum Einnehmen einer Haltung oder Position oder Ansicht zu bewegen, die ihm zunächst gar nicht nahelag. Den Begriff «Rhetorik» sucht man jedoch in den fachdidaktischen und erziehungswissenschaftlichen Werken zum Unterricht meist vergebens. Die Lehrerbildung leidet an einem Verlust der Mittel, was unbemerkt bleibt, weil in ihr so viel von Methoden die Rede ist.

In den Aufbau von Unterrichtsstunden gehen rhetorische Erwägungen schon der Tatsache halber ein, dass die Schüler durch den Stoff allein nicht zur Teilnahme zu motivieren sind. Sie sind nicht nur unfreiwillig da, sie interessieren sich zunächst auch mehr für Bibis Beauty Palace, Batman oder Neymar als für die Mittelsenkrechte von Dreiecken. Wenn man ihnen in Aussicht stellt, dass die Mittelsenkrechte für ihren weiteren Lebensweg wichtig werden wird, könnten sie mit Friedrich Schleiermacher entgegnen: «Es ist ganz gegen den Charakter der Jugend, sich Vorstellungen zu machen, was sie in diesem oder jenem zukünftigen Fall würden erlernt haben müssen», weshalb dem Kind «nur mit wenigem Erfolg die Zumutung gemacht werden [könne], etwas um der Zukunft willen zu tun». Das könnten sie nur entgegnen, wenn sie Schleiermacher kennen würden, also teilen sie es dem Lehrer eher indirekt mit. Lernpsychologen weisen außerdem darauf hin, dass der Versuch, Schüler zum Nachdenken zu bringen, indem man möglichst viel aus ihrer Lebenswelt in den Unterricht hineinzieht – indem etwa die Mathematik- oder Deutschaufgaben Situationen angepasst werden, die Schüler kennen –, oft dazu führt, dass die Konzentration vom Unterricht auf die Lebenswelt gelenkt wird. Die Pisa-Industrie, die in ihren Tests der Lesefähigkeit durchweg literarische Texte durch Sachtexte ersetzt hat, als sei es die Aufgabe des Deutschunterrichts, zum Zeitunglesen zu erziehen, weiß davon allerdings nichts.

Die klassischen Überredungsmittel, auf die der Unterricht zurückgreift, heißen Klassenarbeit, Zeugnis und Versetzung. Um dieser Zukunft willen tut das Kind dann doch einiges. Aber für die Frage nach Unterrichtsgegenständen, die den Schüler diesseits seines Kampfs ums schulische Überstehen für sich gewinnen können, ist dieser spezielle Sinn für Zukünftiges nicht informativ. Wer Interesse an Erkenntnis wecken will, wird sich nicht auf die motivierende Mitteilung beschränken wollen, der Afrikanische Elefant sei «klausurrelevant». Das Prestige der Lehrperson bei Schülern wie Eltern steigt vielmehr, wenn sie freundlich und gerecht ist, ihr Unterricht gut organisiert, also interessant und verständlich. Dabei hilft rhetorisches Geschick, helfen Geschichten (die Verdopplung des Quadrats durch den Sklaven im «Menon», die sieben Brücken von Königsberg, der Gang nach Canossa), das Exponieren offener Situationen («Stellt euch vor, es gibt keinen Strom», «Du darfst dich beim Hütchenspiel für eines der drei Hütchen entscheiden, dann zeige ich dir ein leeres, entscheidest du dich noch einmal um?»), kontraintuitive Behauptungen («Es gibt gar keine Luft», «Beim Roulette gewinnt immer die Bank», «Streit vereint»), überraschende Fragen («Kann man sich in

Monster hineinversetzen?», «Wieso fallen die Australier nicht ins All?»).

Solche Mittel, Aufmerksamkeit zu wecken, können nie den gesamten Unterricht bestimmen. Sie sollen wecken, nicht wachhalten. Lehren heißt nicht bespaßen, und eines der wichtigsten Ziele des Unterrichts ist es, die Schüler zu eigenverantwortlicher Teilnahme zu bringen. Insofern gehörte zu einer rhetorischen Lehrerbildung auch die Einsicht in ihre Grenzen, die Prüfung beispielsweise, wann Geschichten zum Kern der Sache hinführen und wann sie eher davon ablenken. Manches muss einfach gepaukt werden, mag das Wort «pauken» noch so traurig klingen. Mancher Stoff erlaubt keine persönliche Einstellung, und auch das gehört zur Sozialisation durch Schule: seine Meinungen für sich zu behalten. Zu all dem existiert bereits Forschung, doch wichtiger als ihre Befunde sind die Erfahrungen, die Lehrer über die Mittel sammeln, Interesse an Unterrichtsfragen zu wecken, und noch wichtiger wäre ihr Austausch über diese Erfahrungen.

Das lenkt zurück auf einen wichtigen Aspekt der Lehrerbildung: die individuelle Lehrperson. Lacht sie im Unterricht oder nicht? Mit welcher Stimme spricht sie? Wie geht sie mit ihrem Alter um? Besser im Klassenraum herumlaufen oder an einem festen Ort sichtbar sein, aber an welchem? Wie kommuniziert man Lob, wie Unzufriedenheit? Wie viel sollen Lehrer von ihren anderen Rollen preisgeben, und sollen sie die Schüler auf deren andere Rollen ansprechen? Nach welchen Kriterien verfahren sie mit den Lehrmitteln? Welche Möglichkeiten, Klassenarbeiten zu korrigieren und zu kommentieren, gibt es? Für welche Schüler und im Rahmen welchen Unterrichtsstils sind Schulbücher besser als Arbeitsblätter?

Solche Fragen lassen sich beliebig vermehren, in so gut wie

keiner Fachdidaktik werden sie auch nur gestellt, vermutlich weil die meisten Didaktiker behaupten, Methoden zu kennen, die unabhängig von persönlichen Merkmalen derer wirksam sind, die sie anwenden. Ja, man übertreibt gewiss nicht, wenn man sagt, dass die Pädagogik ihre Wissenschaftlichkeit geradezu darin findet, Techniken anzubieten, mittels derer beliebige Inhalte von beliebigen Personen an beliebige Personen vermittelt werden können. Oder in einer populären Variante nicht einmal vermittelt, sondern nur: «angeboten». Dann wird die Lehrperson folgerichtig zu etwas, das in den Unterricht zwar eingeht, aber nicht als Faktor der Unterrichtsqualität betrachtet werden darf. Doch wie geht die Lehrperson, wie gehen ihre Interpretation der Lehrerrolle und ihre Kenntnis denn dann in den Unterricht ein? Nur als Zufall, als Störgröße, als herauskürzbarer Rest?

Dazu passen die reformpädagogischen Gesänge, es komme mehr auf das Lernen der Schüler als auf das Lehren der Lehrer an. Wie herrlich weit es die Schulen damit gebracht haben, ist beispielsweise dort mit Händen zu greifen, wo Zehnjährige Referate über Säugetiere halten sollen, von denen sie nichts wissen. Sie sollen es selbst herausfinden, was es mit dem Tiger auf sich hat, denn andernfalls würde die Lehrerin ja belehren und die Neugier des kleinen Forschers wie seine Kompetenz der Stoffaneignung ignorieren. Der Hinweis der Lehrerin, der Körperbau des Tigers solle im Referat vorkommen, ist da fast schon ein Verstoß gegen den Geist der Methode. Denn nicht einmal der Tiger war vorgegeben, was die Begründung, warum ausgerechnet über Tiger referiert wird, auf das Kind verschiebt: «Weil ich nichts über Hunde machen wollte.» Der Tiger selbst ist dann natürlich ein Internet-Tiger, denn das Kind googelt einfach «Tiger» oder sogar «Tiger und Referat» und kommt auf Webseiten wie lerntippsammlung.de, tierchenwelt.de oder biologie-schule.de/tiger-steckbrief, die eigens dafür angelegt worden sind, dass Schüler solche Referate halten müssen. Dagegen ist nichts einzuwenden, wenngleich überlegt werden könnte, ob eine sinnvolle Biologiedidaktik solche unsichtbaren Lehrmittel nicht einmal einem Vergleich mit Biologiebüchern, Brehms Tierleben, Tierfilmen und anderen Webseiten unterziehen sollte, um auch hier Qualitätsfragen zu beantworten.

Doch der Fehler steckt nicht im Internet, der Fehler steckt in der Illusion, der Schüler erarbeite sich den Tiger selbst. Tut er nämlich nicht, sondern schreibt den Steckbrief ab, inklusive des lateinischen Namens des Tigers und einer Reihe weiterer «Informationen», die ihm unverständlich sind. Das «durchschnittliche» Gewicht beispielsweise: Wie ein Durchschnitt ermittelt wird, war in Mathematik bis zur fünften Klasse noch gar nicht dran. Oder was eine «Steppe» ist. Vermutlich würden Anhänger des selbstwirksamen Lernens hier empfehlen – aber dürfen sie überhaupt empfehlen? –, auch «Durchschnitt» und «Steppe» zu googeln; es ist leicht nachvollziehbar, dass die entsprechenden Erklärungen wiederum jede Menge Begriffe enthalten, die dem Zehnjährigen unbekannt sind. Die Kompetenz herauszufinden, welcher der ersten zwanzig Googletreffer altersgerecht ist, hat der Zehnjährige nicht; die Geduld, es durch «trial and error» zu ermitteln, noch weniger. Also wird diesseits des Verständnisses abgeschrieben oder bei den Eltern um Rat nachgefragt, nicht ohne die Bemerkung, am Ende müsse er noch einmal alles in ganzen Sätzen so aufschreiben, dass die Lehrerin nicht merke, wie viel aus dem Netz abgeschrieben worden sei. Das Kind beschleicht also selbst ein Gefühl, dass diese Art von Recherche keine wirkliche Leistung, sondern mehr ein Ritual ist, das sich vom Verstehen eines Inhalts ganz abgelöst hat. Was der Schüler gelernt hat, ist nichts über den

Tiger, sondern ein bisschen etwas über das Internet und wie man bei einem Referat einstweilen über die Runden kommt.

Auf die Frage, wie eine Lehrerbildung aussehen sollte, die es nicht zu solchen Parodien auf das Lernen kommen lässt, indem sie das Lehren zurückdrängt, gibt es insofern eine einfache Antwort. Es müsste in unserem konkreten Fall eine Lehrerbildung sein, die auskunftsfähig wäre, was das biologische Erkenntnisinteresse am Tiger anlangt. Worin besteht es? Was will man Zehnjährige an ihm erkennen lassen? Sollen sie ein Tier beschreiben lernen? Dann wäre die Frage «Was sind Merkmale eines Tieres?» einschlägig, und vielleicht wäre in dem Fall ein Tier geeigneter, das sie vor sich hätten, als eines, das die meisten nur von Fotos und Filmen her erinnern. Es ginge dann um die Frage, was zu einer präzisen Beschreibung gehört, woran man erkennt, was wichtig ist und was nicht, was zufällig nur dieses Exemplar auszeichnet, aber ein anderes derselben Art schon nicht mehr, und ob Fotos nicht den Nachteil haben, dass man nicht sieht, wie Tiere sich bewegen. Wenn es hingegen durchaus der Tiger als solcher sein soll oder «ein großes Raubtier» oder «eine Raubkatze», schließen sich andere Fragen an. Wie wiegt und misst man einen Tiger? Und wie viele Tiger muss man kennen, um etwas über «den» Tiger aussagen zu können? Wie viele Sorten Tiger gibt es, und wieso können sie in großer Kälte und großer Hitze leben? Warum spricht man von Katzen, wenn es doch so unterschiedlich aussehende Tiere sind? Kann man sich Tiger vorstellen, die sich nur von Pflanzen ernähren? Warum kann man Tiger nicht als Haustiere halten? Und sind Tiger so wie Shere Khan im «Dschungelbuch»?

Es ist, mit anderen Worten, eine Lehrerbildung wünschenswert, die kognitive und problemorientierte Einstellungen zur Welt fördert und damit bei den Lehrern beginnt, damit ihnen es bei den Schülern gelingt. Dazu muss sie sich Zeit für die Weltsachverhalte, Tiger etwa, nehmen, darf ihre Erschließung nicht zu schnell beenden, muss alles, was gesagt werden kann und gesehen worden ist, noch einmal befragen und nichts für selbstverständlich halten, am wenigsten das durchschnittliche Gewicht des Tigers, die Steppe und die Existenz von Katzen.

XIII. KAPITEL

Was zu tun ist: Wettbewerb

Was tun? Mehr Geld ins System stecken? Es wird darauf herumgeritten, dass Deutschland dreißig Milliarden Euro mehr in Bildung investieren müsste, um auf den international abgesprochenen Satz von vier Prozent des Bruttoinlandsprodukts zu kommen. Es wäre selbst eine schöne Abituraufgabe, einmal nachzuzählen, wie viele Denkfehler in der damit implizierten Annahme stecken, höhere Bildungsausgaben seien a) automatisch Investitionen; b) geeignet, die Probleme zu lösen, über die meistens gesprochen wird, wenn diese Forderung als *ceterum censeo* nachgeplappert wird: Chancenungleichheit, Mangel an Kindertagesstätten, Lehrermangel, unerfreuliche Pisa-Rangplätze und so weiter; c) in ihrer Relation zum Bruttoinlandsprodukt informativ und nicht pro Kopf an Schülern oder in Bezug auf die Kaufkraft bei gegebenen Preisen für Schulgebäude, Lehrkräfte, Lehrmittel.

Man beschwert sich also über politisch zu verantwortende Bildungsrückstände und beweist durch die Art der Beschwerde, selbst keine Sekunde darüber nachgedacht oder etwas dazu nachgelesen zu haben. Dass beispielsweise eine Expansion des Schulsystems damit einhergehen kann, dass sie besonders von bereits privilegierten Schichten genutzt wird, um ihren Kindern weitere Chancen zu eröffnen, war eine Lehre des Hochschulausbaus der siebziger Jahre. Die beklagte Ungleichheit nahm darum nur sehr begrenzt ab. Oder erwähnen wir ein Detail: Wem kommt es wohl, wenn überhaupt jemandem, zugute, dass an Grundschulen Englisch unterrichtet wird und dafür eigens Lehrerbildung betrieben wird, die als Ausgabe für Professuren «Englisch für das Grundschullehramt» verbucht werden kann? Die Rechtschreibreform, die als Erleichterung für die Schüler angekündigt worden war, was sich in den Fehlerquoten der Deutschaufsätze allerdings nicht nachweisen ließ, war auch so eine Bildungsinvestition: Alle Schulbücher mussten auf sie umgestellt, neue Wörterbücher angeschafft werden, Kurse zur Weiterbildung wurden veranstaltet – und das Ergebnis? Ökonomen behalten sich vor, wenn Geld ausgegeben wurde, zwischen Investition und Konsum zu unterscheiden. Vielleicht sollten das auch die, die das Geldausgeben für Bildung beobachten.

Das heißt nicht, dass genügend Ressourcen vorhanden sind, um allen Problemen zu begegnen: hohen Krankenständen, müde gewordenen Lehrern, dem sozialpädagogischen Bedarf in den schulischen Krisenzonen, maroden Immobilien und dem Mangel an Lehrmitteln. Jede Schule wüsste wohl, wofür sie freie Mittel einsetzen würde, zumeist aber sind die Mittel eben nicht frei, sondern an die gerade herrschenden Reformphantasien gebunden, die über den Schulen abgeworfen werden. Der Kampf um guten Unterricht ist mithin ein Kampf um wirksame Entscheidungen, die auch in den Schulen ankommen.

Eine sollte lauten: weg mit den Lehrplänen. Sie sind in ihrer jetzigen Form die dümmste Textsorte, die es im gesamten Schulsystem gibt. Wer sie in der Annahme liest, sie würden umgesetzt, muss an der Schule verzweifeln. Sind nach allem Gesagten dafür noch Beispiele nötig? Gerne. Da hat der Geschichtsunterricht nicht etwa die Aufgabe, die Vergangenheit zu erschließen, sondern die Schüler erfahren «in Abgrenzung von ihr Unterstützung bei der Entwicklung und der Erweiterung ihrer Persönlichkeit und ihrer politischen Urteilsfähigkeit». Ja, die Abgrenzung vom Rom der Punischen Kriege trägt bekanntlich seit jeher zur Erweiterung der dreizehnjährigen Persönlichkeit bei. Außerdem soll sich das Geschichtsverständnis «an den Werten des Grundgesetzes, der Hessischen Verfassung und des Hessischen Schulgesetzes (§ 2)» orientieren. Wie man sich dem Pyramidenbau, den Kreuzzügen und der Kontinentalblockade im Lichte des § 2 des Hessischen Schulgesetzes nähert, in dem vor allem festgehalten ist, dass christlich und (!) humanistisch und in Übereinstimmung mit Gesichtspunkten des Grundgesetzes unterrichtet werden soll, bleibt der Lehrkraft überlassen.

Der schleswig-holsteinische Rahmenplan für die Grundschule wiederum kennt im Fach Deutsch 146 Basisfähigkeiten, die sich die Schüler im Verlauf der vier Jahre aneignen sollen (darunter «Texte in Abschnitte gliedern», «zu Gedichten spielen», «Selbstkontrolle entwickeln», «Einblick in den Literaturbetrieb gewinnen»). Der Kernlehrplan Erdkunde für das Gymnasium in Nordrhein-Westfalen findet, dass es auch in Geographie um die Entwicklung «der eigenen Persönlichkeit und damit einer eigenen Identität» gehe – so, als ob sie ohne Geographiestunden unterentwickelt bliebe. Ihre zentrale Aufgabe sei die «Vermittlung raumbezogener Handlungskompetenz», worunter man die «kognitive und affektive Teilhabe an nah- und fernräumlichen Erscheinungen und Prozessen» zu verstehen habe. Aber wieso «Handlungskompetenz», wenn es um Erkennen und Fühlen geht? Und was soll «affektive Teilhabe an fernräumlichen Erscheinungen» eigentlich bedeuten? Fernweh unterrichten?

Halten wir fest, dass Lehrpläne eine unglaublich geschwollene Sprache sprechen. Halten wir weiter fest, dass sie dem Unterricht unglaubliche Leistungen zutrauen. Differenziertes Wissen, vernetztes Wissen, Nutzung «medialer und methodischer Arbeitsweisen» und sozial integrierender Arbeitsformen, Steigerung des Grades an «Reflexion emotionaler Bedingungen bei der Bearbeitung und Beurteilung von Sachverhalten», Verantwortungsübernahme: «Das Verfügen über ein solches Handlungsrepertoire ist für eine verantwortungsbewusste Mitwirkung bei der Entwicklung, Gestaltung und Bewahrung von Räumen Voraussetzung.» Dreiundzwanzig Seiten lang ergeht sich der besagte Erdkunde-Lehrplan in solch hochtrabenden Erwartungen an Vierzehnjährige und ihre Lehrer, bevor auch nur ein konkretes Wort über Geographie fällt. Halten wir also fest, dass Lehrpläne dazu dienen, der Bildungsverwaltung und ihren vorgesetzten Politikern ein gutes Gewissen dadurch zu machen, dass alle denkbaren Wünschbarkeiten ausformuliert wurden, und zwar im Indikativ: «Die Schüler und Schülerinnen verfügen über ... beschreiben die Bedeutung ... stellen wesentliche Aspekte dar ... zeigen Zusammenhänge ... unterscheiden ... stellen einen Zusammenhang her zwischen ... wenden zentrale Fachbegriffe an.»

Auf Seite 27 fallen dann zum ersten Mal, man erschrickt fast, die Worte «Stadt» und «Dorf», aber der Lehrplan hat nur 33 Seiten, wovon noch zwei Seiten auf Aspekte der Leistungsbewertung verwendet werden. Mit anderen Worten: Der Lehrplan enthält so gut wie nichts zur Lehre, und was er dazu enthält, entbehrt jeglicher Begründung, ja, ergeht sich in Phrasen. Warum gerade dies, weshalb gerade jenes nicht, wieso alles in dieser Reihenfolge und nicht in einer anderen?

Umso besser, könnte man sagen. Lehrpläne sind offenbar nur dazu da, Minister zu beruhigen, eine Eigentätigkeit der

Ministerialbürokratie nachzuweisen und Lehrern zu erlauben, Eltern gegenüber, die Rückfragen haben oder auch nur die Bemerkung machen, dass «Futur II» in der Umgangssprache seltener vorkommt als im Unterricht, die Antwort «Das steht aber so im Lehrplan» geben zu können.

Tatsächlich ist es so harmlos aber nicht. Lehrpläne lenken von den Möglichkeiten ab, die der Unterricht hätte, wenn er sich dort, wo es auf Freiheit ankommt, ganz von ihnen befreien könnte. Sie verwehren es Geschichtslehrern, statt Politik lieber Technikgeschichte zu unterrichten oder Wilhelm II. einen unguten Mann sein zu lassen, um exemplarisch lieber das englische Kolonialreich näher anzuschauen. Sie verpflichten Mathematiklehrer, innerhalb von wenigen Wochen Maße und ihre Umrechnung, Maßstäbe, das Lesen von Tabellen und erste Schritte in der Geometrie zu unterrichten, statt sich an den Schwierigkeiten orientieren zu können, die Schüler mit einzelnen Aufgabentypen und Arten von Mathematik haben. Sie geben dem Unterricht einen Takt vor, der es nicht erlaubt, dem Interesse von Schülern an einem bestimmten Thema länger zu folgen, weil man ja zu etwas anderem kommen muss, auch wenn in Fächern wie Biologie, Erdkunde, Literatur oder Religion überhaupt nicht zu sehen ist, wieso alles, was drankommt, drankommen *muss* und wichtiger sein soll als alles, was weggelassen werden kann.

Lehrpläne kosten also nicht nur die Arbeitszeit derjenigen, die sie verfassen, und die Nerven derjenigen, die sich an sie halten sollen. Sie kosten vor allem Phantasie und Eigentempo des Unterrichts. Und sie marinieren im Verbund mit den Verkäufern von Lehrmitteln – also Schulbüchern, Arbeitsblättern und Unterrichtsratgebern – das Bewusstsein der Lehrerschaft, indem sie beispielsweise das Vokabular der «Kompetenz» zur Standardsprache gemacht haben, in der über Schule zu reden sei. «Wenn sich ein Schüler auf das Abitur vorbereiten und intensiv lernen möchte», heißt es in einem Beitrag der Erziehungswissenschaftler Ralf Schwarzer und Matthias Jerusalem zur «Selbstwirksamkeit» als Schlüsselbegriff, «sich aber dem Druck seiner Freunde ausgesetzt sieht, die ihn zu gemeinsamem Surfen im Internet oder Besuchen von Partys auffordern, benötigt er ein gewisses Maß an Überzeugung eigener Widerstandskompetenzen (resistance self-efficacy), um diesen Versuchungen nicht nachzugeben.» Außerdem brauche der Schüler noch Kompetenzen im Zeitmanagement und in Arbeitstechniken (action self-efficacy), dafür, sich gegen Rückfälle abzuschirmen (coping self-efficacy), und die Überzeugung, sich von Ausrutschern – doch auf die Party gegangen – wieder erholen zu können (recovery self-efficacy). Man sagt also nicht, der Schüler müsse einsichtig und verzichtbereit sein, sondern er müsse von seinen Widerstands- und Rückfallüberwindungskompetenzen überzeugt sein. Wer wundert sich, wenn Leute, die so sprechen, sich schwer damit tun, einem Jugendlichen zu sagen, dass er heute Abend besser lernt, weil manche guten Partys später für ihn gar nicht stattfinden werden, wenn er durchs Abitur fällt?

Die Sprache der Lehrpläne und ihrer Einflüsterer trägt dazu bei, die Unterrichtsziele fast beliebig zu vermehren. Zweitens verwischt sie den Unterschied zwischen dem, was unterrichtet werden kann, und dem, was allenfalls ein sozialisatorischer Nebeneffekt von Unterricht ist. Und drittens entwöhnt sie die Lehrer eines realistischen Blicks auf Schüler, indem diese als Bündel von unterscheidbaren Selbststeuerungsmechanismen (resistance, action, coping, recovery) dargestellt werden, die zu ölen und am Laufen zu halten das eigentliche Ziel des Unterrichts sei, ohne dass irgendjemand zu sagen wüsste, wie denn «recovery self-efficacy» kultiviert werden soll.

Was Schulen gegenüber Lehrplänen und überhaupt gegenüber der Schulaufsicht brauchen, ist mehr Autonomie. Sie sollte die Einstellung ihres Personals und seines Einsatzes betreffen, Schwerpunktsetzungen im Fächerkanon, Kooperationen mit der Umwelt der Schule, etwa mit der Wirtschaft, kulturellen Einrichtungen oder Vereinen. Warum müssen alle Schulen den Unterricht zur gleichen Zeit beginnen und enden lassen? Weshalb mussten alle der Abschaffung des Samstagsunterrichts folgen, obwohl ständig geklagt wird, man habe zu wenig Zeit, um wichtige neue Unterrichtsfächer in den Stundenplan zu integrieren? Weil es dafür beamtenrechtliche und tarifvertragliche Gründe gibt? Weshalb jede Schule denselben Regelungen unterworfen werden soll, wenn es dafür gar keine schulspezifischen Argumente gibt, bleibt ein Geheimnis. Wieso ist die Stundenverteilung für die Fächer unabhängig von lokalen Eigenheiten der Schule festgelegt, ja, sogar die Anzahl von Stunden, die für ein bestimmtes Teilgebiet der Mathematik oder Geschichte oder Chemie zur Verfügung steht? Warum entsteht Varianz zwischen den Schulen hier zumeist aufgrund von Lehrermangel und Krankenständen, aber nicht aufgrund bewusster Entscheidungen?

Es gibt beispielsweise ein Gymnasium in Basel, in dem der Schultag mit Hausaufgaben beginnt, die als Vorbereitung und nicht als Nachholen des Unterrichts verstanden werden. Das muss in der Stundentafel vorgesehen sein, wenn es nicht die Schulzeit insgesamt ausdehnen soll. Hätten deutsche Schulen die Freiheit für so etwas? Vielleicht, wenn sie gegenüber Schulämtern sehr hartnäckig sind oder die Schulleitung ein Geschick für brauchbare Randlegalität hat. Vorgesehen ist es nicht, dass Kollegien aufgrund ihrer oder fremder Erfahrungen zu besonderen Lösungen kommen, wie unterrichtet werden soll. Kommt es zu solchen Lösungen und sind sie erfolgreich, qualifizieren sich die Schulen allerdings oft für den Deutschen Schulpreis. Wer die Beschreibungen der dort ausgezeichneten Schulen liest, stößt auf ein ganzes Spektrum von Anregungen, was alles variiert werden kann. Das Herstellen einer überschaubaren Schule durch Zerlegung von Riesenanstalten in kleinere Einheiten mit eigenen Lehrerzimmern und einer dadurch begünstigten Lehrergemeinschaft und zwei Klassenlehrern, immer ein Mann und eine Frau, pro Klasse, die sich wechselseitig informieren und separat ansprechbar für die Schüler sind. Hausbesuche bei Eltern, mit denen formell Unterstützung vereinbart wird. Die Öffnung der Schule in den Sommerferien für Schüler, die etwas nachholen müssen. Die Hilfe von älteren Schülern für jüngere, die sich schwertun. Schüler, die ihre Schule selbst bauen und restaurieren. Das hauptschulische Heranführen an Arbeit diesseits von Ausbildungsberufen. Die realschulische Kooperation mit ehrenamtlichen Senioren aus dem Bereich Handwerk, um auf Ausbildungsberufe vorzubereiten. Tanz als Pflichtfach bis Klasse 9 und Türkisch als mögliches Abiturprüfungsfach bei Intensivkursen in Deutsch von der fünften Klasse an. Die Einbettung von Schulen in dörfliche Strukturen, die Integration von Werkstätten, die Einführung von Profilklassen, die über nichtfachlichen Zusatzunterricht definiert werden, etwa in Technik, einer Sportart oder einem Musikinstrument. Die Reduzierung der Fächer, für die in einem Halbjahr gelernt werden muss, zugunsten einer intensiveren Beschäftigung mit den verbleibenden. Das Einbeziehen von lokalen Honoratioren in die Beurteilung von Schülerleistungen.

Es sind oft Schulen in besonderen Krisenlagen und mit speziellen Herausforderungen, die sich dafür entscheiden, etwas ganz anderes zu versuchen: Förderschulen, Schulen in bedrückten Wohngebieten, Schulen für chronisch kranke

Kinder, Schulen mit einem hohen Anteil an Migrantenkindern, Hauptschulen, die ihren Klassen keine große Zukunft versprechen können. Das wirft die Frage auf, ob an den Schulen, die so nicht beschrieben werden müssen, gar kein Bedarf an Veränderungen besteht. Und sei es nur das Abweichen von der unsinnigen 45-Minuten-Stunde mit anschließendem Raumwechsel. Gemeint sind hier also nicht jene Veränderungen, die unter dem Titel «Reform» vorgetragen werden und die Schulen gerade nicht als autonome Organisationen adressieren, sondern ihnen bildungspolitisch Programme verordnen. Gemeint sind auch nicht jene Veränderungen, die den Begriff der Reform mit dem der Pädagogik verbinden und von allgemeinen Postulaten über das Wesen des Kindes sowie von Spruchweisheiten ausgehen: «Wir unterrichten hier Kinder und nicht Fächer» oder «ganzheitlich» oder «individualisierter Unterricht» oder «Lehrer als Lernbegleiter». Das klingt alles gut, die Erfahrungen damit sind sehr gemischt; ob solche Sprüche geeignet sind, den Unterricht zu verbessern, hängt wiederum von den lokalen Umständen, dem Lehrpersonal und den Ressourcen ab.

Gemeint sind vielmehr konkrete Veränderungen, die aufgrund von Erfahrungen sinnvoll erscheinen. Gemeint ist aber vor allem eine Schulautonomie, die sich nicht nur auf das listenreiche Hinwegtauchen unter den jüngsten Erlassen oder auf das stoische Aussitzen des letzten Schreis am Pädagogikmodenmarkt beschränkt. Voraussetzung einer solchen Autonomie wäre ein eigenes Schulbudget, das zu hohen Anteilen von der Zahl der Schüler, vom Alter der Lehrkräfte und vom Angebotsumfang abhängig wäre und auch die Personalkosten umfassen würde. Die Lehrkräfte müssten von der Schule selbst eingestellt werden können, aber auch im Extremfall entlassen. Die Besetzung der Leitungsstellen der Schule müsste von einem nichtstaatlichen Aufsichtsgremium besorgt werden, in dem relevante lokale Akteure eine Rolle zu spielen hätten. Und die Schule müsste aus eigener Kraft entscheiden können, ob sie maßgebliche Strukturen verändern, also beispielsweise zur Ganztagsschule übergehen möchte, die einen eigenen Personalbedarf an Psychologen, Ehrenamtlichen, Technikern und Sozialpädagogen hat. Oder, um ein anderes Beispiel zu geben, ob es für sie als weiterführende Schule sinnvoll wäre, sich eine vorgelagerte Grundschule auf demselben Campus zuzulegen.

Eine budgetär selbständige Schule hätte anhand von Indikatoren – in die der Umfang des Unterrichts, der gegeben wurde, ebenso eingehen wie die Zufriedenheit der Absolventen und ihrer Eltern, die Ergebnisse der Prüfungen und die Zusammensetzung der Schülerschaft – sich der Frage zu stellen, ob sie leistet, was von ihr erwartet werden kann. Zugleich befände sie sich in einem Wettbewerb mit anderen lokalen Schulen.

Solchen Wettbewerb sollte man sich nicht reflexhaft sofort als Konkurrenz um die besten Schüler mit den angenehmsten Familienhintergründen vorstellen. Was immer ein «angenehmer Familienhintergrund» wäre, müsste ohnehin mit Schulen diskutiert werden, auf deren Parkplätzen die sinnbildlichen Helikopter stehen und die es in Konfliktfällen über Noten mit Anwälten zu tun bekommen, die die Eltern ihrer Schüler sind. Aber Konkurrenz ist nicht automatisch Konkurrenz um eine solche Klientel. Wären die Mittelzuweisungen je Schüler entsprechend ausgelegt, könnten von einem Wettbewerb der Schulen auch Einrichtungen profitieren, die sich um Hauptschüler oder die sogenannten Sonderschüler kümmern und es nur eben durchdachter tun als andere Institute. Es geht um Vergleiche. Familien aller Art sollten die Möglichkeit haben, zwischen Schulen wählen zu können und durch ihre Entscheidung die Bemühungen von Schulen um Schüler aller Art zu honorieren.

Ob für eine solche Vergleichbarkeit zentrale Leistungstests notwendig sind, wie der Bildungsökonom Ludger Wößmann gefordert hat, muss im Lichte der Erfahrungen diskutiert werden. Wir haben im Kapitel über die Probleme des Zentralismus schon davon gesprochen. Dass mit externen Abschlussprüfungen bessere Schulleistungen einhergehen, wird durch Schaubilder suggeriert, die unter den Bundesländern schon im ersten Pisa-Test Bayern, Sachsen und Baden-Württemberg vorne sahen, als viele Bundesländer noch kein Zentralabitur hatten. Abgesehen davon, dass «X geht mit Y einher» keine sehr verlässliche Ursachenanalyse darstellt, weil auch «männlich» mit «Staatsrechtsprofessur» einhergeht, ohne dass der Beitrag der Männlichkeit zur Durchdringung des Grundgesetzes klar wäre, abgesehen davon also wäre die Frage zu stellen, ob heute, da seit einigen Jahren außer Rheinland-Pfalz alle zentral prüfen, Bremen und Nordrhein-Westfalen aufgeholt haben. Haben sie nicht. Viel wichtiger noch ist der Einwand, dass solche Vergleichstests nicht nur etwas über die Qualität der Schule, sondern auch etwas über die Qualität der Schüler aussagen, weshalb Wößmann eine statistische Anpassung der erreichten Leistungen an den sozioökonomischen Hintergrund der Schülerschaft vorschlägt. Man kann sich leicht vorstellen, welche schulpolitischen Kämpfe um diesen «Milieu-Bonus» ausgetragen würden und wie es in Bremen-Huchting zuginge, wenn Eltern dort die Leistungen des Gymnasiums in Schwachhausen, wie Wößmann lapidar formuliert, «einforderten».

Tatsächlich aber ist hohe Schulautonomie nicht ohne regelmäßige Beurteilung von außen zu haben. Eine Form der Beurteilung ist die Nachfrage nach Plätzen an solchen Schulen, eine andere die Begutachtung, eine dritte das Abschneiden der Absolventen in Aufnahmeverfahren der an die Schulzeit anschließenden Einrichtungen, vor allem der Hochschulen. Solche Aufnahmeverfahren wären die natürliche Reaktion auf mehr Freiheit im vorgelagerten Bereich. Wir gehen kein großes Risiko mit der Prognose ein, dass in den kommenden Jahren Aufnahmeprüfungen an Universitäten zunehmend üblich werden. Aber schon lange vorher gibt es Möglichkeiten einer Selbsteinschätzung von Unterrichtsergebnissen, die einen verantwortlichen Umgang mit Autonomie erlauben. Als ein Beispiel sei hier nur das im Schweizer Kanton St. Gallen ausprobierte «Klassencockpit» genannt, ein Testsystem, das es Lehrern von der dritten bis zur neunten Schulklasse erlaubt, den Kenntnisstand der eigenen Klasse mit dem anderer Klassen zu vergleichen, ohne dass die Schulbehörden eingeschaltet oder auch nur informiert werden.

Die deutschen Erfahrungen mit Modellversuchen selbständiger Schulen haben es nicht einmal zu medialer Prominenz gebracht, und die Versuche selbst sind, wenn man von Mecklenburg-Vorpommern absieht, auch weitgehend im Sande verlaufen. «Keiner will mehr Schulleiterin oder Schulleiter werden», war ein Stoßseufzer aus Nordrhein-Westfalen, nachdem dort die erhöhten Zuständigkeiten mit erhöhten Kontrollen, mehr Zielvereinbarungsbürokratie, mehr Datenerhebungen und Rechenschaftspflichten einhergegangen waren, ohne dass der zusätzliche Zeitbedarf irgendwie kompensiert worden wäre. 450 offene Schulleitungsstellen wies das einschlägige Jobportal zuletzt aus, die allermeisten, mehr als 350, an Grundschulen. An die am Modellversuch beteiligten Schulen waren jeweils zwischen dreißig- und vierzigtausend Euro verteilt worden sowie eine halbe Lehrerstelle. Weitere Mittel konnten durch Nichtbesetzung von Lehrerstellen mobilisiert werden, die den Schulen im Modellversuch gutgeschrieben wurde, was in den Kollegien gewiss auf große Begeisterung gestoßen sein dürfte. Für jede wesentliche Änderung an der Organisation des Unterrichts, der Stundentafel, der Lerngruppen und so weiter war eine vorherige Beratung der Schulleitung durch die obere Schulaufsichtsbehörde obligatorisch. So also soll Autonomie aussehen: Nicht die Schulbehörde kommt zur Schule und lässt sich erläutern, was diese vorhat, um gegebenenfalls offen die eigene Sicht auf die Dinge zu vertreten, sondern die Schulleitung wird ins Schulamt zitiert! Eine halbe Lehrerstelle für die Schulen, aber eine zentrale Projektberatung durch die Bertelsmann-Stiftung und auf vier Schulen ein Aufsichtsbeamter als weitere Quelle von Terminen, Sitzungen, Protokollen und Korrespondenzen! Das Verhältnis zwischen den Instanzen muss vollständig zerrüttet sein, wenn man das «selbständige Schule» nennt.

Schulautonomie ist also kein Selbstläufer, sondern bedarf genauso wie Innovationen im Unterricht einer konkreten Anschauung der Probleme, die sie lösen soll, sowie eines Geists der Freiheit und der Nachdenklichkeit. In Schweden beispielsweise existiert seit Anfang der neunziger Jahre ein System staatlicher Bildungsgutscheine, über das die Schulen finanziert werden. Staatliches Geld wird also von privaten Haushalten verteilt, wobei sich der Wert eines Bildungsgutscheins an den Ressourcen bemisst, die eine Gemeinde für die staatliche Schule vorsieht. Zwischen den Gemeinden gibt es einen Finanzausgleich, sodass die Bildungsgutscheine auch bei vollem Werterhalt über die Grenzen einer Gemeinde hinaus verwendet werden können. Die Schulqualität einer Gemeinde soll also nicht von ihren Steuereinnahmen abhängig sein. Das hat dazu geführt, dass zumindest in Ballungsräumen, in denen verschiedene Schulen gleich gut erreichbar sind, staatlich unabhängige Schulen und ein Wettbewerb von Schulen untereinander entstanden sind. In den ersten zehn Jahren nach Einführung der Bildungsgutscheine erhöhte sich der Anteil der Schüler, die in unabhängigen Schulen unterrichtet wurden, von knapp einem auf knapp sechs Prozent, heute beträgt er mehr als ein Viertel der Gymnasiasten. Etwa ein Drittel dieser Schulen wird von Bildungsunternehmen betrieben, etwa vierzig Prozent entfallen auf Montessori- und Waldorfschulen, den Rest machen kirchlich gebundene und Schulen mit ethnischem Hintergrund aus. Eine Vielzahl solcher Schulgründungen wurde von Eltern angestoßen, die mit den Leistungen der staatlichen Schulen unzufrieden waren.

Was in Schweden jedoch nicht hinreichend beachtet wurde, war die Tatsache, dass Bildungsunternehmen einer Kontrolle ihrer Gewinnentnahmen bedürfen – wenn man nicht möchte, dass ihr Gesichtspunkt ausschließlich Profitabilität ist. Können Bildungsgutscheine, wie im Fall eines in Konkurs gegangenen schwedischen Schulunternehmens, dazu verwendet werden, die Kapitalkosten der Firma zu bedienen, dann handelt es sich um einen erheblichen Konstruktionsfehler des Wettbewerbsrahmens. Dasselbe gilt für die beanstandete Praxis, mittels großzügiger Notenvergabe Eltern und Schüler anzulocken. Ohne externe Evaluation durch erfahrene Schulleute, lokale Vergleichsarbeiten und den kommunalen Austausch von Schulen untereinander würden autonome Schulen nur andere Probleme erzeugen als die herkömmlichen, aber keine Lösungen.

Größere Schulautonomie ist nach allem, was wir wissen, ein Beitrag zu besserem Unterricht. Nicht zuletzt sollte es freie Schulwahl geben, um die Eltern in Bündnisse mit der Schule zu verwickeln, die ihnen nicht zugewiesen wurde, sondern für die sie sich entschieden haben. Autonome Schulen bedeuten für Schulleitung, Lehrkörper und Eltern allerdings mehr Zusammenarbeit und zeitlichen Aufwand. Die Schule wird von einem Dienstleister zu etwas, für das auch Dienste geleistet werden müssen, was zu Lasten der Freizeit aller geht. Es könnte sein, dass gute Bildung genau darauf hinausläuft: dass alle Beteiligten sich mehr darum und um die Freiheit kümmern, die sie voraussetzt. Ein Anfang wäre schon gemacht, wenn mehr darüber als über Pisa-Tabellen, Prozentpunkte vom Bruttoinlandsprodukt oder Schulclouds diskutiert würde.

XIV. KAPITEL

Was zu tun ist: Erziehung

Alle glücklichen Familien, so lautet einer der berühmtesten Anfangssätze der Literaturgeschichte, gleichen einander, jede unglückliche Familie ist auf ihre eigene Weise unglücklich. Wie kam Leo Tolstoi, der so seinen Roman «Anna Karenina» beginnen lässt, auf dieses «Gesetz»? Nun, er stellte sich vermutlich vor, dass das Glück einer Familie von einer ganzen Reihe von Bedingungen abhängt, die alle erfüllt oder wenigstens gleichmäßig wirksam sein müssen, damit die Familie glücklich ist: die Liebe der Eheleute zueinander, die Liebe zu den Kindern, das Auskommen, die Freiheit, die gelingende Erziehung der Kinder, die Religion, also die Zuversicht. Um eine Familie unglücklich zu machen, genügt es hingegen, wenn eine dieser Bedingungen nicht erfüllt ist, weshalb es verschieden unglückliche Familien gibt.

Mit der Schule verhält es sich anders. Ihr Gelingen hängt von vielem ab, aber es muss nicht alles perfekt sein, damit Unterricht gelingt. Die Leute sind in Schulen mit vierzig Kindern pro Klasse groß geworden und nicht alle gescheitert, sie waren schlechte Schüler und wurden erfolgreich im Beruf, sie haben von sanften Lehrerinnen gelernt und von solchen, die bis zur Sinnlosigkeit streng waren. Manchen fiel zur Schule gar nichts ein, aber sie schleppten sich gelangweilt durch. Andere waren fleißig bis zum Umfallen, und es hat meistens etwas genutzt. Wieder andere erinnern sich heute noch an einzelne Stunden, nur nicht daran, was in ihnen «dran» war. Bei alldem scheint es oft, als seien eigentlich nur die Extremwerte der besonderen Sorge wert: einerseits Schüler, die herausfallen, die ohne Zeugnis und, viel schlimmer noch, ohne Sprechfähigkeit und Orientierung im Denken abgehen; andererseits die viel angesprochenen Hochbegabten, die vom Unterricht stark unterfordert erscheinen und für die darum eigene Kurse, eigene Klassen, eigene Schulen eingerichtet werden. Wobei man sich fragt, wer auf diesen Schulen dann eine Drei in Hochbegabtenmathematik bekommt.

Die Mitglieder dieser beiden Gruppen bekommen Diagnosen, alle anderen bekommen irgendetwas zwischen zwei plus und drei minus. Sie stehen im Halbschatten der Aufmerksamkeit, weil ihnen weder große Probleme noch glanzvolle Momente zugeordnet werden können. Hierin liegt eines der großen Defizite der Schulen, dass nämlich die meisten Schüler und Schülerinnen gar nicht Gegenstand von Begabungsbeschreibungen werden: Über die Dreier denkt niemand nach, nur über die Fünfer, denen die Begabung für den Unterricht fehlt, und für die dann im besten Fall nach Ersatzbegabungen und Nachbeschulungsmöglichkeiten gesucht wird, und über die Einser, denen man anbietet, schon während der Schulzeit Universitätskurse zu besuchen, bei Olympiaden mitzumachen oder Einzelunterricht zu nehmen, also Spezialisten ihrer Begabung zu werden. Mit dem großen Mittelfeld hingegen, den meisten also, spricht niemand intensiv, ganz so, als wären sie aufgrund ihrer Mehrzahl als Einzelne nichts Besonderes. Oft schließen sie die Schule erfolgreich ab, haben ein ordentliches Zeugnis. Mitunter ist der unauffällige Dreier dann sogar ein unauffälliger 1,8er, weil sich der Höhepunkt der Gauß-Verteilung von Noten deutlich nach rechts verschoben hat. Aber sie wissen trotzdem nicht, woran sie mit sich sind und was sie nun tun sollen. Denn sie haben immer nur alles mit dem halben Interesse derjenigen absolviert, die sich sicher waren, das Wichtige komme erst nach der Schule und bis dahin müsse man einfach nur irgendwie durchkommen.

Das kann eine ganz verständige Einstellung zur Schule sein. Jedoch nur, wenn die Interessen und also die Bereitschaft, Risiken einzugehen, von woanders herkommen, aus dem Bereich der Hobbys beispielsweise oder durch die konkrete Anschauung beruflicher Tätigkeit von Erwachsenen, der Eltern etwa. Etwas gerne zu machen, noch besser können zu wollen und sich vorstellen zu können, damit auch künftig viel Zeit zu verbringen, mag durch die Schule vermittelt werden. Dass beispielsweise «Lesenkönnen» gesellschaftlich weit über das Lob der Fähigkeit, Texten Informationen zu entnehmen, hinaus honoriert wird, ist ein ganz unwahrscheinlicher Umstand. Manche von uns verdanken ihm ein halbes Leben. Dasselbe gilt aber auch für Mathematik, Chemie, Geschichte oder Musik. Jedes dieser Fächer kann, gut unterrichtet, zu biographischen Weichenstellungen führen. Und zwar selbst dann, wenn der gute Unterricht in ihnen nicht dazu führt, dass die Schüler Musiker werden oder Mathematiker. Es genügt, dass sie sich in eine Richtung bewegt sehen, Anregungen aufnehmen, Interessen ausbilden und Aufmerksamkeit aufbringen. Wer das alles an einem prominenten Fall nachvollziehen möchte, sei exemplarisch auf die wunderbaren Erinnerungen des späteren Psychiaters Oliver Sacks verwiesen, die unter dem Titel «Onkel Wolfram» die vollständige Hingabe eines Jugendlichen an die Chemie schildern.

Doch was teilt die Schule denen mit, die nicht auf solche

Angebote anspringen? Die sich nicht stark einlassen auf kognitiv anregende Felder? Zu wenig, wenn man sieht, wie orientierungsarm sie immer größere Schülergruppen entlässt, die nicht wissen, was sie studieren oder wie sie nach der Schule weitermachen sollen. Immer größer, weil der Anteil derjenigen an einem Jahrgang, die Abitur machen, stetig zugenommen hat und also auch die Gruppe derer von mittlerem Interesse am Unterricht. Inzwischen kümmern sich, je nach Zahlungsbereitschaft der Eltern, eigene Beratungsagenturen darum herauszufinden, was sie auf der Schule eigentlich selbst hätten herausfinden sollen: wo ihre Begabungen liegen. Nicht zuletzt ist der Zustrom zu Studienfächern wie Jurisprudenz und Betriebswirtschaftslehre auch deshalb so hoch, weil sie das Versprechen zu enthalten scheinen, einem mittleren Interesse sowie weiterem Selbstfindungsbedarf ohne Risiko entgegenzukommen. Nichts gegen Betriebswirtschaftslehre, sie kann – sieht man vielleicht vom Unterfach «Steuerlehre» ab – ein ungemein reizvolles, abwechslungsreiches und gedankenreiches Feld sein. Aber die wenigsten wählen BWL aus diesem Grund, sondern weil sie sich dadurch einer Antwort auf die Frage enthoben sehen, warum sie gerade das und nichts anderes studieren.

Die Schule, die solche Absolventen entlässt, hat nichts katastrophal falsch gemacht, aber sie ist unter ihren Möglichkeiten geblieben. Zu ihren Möglichkeiten gehört nämlich das Setzen von Anreizen, sich selbst zu erkunden, nicht zuletzt dadurch, dass die Lehrkräfte auch den mittleren Schülern sagen, wie sie ihnen vorkommen, auch über deren Begabungen nachdenken, den Unterricht so erteilen, dass die Klasse als ganze «anspringt».

Es gibt also die scheiternde Schule, die unglücklich wird durch ein Verhalten von Schülern, das Unterricht unmöglich macht: Gewalttätigkeit, Absenz, Störung, Verachtung, Apathie. Andere Schulen, und das sind weitaus mehr, leiden darunter, dass sie die Aufmerksamkeit der Schüler nicht mehr gewinnen, oder nur situationsweise oder nur eine geschäftsmäßige Aufmerksamkeit, die auf das formale Erfüllen irgendwelcher Erwartungen gerichtet ist, sich aber am Lernen im aufgeschlosseneren Sinne desinteressiert zeigt. Darauf mit unterhaltsamer Lehre im Sinne des vielfältigen Medieneinsatzes, der ständigen Abwechslung in den Themen und Lehrmethoden, des Zeitvertreibs in Projekten oder durch vermeintliche Lebensnähe der Unterrichtsstoffe zu reagieren, heißt, den Kampf um die Aufmerksamkeit schon verloren gegeben zu haben. Genauso aber ist es Resignation, wenn ein begründungslos stofforientierter Unterricht unter der Illusion, irgendetwas bleibe schon hängen, sich ganz dem Bann ergibt, den Prüfungen über das Schulgeschehen verhängen.

Unglückliche Schulen sind solche, denen Erziehung in diesem Sinne nicht mehr gelingt, die sich also auf Sozialisation plus Prüfungsgeschehen zurückziehen. Wenn Schulen es aber mit anderen Sozialisationsinstanzen aufnehmen wollen, geht das nur in dem Maße, in dem sie sich als erziehende Einrichtungen begreifen. Sie müssen dann definieren, was ihren Absichten frommt und was nicht, was mithin diese Absichten sind und welches Verhalten, das ihre Verwirklichung verhindert, nicht hingenommen wird. Dazu gehört die Störung genauso wie die Unaufmerksamkeit, das Nichtlernen, die ausgestellte Gleichgültigkeit. Das Missliche an vielen Schulen ist nicht, dass es an ihnen zu wenige Möglichkeiten gibt, etwas Interessantes zu lehren und zu lernen, sondern der Unwille vieler Teilnehmer am Unterrichtsgeschehen, der Schüler wie der Lehrer, die vorhandenen Möglichkeiten zu nutzen. Darauf zu insistieren, dass die Schule nicht nur einen biographischen Warteraum bildet, in dem die wichtigste Veränderung seiner Insassen der Erwerb von Zeugnissen darstellt, ist entscheidend.

Was aber kann es heißen, dass Schulen sich als Organisationen mit einem Erziehungsziel begreifen sollten? Ist das nicht nur ein weiterer Eintrag auf ihrer langen Sollensliste? Nun, es ist der wichtigste Eintrag, alle anderen Sollensvorstellungen, die sich an die Schule herantragen lassen, verlieren an Kraft, wenn nicht festgehalten wird, worum es geht: darum, Kinder und Jugendliche an eigene Lebensführung durch Lernen und ein lernfreundliches Verhalten heranzuführen. Das schließt sachliche wie soziale Zuwendung ein, Höflichkeit, die Beachtung von Regeln sowie die Bereitschaft, sich selbst zu verändern. «Die Lehrerin bittet Johanna in der Pause, das Arbeitsblatt vom Boden aufzuheben» – der Schweizer Erziehungswissenschaftler Roland Reichenbach hat an diesem Beispiel die Frage aufgeworfen, unter welchen Umständen eine solche Aufforderung als erzieherische Handlung bezeichnet werden kann. Fast möchte man antworten: unter allen Umständen, sofern auf den Erfolg oder Misserfolg einer solchen Bitte reagiert wird, sofern also entweder vorwegnehmend, begleitend oder nachfolgend die Gründe – und es mögen die unterschiedlichsten Gründe sein – einer solchen Bitte artikuliert oder bewusst nicht artikuliert werden. Nicht das auf dem Boden liegende Blatt, sondern seine bisherige Nichtbeachtung durch die Schüler oder, allgemeiner ausgedrückt, die Frage, was eine freundliche Unterrichtsumgebung ist und wer sich darum zu kümmern hat, wäre hier das erzieherische Thema. Das Unterstreichen von Absicht und von normativen Erwartungen, die dem Erwerb kognitiver Orientierung dienlich sind, das Beachten von Konsistenz beim Formulieren und Durchsetzen solcher Erwartungen sowie eine lernfreundliche Kommunikation darüber, sind für Erziehung ausschlaggebend. Oder eine lernfreundliche Nichtkommunikation, denn auch nicht zu begründen, kann mitunter günstig für Erziehung sein, weil es Regeln in ihrer Selbstverständlichkeit zu unterstreichen vermag.

Eine der ersten Regeln, die Schulkinder lernen, ist die Unerwünschtheit hineingerufener Beiträge, eine Regel, die günstigenfalls einmal begründet wird und dann nicht mehr, sondern am besten sichtbar im Klassenraum angeschrieben steht. Zusammen mit anderen nicht verhandelbaren Erwartungen: zuhören, wenn andere sprechen, die Verwendung der Worte «bitte» und «danke», das Bleiben am Platz und so weiter. Solche Regeln werden Schulen, die sich als Lerngemeinschaften verstehen, auch an ihre Lehrer adressieren, etwa was ihren Spielraum an Sanktionen angeht, die Menge und den Zweck von Hausaufgaben oder die Art, wie Schüler und Schülerinnen angesprochen werden. Ohne jedes Detail der Kommunikation zu regeln, haben solche Normen, sofern sie beachtet werden, den Vorteil, den einzelnen Unterricht und die einzelne Lehrperson nicht unnötig dem Vergleich auszusetzen: «Bei Herrn Storch dürfen wir das aber.»

Jede Schule sollte das, wovon sie diesseits des Schulrechts nicht wünscht, dass es ins Belieben individuellen Verhaltens gestellt wird, selbst artikulieren und andere Akzente setzen können, jede Schule mag eine andere Regelungsdichte bevorzugen. Ob auf dem Pausenhof Ball gespielt werden darf, ob «Nachsitzen» eine probate Reaktion auf disruptives Verhalten ist oder wie die Schüler von Klassenraum zu Klassenraum wandern, kann so oder anders geregelt werden. Nur der Verzicht auf die Deklaration «Wir machen das hier so» gefährdet die Glaubwürdigkeit des Erziehungsziels, und zwar nicht zuletzt, weil es auf die Artikulation eines «Wir» verzichtet.

Dagegen nutzt der Übergang von einer «Meine Klasse»-Einstellung zu einer «Meine Schule»-Haltung sowohl auf Seiten der Lehrkräfte wie der Schüler. Sie stabilisiert Erwartungen, informiert neue Schüler und neue Lehrer über den Kontext, in dem sie sich jetzt befinden, und regt zugleich zur Reflexion an, was denn aus welchen Gründen für alle gelten soll, von der Schulordnung über die Profilbildung der Schule bis zum fächerübergreifenden Unterricht. Was an vielen Schulen nottut, ist die Entwicklung eines solchen schulischen Wir. Es kann an der Herkunft der Schüler ansetzen, an Fächern oder Fächergruppen, die herausgehoben werden, an einer Konfession oder an der Umwelt der Schule, also beispielsweise, ob sie in einer Großstadt angesiedelt ist, auf dem Land oder in der Nähe einer Landesgrenze. Oder es kann auf die konkrete Krisenlage einer Schule reagieren, in der Unterricht gefährdet ist, weil die hohe Störanfälligkeit von Interaktion einen hohen Reiz ausübt, sie tatsächlich zu stören, wenn nicht mit Sanktionen gerechnet wird oder die zur Verfügung stehenden Sanktionen keine Anreize enthalten. Wenn allerdings ein darauf reagierendes schulisches Wir, das beispielsweise Anwesenheit, ziviles Verhalten und das kleine Einmaleins zur unbedingten Priorität erklärt, von einer Schulaufsicht konterkariert wird, die auf individualisiertem Lernen und Freiarbeit besteht, wie zuletzt im Fall der Berliner Integrierten Friedrich-Bergius-Sekundarschule, tritt erneut die lokale Schulautonomie zusammen mit pädagogischem Widerstand gegen Phrasen als Bedingung von gelingender Erziehung hervor.

Die Maßnahmen, die nötig sind, um schulische Ordnung zu gewährleisten, müssen nach allen Erfahrungen keineswegs drakonisch sein. Oft handelt es sich nur um das Festhalten an dem, was über Generationen hinweg an Minimalwohlverhalten erwartet wurde. Nur kämpfen solche Erwartungen heute mit einer schulischen Umwelt, die vielfach anders, nämlich schulinadäquat sozialisiert. An der Einsicht, dass Schulen gegen solche Umwelten anerziehen müssen, führt nichts vorbei. Wer glaubt, der Unterricht könne problemlos im Einklang mit außerschulischen Verhaltensdispositionen erfolgen, wird sich in einer großen Anzahl von Fällen eines Schlechteren belehrt sehen. Die jüngere Schulentwicklung hat darauf mit Listen von sozialen Kompetenzen reagiert, die im Unterricht zu entwickeln seien, von der Teamfähigkeit über die Toleranz bis zur Bereitschaft, sich in Frage zu stellen. Aber Moral, lässt sich mit einem englischen Wortspiel sagen, «is caught, not taught», sie wird durch Anschauung erworben, nicht in Kursen. Insofern trägt eine nach Regeln geführte Schule mehr zur moralischen Bildung bei als ethische Unterrichtseinheiten.

Schulklassen sind Gemeinschaften. Die Anstrengung, Schulen ebenfalls als eine Mischung aus universalistischen, fachlichen und moralischen Verpflichtungen sowie partikularen Selbstfestlegungen zu begreifen, lohnt sich: Spielt Sport eine besondere Rolle? Gibt es Kontakte ins Ausland, und in welches? Wie stark werden Kontakte zur Berufswelt gepflegt? Was machen wir aus der Tatsache, dass die meisten Schüler Muslime sind? Was bedeutet es für die Schule, dass die Schüler relativ weite Schulwege haben? Sollen ältere Schüler zu Diensten herangezogen werden? Die alte Unterscheidung von Gymnasien nach altsprachlicher, naturwissenschaftlicher oder musischer Orientierung deutete ein solches schulisches Wir an. Es besagte im Einzelfall allerdings oft denkbar wenig, weil die jeweilige Bezeichnung am Ende nur noch Schwerpunkte in der Stundentafel meinte, aber keinem Nachdenken mehr entsprach, welchen Sinn diese Angebote haben sollten. Aus nachvollziehbarer Scheu vor dem Gebrauch festredenhafter Selbstbeschreibungen ließ man es darum vielerorts, was das schulische Wir angeht, mit der Fremdsprachenwahl und dem Angebot bestimmter Leistungskurse bewenden. Für Haupt- und Realschulen waren Überhöhungen ihres Selbstverständnisses ohnehin nie vorgesehen. Doch es geht eben gar nicht um solche Überhöhungen, sondern um konkrete Erziehungsabsichten, die an verschiedenen Weggabelungen des Unterrichts, an denen die eine Richtung so gut wie die andere eingeschlagen werden kann, begründet für eine bestimmte Richtung sprechen. Das schulische Wir ist dabei nicht zuletzt eine wichtige Komponente in der Kommunikation mit den Eltern, die nach guten Gründen suchen, weshalb ihre Kinder gerade auf dieser Schule sind und nicht auf einer anderen. Unglücklich die Schule, die darauf keine Antwort geben kann.

Das Erziehungsziel, aus Kindern Personen zu machen, indem man sie befähigt nachzudenken, etwas zu verstehen, zu argumentieren und sich zu artikulieren, legt es nahe, auch die Schulklassen nicht nur als soziale Behälter mit zufälliger Befüllung aufzufassen. Sondern als Gruppen, die an sich arbeiten, indem sie an aufschlussreichen Weltausschnitten arbeiten. Schule ist Arbeit, Schülersein ist ein Beruf. Arbeit zu umgehen, ja, zu missachten, etwa indem man nur die Zusammenfassung von Literatur liest, die im Unterricht behandelt wird, ist unter diesem Aspekt genauso wenig ein lässlicher Verstoß wie Schwänzen, ja, es ist eine Form von Schwänzen. Wenn nämlich nur die Noten, die Gelegenheit, Freunde zu treffen, und die zukünftige Karriere interessieren, aber nicht die Sachen selbst, kommt es durchschnittlich zu jener Orientierungsarmut, die sich, was den weiteren Lebenslauf angeht, stärker äußerlichen Anreizen oder Imitationsverhalten, also den Massenmedien aussetzt, als es nötig und klug wäre. Desinteresse am Unterricht ist eine Form von Selbstschädigung. Deswegen dürfen die Lehrenden den Schülern gegenüber keine fatalistische

Einstellung pflegen, so als sei es das Schicksal bestimmter Stoffe – und womöglich sogar der Schule insgesamt –, für die meisten uninteressant und bloße Pflichtübung zu sein.

Wer an dieser Stelle allerdings nicht ganz darauf setzen will, dass an jeder Schule ausreichend Lehrkräfte vorhanden sind, die aufgrund ihrer Persönlichkeit in der Lage sind, ihre Klassen zu motivieren, muss sich fragen, welche anderen Ressourcen ins Spiel gebracht werden können. Über die Bedeutung der Familien haben wir schon gesprochen. Ein erfahrener Schulmann aus den Vereinigten Staaten notierte vor zwanzig Jahren, dass nicht viele amerikanische Schulen ein genuin intellektuelles Klima aufrechterhalten können ohne eine kritische Masse an Schülern aus jüdischen oder asiatischen Familien. Das will – ohne bestimmte Lernkulturen bestimmten ethnischen Hintergründen zuzuschreiben – sagen, dass die Bereitschaft zu lernen, mit Ideen zu spielen, Beobachtungen nachzugehen und Kulturtechniken beharrlich zu üben, nicht aus dem erzieherischen Nichts entsteht. Es wird, wenn umgekehrt Schüler nach dreizehn Jahren Unterricht nicht wissen, was sie mit sich und dem ihnen in dieser Zeit Angebotenen anfangen sollen, offenbar auch in den Familien zu wenig über ihre Begabungen nachgedacht und zu wenig über die Welt als kognitive Herausforderung gesprochen. Für die Familien gilt also entsprechend, dass sie unter ihren Möglichkeiten bleiben, wenn sie sich vor allem als Sozialisationsinstanz und nicht als Erziehungsgebilde begreifen, in dem die Eltern Anwälte der Welt gegenüber dem Kind, das sie nicht kennt, und Anwälte des Kindes gegenüber der Welt sind, der es sonst schutzlos ausgeliefert wäre. Also beispielsweise Verteidiger des Lesens, Redens, Schreibens, Denkens, die beides leisten: Kenntnis und Distanzierung.

Eine andere Ressource der Erziehung, die zur Bereitschaft

anreizt, sich an ihr zu beteiligen, ist die Vielfalt an Lehrmodellen. Wer vieles bringt, wird manchem etwas bringen, oder *variatio delectat* – Abwechslung macht Freude. Jedes Lehren, das nicht nur Informationen übertragen, sondern Personen verändern will, erfolgt unter der Prämisse seiner Unvollständigkeit. Bildbeschreibungen sind keine Argumentationen, und man kann Bilder nicht nur beschreiben, sondern auch vermessen. Logik ist nicht Handwerk, etwas zu assoziieren geht anders, als etwas zu analysieren, mit Zahlen kann man rechnen oder phantasieren. Ein Dialog ist keine Vorlesung, eine Gerichtsrede kein Beweis. Es gibt also ein ganzes Spektrum an neu und anders ansetzenden Zugängen zu kognitiven Problemen. Besser als Versuche eines Unterrichts, der auf unterschiedliche Lerntypen abgestimmt ist, die es der psychologischen Folklore zufolge geben soll, obwohl die Forschung sich dazu und zum individualisierten Lernen eher skeptisch verhält, besser also als ein maßgeschneiderter Unterricht ist das Üben von unterschiedlichen Herangehensweisen an dieselbe Aufgabe. Neu anzusetzen, erfrischt den Verstand, und wer durch Logik oder Lektüre leicht ermüdbar ist, mag sich in das Unterrichtsgespräch wieder einschalten, wenn es sich praktischen oder anschaulichen Fragen an denselben Gegenstand zuwendet. Die diagnostische Fähigkeit der Lehrperson wiederum kann sich darin beweisen, die Erfahrungen mit solch unterschiedlichen Wegen, an eine Sache heranzugehen, in die Beurteilung der Schülerleistungen eingehen zu lassen. Dass man systematisch denkenden Köpfen empirische Aufgaben und fleißigen Lernern solche der Spekulation geben soll, ist eine bewährte Maxime. Ihre Anwendung setzt voraus, dass der Unterricht es erlaubt, beispielsweise systematische, assoziative und «down-to-earth»-Köpfe zu unterscheiden. Das Verteidigen von Positionen unabhängig davon, ob man sie selbst einnehmen würde, gehört dann ebenso zu diesem Arsenal an Motivationsressourcen wie die Bereitschaft, Konflikte einzugehen oder sich praktisch zu betätigen: Versuche aufzubauen, Hörspiele zu produzieren oder Gerichte zu kochen.

Das alles, eine Schule, die sich als erziehend versteht und eigene Standards dafür entwickelt, Familien, die das auch tun, sowie ein Unterricht, der intrinsische Motive zur Teilnahme an ihm im Blick behält, kann nichts daran ändern, dass manche Schüler die gestellten Aufgaben lösen und andere nicht. Die Verlogenheit der Kompetenz-Orientierung, wie sie zurzeit die schulischen Selbstbeschreibungen fest im Griff hat, besteht nicht zuletzt darin, das zu leugnen und den Begriff des Lernerfolgs so weit zu fassen, dass Schüler, die anwesend sind, praktisch gar nicht anders können, als die Schule voller Kompetenzen wieder zu verlassen. Auch wenn es nur Unterstreich-Kompetenzen sind, die Kompetenz, etwas in einem Register zu finden, oder die Kompetenz, bei Gruppenarbeit nicht zu stören.

An etwas zu scheitern, ist schulisch normal, und die Gründe dafür sind ihrerseits vielfältig: mangelnder Fleiß, Konzentration oder Spezialisierung auf anderes, Renitenz, falsche Organisation des Lernens. Dabei gehört zum Erziehen ein besonderer Zurechnungsstil, der das Scheitern nicht auf unveränderliche Faktoren zurückführt. Etwas nicht zu können, kann verschieden verarbeitet werden: durch mehr Einsatz, Nachfragen, Überdenken, ob die Aufgabe angemessen war, Zuwendung zu Aufgaben, die lösbarer erscheinen und so weiter. Umgekehrt führt die unterschiedliche Art, wie im Erfolgsfall gelobt wird, nachweislich zu unterschiedlichen Auffassungen von Können. Gegenüber «du bist schlau», sagen Kognitionspsychologen, sei «du hast dich angestrengt» vorzuziehen, weil im Umkehrschluss auch Misserfolg nicht als persönliche Qualität interpretiert wird, sondern als Aufforderung, etwas zu ändern. Die Anhimmelung von «Kreativität» etwa, der literarische Geniekult oder die Erzählung von den angeborenen Begabungen sind pädagogisch genauso riskant wie der Diskurs über Chancenungleichheit, der nahelegt, einen statistischen Befund als Urteil über ein Individuum fehlzuinterpretieren. Scheitern darf weder geleugnet noch euphemistisch behandelt, noch zu einer großen Sache gemacht werden. Eher streng benoten, eher weich versetzen, wäre eine Folgerung hieraus, die Unterscheidung von Fehlern, denen Bemühen voranging, und Fehlern, die aus Desinteresse gemacht wurden, eine andere. Die Fehlerdiagnose selbst, die «Logik der Irrtümer», gehört zu den zentralen Aufgaben einer durchdachten Lehre. Man kann sogar, «Finde den Fehler», ganze Unterrichtsstunden darauf aufbauen, welche nachvollziehbaren Irrtümer die Geschichte der Erkenntnis verlangsamt haben.

Je mehr man weiß, desto leichter fällt einem das Erlernen von etwas Neuem – weil es so neu für einen dann gar nicht mehr ist. Das heißt umgekehrt, dass eine Schule, die erhebliche Stoffmassen durch die Klassenzimmer pumpt, um in Prüfungen, nach denen dann vieles wieder vergessen wird, herauszufinden, wer was kann, fast zwangsläufig die Abstände zwischen denen erhöht, die leicht lernen, und den anderen, denen es schwerfällt. Der Zeitbedarf, um etwas aufzuholen, wird unterschätzt, für viele Schüler kommt etwas Neues oft schon, wenn sie das Alte noch gar nicht verstanden haben. Sie selbst sind ebenfalls verführt, das Ausmaß an Anstrengung zu unterschätzen, das nötig wäre, um Rückstände auszugleichen, zumal es mit Verzicht auf unterhaltsamere Freizeitbeschäftigungen einhergeht. Auch hier liegt es auf der Hand, dass die

Unterstützung in den Familien einen erheblichen Einfluss darauf hat, ob trotz eines solchen Verzichts gelernt wird.

Erziehung ist anstrengend, sehr anstrengend, nicht zuletzt, weil ihr Gelingen davon abhängt, dass sie sich anspruchsvolle Ziele setzt, also solche, hinter denen sie zurückbleiben kann. Die guten Problemlösungen profilieren sich meist erst durch die gemischten Erfahrungen, die also gemacht werden müssen. Jeder Rat steht unter dem Vorbehalt, dass er lokal stark modifiziert werden muss, was allerdings voraussetzt, dass lokal überhaupt Handlungsspielräume existieren. Denn Erziehung ist ein lokales Geschehen, das viele prinzipielle Herangehensweisen an den Unterricht leicht widerlegt. Instruktiv ist es darum, Erfahrungen zu vergleichen; es ist wichtig für Schulen und Lehrer, sich mit anderen Schulen und Lehrern auszutauschen, am besten ohne Moderation durch die Weiterbildungsindustrie und ihre Vorwegnahmen dessen, was guter oder effektiver Unterricht sei. Aber auch das, der Austausch über die Schulgrenzen hinweg, bedeutet Anstrengung, Zeitaufwand, Reflexion. Die «sehr sensible Profession» (Jürgen Oelkers) der Lehrer, die unter dem Eindruck ständig zunehmender Belastungen steht, wird selbst in Vorschlägen, die Schule müsse zu ihrem Kerngeschäft zurückfinden und sich zu diesem mehr Gedanken machen, zusätzliche Aufgaben wittern, denen keine kompensatorische Entlastung vom Hin und Her der Bildungsreformen gegenüberstehen wird.

Dennoch ist dies das Plädoyer: Rückkehr zum Kerngeschäft, Fokussierung auf den Unterricht, Abstand von gesellschaftspolitischen Illusionen und mehr Bereitschaft, die Mühen wie die Möglichkeiten erziehenden Unterrichts anzuerkennen. Wir wissen inzwischen, dass es keinen direkten Zusammenhang zwischen sozialer Ungleichheit und Bildungserfolgen gibt. Länder mit hoher Einkommensungleichheit können in schulischen Vergleichstests sehr gut und sehr schlecht abschneiden. Länder, die viel Geld für Bildung ausgeben, haben dadurch nicht automatisch eine bessere Bildung. Manche Länder, deren Schüler in Leistungsvergleichen gut abschneiden, haben eine hohe Jugendarbeitslosigkeit. Andere Länder, in denen die Aufstiegsquoten im Bildungssystem gering sind und nur ein kleiner Teil der Schüler die Oberstufe erreicht, können sich, was die Leistungen der Schüler und ihre anschließende Berufssituation angeht, sehen lassen. Kurz: Die sozialstatistischen Durchschnitte sind für die Qualität von Schulen so wenig aussagekräftig wie oberflächliche Strukturbetrachtungen. Denn es gehen in sie so viele Faktoren ein, die unberücksichtigt bleiben, wenn aus Durchschnitten schulpolitische Folgerungen gezogen werden: der Erziehungsstil der Familien, die didaktischen Einstellungen des Lehrkörpers und seine Fachausbildung, der Medienkonsum, ja, der Konsum überhaupt, der Anteil und die Herkunft nichtlandessprachlicher Schüler, die Unterrichtsmaterialien, der Urbanisierungsgrad einer Gesellschaft, die Bereitschaft aller Beteiligten, Anstrengungen auf sich zu nehmen, das Schulrecht und so weiter.

Vor allem aber: Erziehung ist ein Vorgang an Personen, an einzelnen Kindern und Jugendlichen. Sie leben nicht im Durchschnitt, sie sitzen nicht als Durchschnitte in den Klassen, sie treten nicht als Durchschnitte ins Unterrichtsgespräch ein. Sondern mit Begabungen und Handicaps, mal neugierig, mal gelangweilt, unterschiedlich vorbereitet, unterschiedlich geneigt, sich zu beteiligen, erzogen und unerzogen. Die Vorstellung, alles sei aufgrund ihrer Herkunft schon entschieden, bevor sie das Klassenzimmer betreten, ist genauso defätistisch und falsch wie die Vorstellung, am besten überlasse man sie ihrem eigenen Tempo, ihrer eigenen Neugierde und ihrer eigenen Lernbereitschaft, damit sie sich selbst bilden. Der eine

Irrtum ist, man könne sie nichts lehren, der andere, man dürfe es nicht und solle es jedenfalls möglichst wenig, wenn man Lernen erwarte. Denn in Wahrheit sei Erziehung Bildung, und Bildung sei etwas, das aus Personen nur heraushole, was in ihnen schon drin sei, Bildung entwickle nur. Tief drin im Kind stecken also Futur II, das Periodensystem und die Einsicht in die Notwendigkeit, sich zu melden, bevor man spricht.

In beiden Einstellungen, im soziologischen Fatalismus wie im reformpädagogischen Laisser-faire, zieht sich Autorität zurück. Die wichtigste Feststellung über Erziehung sei, so schrieb dazu einst der in paradoxen Formulierungen nicht überbietbare englische Essayist Gilbert K. Chesterton, dass es sie gar nicht gebe. Denn Erziehung sei nicht etwas wie «Theologie» oder «Kriegshandwerk» oder «Geologie». Diese Fächer handeln von etwas, von Gott, Soldaten oder Steinen. Erziehung hingegen handele nicht von Dingen, sie sei nur eine Methode. Zur Theologie verhalte sie sich wie die Post zu einem Liebesbrief. Man kann Kinder dazu erziehen, nicht vor dem Frühstück und nicht ungekämmt aus dem Haus zu gehen, ihre Hausaufgaben zu machen und «Robinson Crusoe» zu lesen. Man kann sie auch dazu erziehen, nicht ohne Bier aus dem Haus zu gehen, die Schule zu verachten und auf keinen Fall «Robinson Crusoe» zu lesen, sondern entweder gar nichts oder nur den Wikipedia-Eintrag zu jedem Buch. Man kann sie unterrichten, Fleisch zu essen, sei unmoralisch, oder dass im Leben vor allem die Wirtschaft oder das Abendland oder die Freundlichkeit oder das Internet wichtig sei. Nur eines kann man ihnen nicht lehren: dass es keine Autorität gibt, sondern nur Individuen und die Demokratie und vielleicht noch die Intelligenz von Schwärmen und dass sie alles am besten selbst herausfinden sollen. Denn wenn man ihnen all das lehrte, wäre auch das Autorität. Es sei, so Chesterton, vergeblich, Erziehung das Dogmatische zu nehmen, denn das Dogma sei das Einzige, was von der Erziehung nicht getrennt werden könne. Ein undogmatischer Lehrer sei einfach ein Lehrer, der nicht lehrt.

Das aber heißt, dass nichts in den Herzen und Köpfen (alphabetische Reihenfolge) der Kinder ankommt, das nicht zuvor in den Herzen und Köpfen der Erwachsenen war. Kein Kind zurückzulassen, ist eine gute Maxime, aber ihr zu folgen setzt voraus, dass die Lehrer und Lehrerinnen ebenfalls nicht hinterdreinlaufen. Schüler unterrichten kann nur, wer etwas zu lehren hat: «Wir können ihnen», so Chesterton, «nicht Bürgersein lehren, wenn wir keine Bürger sind, wir können sie nicht befreien, wenn wir das Bedürfnis nach Freiheit selbst vergessen haben.» Kinder merken es, wenn wir nicht an das glauben, was wir ihnen sagen, und darum können wir ihnen nicht lehren, woran wir selbst zweifeln, sei es nun Höflichkeit, Logik, Mietrecht oder «Gedichtsanalyse in vier Sprachen».

LITERATURHINWEISE

Kapitel 1

Heinz-Dieter Fokuhl: Probleme der Fugenmorphologie bei Determinativkomposita. Ein Forschungsbericht, Hannover 1999 ■ Jean Paul: Über die deutschen Doppelwörter. Eine grammatische Untersuchung in zwölf alten Briefen und zwölf neuen Postskripten, in: Werke, Bd. 54, Berlin 1879 ■ Jean-Robert Pitte: Stop à l'arnaque du bac: plaidoyer pour un bac utile, Paris 2007 ■ Hans Peter Klein: Vom Streifenhörnchen zum Nadelstreifen. Das deutsche Bildungswesen im Kompetenztaumel, Springe 2016 ■ Jürgen Oelkers: «Kinder sind anders, aber wie?», Vortrag in der Autostadt Wolfsburg, www.ife.uzh.ch/de/ueberuns/emeriti/oelkersjuergen/vortraegeprofoelkers/vortraege2007.html ■ Heike Hölling u.a.: «Verhaltensauffälligkeiten bei Kindern und Jugendlichen. Erste Ergebnisse aus dem Kinder- und Jugendgesundheitssurvey», in: Bundesgesundheitsblatt – Gesundheitsforschung – Gesundheitsschutz 50 (2007).

Kapitel 2

Alison Wolf: Does Education Matter? Myths about Education and Economic Growth, London 2002 ■ David Card: «The Causal Effect of Education on Earnings», in: Handbook of Labor Economics, Bd. 3, Amsterdam 1999 ■ Bryan Caplan: The Case against Education: Why Our Education System Is a Waste of Time and Money, Princeton 2018 ■ Thomas Babbington Macaulay: «Government of India», in: ders.:

Speeches by Lord Macaulay with His Minute on Indian Education, Oxford 1935 ■ Robert A. Dreeben: Was wir in der Schule lernen, Frankfurt am Main 1980.

Kapitel 3
Rainer Geißler: «Die Metamorphose der Arbeitertochter zum Migrantensohn. Zum Wandel der Chancenstruktur im Bildungssystem nach Schicht, Geschlecht, Ethnie und deren Verknüpfungen», in: Peter A. Berger/Heike Kahlert (Hrsg.): Institutionalisierte Ungleichheiten. Wie das Bildungswesen Chancen blockiert, Weinheim/Basel 2005 ■ Rolf Becker, Wolfgang Lauterbach (Hrsg.): Bildung als Privileg. Erklärungen und Befunde zu den Ursachen der Bildungsungleichheit, Wiesbaden 2016 ■ James S. Coleman: «Families and Schools», in: Educational Researcher 16 (1987) ■ Inken Keim: «Sprachförderungsprojekte an Mannheimer Grundschulen mit hohem Migrantenanteil», in: Arbeitspapiere und Materialien zur deutschen Sprache 37 (2011) ■ James S. Coleman: «Recent Trends in School Integration», in: Educational Researcher 4 (1975) ■ Niklas Luhmann: «Codierung und Programmierung: Bildung und Selektion im Erziehungssystem», in: ders.: Schriften zur Pädagogik, Frankfurt am Main 2004.

Kapitel 4
Franz E. Weinert: «Vergleichende Leistungsmessung in Schulen – Eine umstrittene Selbstverständlichkeit», in: ders. (Hrsg.): Leistungsmessung in Schulen, Weinheim/Basel 2001 ■ Jill Larkin u. a.: «Expert and Novice Performance in Solving Physics Problems», in: Science 208 (1980) ■ Jürgen Baumert u. a.: «PISA 2000: Untersuchungsgegenstand, theoretische Grundlagen und Durchführung der Studie», in: ders. u. a. (Hrsg.): PISA 2000: Basiskompetenzen von Schülerinnen und Schülern im internationalen Vergleich, Opladen 2001 ■ Roland Reichenbach: Für die Schule lernen wir. Plädoyer für eine gewöhnliche Institution, Seelze 2013 ■ Eckhard Klieme u. a.: Zur Entwicklung nationaler Bildungsstandards. Eine Expertise, Berlin 2003 ■ Heinz Klippert: Methoden-Training. Übungsbausteine für den Unterricht, Weinheim/Basel 1994 ■ Helmut Stövesand: «Schulentwicklung nach Klippert. Über den Anspruch, mittels Dressur Selbständigkeit zu för-

dern», in: Pädagogische Korrespondenz 26 (2000) ■ E.D. Hirsch Jr.: Cultural Literacy. What Every American Needs to Know, New York 1988 ■ Robert Peal: Progressively Worse: The Burden of Bad Ideas in British Schools, London 2014 ■ Daniel T. Willingham: Why Don't Students Like School? A Cognitive Scientist Answers Questions about How the Mind Works and What It Means for the Classroom, San Francisco 2009 ■ John R. Anderson: «ACT: A Simple Theory of Complex Cognition», in: American Psychologist 51 (1996).

Kapitel 5
Margrit Stamm: Die Psychologie des Schuleschwänzens. Rat für Kinder, Eltern und Bildungspolitiker, Bern 2008 ■ Daisy Christodoulou: Seven Myths about Education, London 2014 ■ dies.: Making Good Progress? The Future of Assessment for Learning, Oxford 2017 ■ James Heckman u.a.: «The Rate of Return to the High/Scope Perry Preschool Program», in: Journal of Public Economics 94 (2010) ■ W. Steven Barnett: Preschool Education and Its Lasting Effects: Research and Policy Implications, Tempe 2008 ■ Klaus Klemm: Finanzierung und Ausstattung der deutschen Grundschule. Gutachten im Auftrag des deutschen Grundschulverbandes, Essen 2016 ■ Stephen Krashen: Second Language Acquisition and Second Language Learning, Oxford 1981 ■ Nils Jaekel u.a.: «From Early Starters to Late Finishers? A Longitudinal Study of Early Foreign Language Learning in School», in: Language Learning 67 (2017) ■ Hartmut Esser: Sprache und Integration. Die sozialen Bedingungen und Folgen des Spracherwerbs von Migranten, Frankfurt am Main 2006 ■ Agi Schründer-Lenzen: Schriftspracherwerb, Wiesbaden 2013 ■ Ralph Köhnen (Hrsg.): Einführung in die Deutschdidaktik, Stuttgart 2011 ■ Wolfgang Steinig/Dirk Betzel: «Schreiben Grundschüler heute wirklich schlechter als vor 40 Jahren? Texte von Viertklässlern aus den Jahren 1972, 2002 und 2012», in: Albrecht Plewnia/Andreas Witt (Hrsg.): Sprachverfall? Dynamik – Wandel – Variation, Berlin 2014 ■ Andreas Gold u.a.: Wir werden Textdetektive. Lehrermanual, Göttingen 2004 ■ Achim Raven: Plappern macht Schule. Zwischenbemerkung zu Schule und Sprache, Düsseldorf 2017 ■ Brigitte Kronauer: Rita Münster, Stuttgart 1988 ■ Niklas Luhmann: Short-Cuts, Frankfurt am

Main 2000 ■ Tilmann Warnecke u. a.: «Der Aufstand der Mathelehrer», in: Der Tagesspiegel, 22. März 2017 ■ Astrid Baumann: «Kompetenzmodell und Mathematikdefizite», Manuskript (abrufbar auf der Webseite der Frankfurt University of Applied Sciences) ■ Robert Peal: Progressively Worse: The Burden of Bad Ideas in British Schools, London 2014 ■ Günter Krauthausen: Einführung in die Mathematikdidaktik – Grundschule, Wiesbaden 2018 ■ ders.: «Kopfrechnen, halbschriftliches Rechnen, schriftliche Normalverfahren, Taschenrechner: Für eine Neubestimmung des Stellenwertes der vier Rechenmethoden», in: Journal für Mathematik-Didaktik 14 (1993) ■ Paul A. Kirschner u. a.: «Why Minimal Guidance during Instruction Does not Work: An Analysis of the Failure of Constructivist Discovery, Problem-Based, Experiential, and Inquiry-Based Teaching», in: Educational Psychologist 41 (2006) ■ David Klahr/Milena Nigam: «The Equivalence of Learning Paths in Early Science Instruction: Effects of Direct Instruction and Discovery Learning», in: Psychological Science 15 (2004) ■ Josef Leisen: «Ein Text – zehn Strategien. Strategien zur Bearbeitung von Sachtexten», in: Unterricht Physik 17 (2006).

Kapitel 6

Jürgen Oelkers: «Bewerten und Noten: Standards des Gymnasiums», www.ife.uzh.ch/de/ueberuns/emeriti/oelkersjuergen/vortraegeprof oelkers/vortraege2012.html ■ H. Schreiber: «Gegen Prüfungen und Noten», in: Zeitschrift für Philosophie und Pädagogik 6 (1899) ■ Wiebke Hüster: «Noten oder Kommentare?», in: Frankfurter Allgemeine Sonntagszeitung, 30. Oktober 2005 ■ Kurt Crone: «Die Vernunft der Schulnote», in: Frankfurter Allgemeine Sonntagszeitung, 28. Januar 2007 ■ Daisy Christodoulou: Making Good Progress? The Future of Assessment for Learning, Oxford 2017 ■ Ayesha Ahmed/ Alistair Pollitt: «The Support Model for Interactive Assessment», in: Assessment in Education: Principles, Policy and Practice 17 (2010) ■ Austin Booth: «Question Level Analysis: The Good, the Bad and the Ugly», www.flexassessment.com/2017/09/18/question-level-analysis-the-good-the-bad-and-the-ugly/ ■ Jasper Green: «Question Level Analysis in Science», http://thescienceteacher.co.uk/question-level-analysis/ ■ Daniel T. Willingham: Why Don't Students Like School?

A Cognitive Scientist Answers Questions about How the Mind Works and What It Means for the Classroom, San Francisco 2009 ▪ Marcel Helbig/Tatiana Morar: «Warum Lehrkräfte sozial ungleich bewerten. Ein Plädoyer für die Etablierung tertiärer Herkunftseffekte im werterwartungstheoretischen Standardmodell der Bildungsforschung», in: WZB-Discussion Paper 5 (2017).

Kapitel 7
Adriaan D. De Groot: Het Denken van den Schaker, Amsterdam 1946 (engl.: Thought and Choice in Chess, Den Haag 1978) ▪ Herbert A. Simon: «Creativity in the Art and Sciences», in: The Kenyon Review 23 (2001) ▪ Daniel T. Willingham: Why Don't Students Like School? A Cognitive Scientist Answers Questions about How the Mind Works and What It Means for the Classroom, San Francisco 2009 ▪ Philip W. Jackson: Life in Classrooms, New York 1989 ▪ Robert Scoles: The Rise and the Fall of English. Reconstructing a Discipline, New Haven 1998 ▪ James Gray: How Animals Move, Cambridge 2013.

Kapitel 8
Richard Susskind/Daniel Susskind: The Future of the Professions. How Technology Will Transform the Work of Human Experts, Oxford 2017 ▪ Carl Benedikt Frey/Michael Osborne: The Future of Employment. How Susceptible are Jobs to Computerization?, Oxford 2013 ▪ Roberto Simanowski: Stumme Medien. Vom Verschwinden der Computer in Bildung und Gesellschaft, Berlin 2018 ▪ John Hattie: Visible Learning. A Synthesis of Over 800 Meta-Analyses Relating to Achievement, London 2008 ▪ A.T. Kearney: The Digital School, Chicago 2013 ▪ Clifford Stoll: High-Tech Heretic. Why Computers Don't Belong in the Classoom and Other Reflections by a Computer Contrarian, New York 1999 ▪ Andreas Breiter u. a.: IT-Ausstattung an Schulen: Kommunen brauchen Unterstützung für milliardenschwere Daueraufgabe, Bertelsmann-Stiftung, Gütersloh 2017.

Kapitel 9
Thomas Götz u. a.: «Einsatz von Unterrichtsmethoden – Konstanz oder Wandel?», in: Zeitschrift für Empirische Pädagogik 19 (2005) ▪

Miriam Vock/Anna Gronostaj: Umgang mit Heterogenität in Schule und Unterricht, Friedrich-Ebert-Stiftung, Berlin 2017 ■ John Hattie: Visible Learning. A Synthesis of Over 800 Meta-Analyses Relating to Achievement, London 2008 ■ Martin Beck: Unterrichtsgespräche. Zwischen Lehrerdominanz und Schülerbeteiligung, St. Ingbert 1994 ■ Andreas Helmke: «Interview», in: Lehren & Lernen 39 (2013) ■ Catherine Haeck u. a.: «The Distributional Impact of a Universal School Reform on Mathematical Achievements: a Natural Experiment from Canada», in: Economics of Education Review 41 (2014) ■ Robert Peal: Progressively Worse: The Burden of Bad Ideas in British Schools, London 2014 ■ Cathy Watkins: Project Follow Through. A Case Study of Contingencies Influence Instructional Practices of the Educational Establishment, Cambridge, Mass. 1997 ■ Gabriel Heller Sahlgren: Real Finnish Lessons. The True Story of an Education Superpower, Surrey 2015 ■ John R. Anderson/Christian Lebiere: The Atomic Components of Thought, Mahwah 1998 ■ John R. Anderson u. a.: «Perspectives on Learning, Thinking, and Activity», in: Educational Researcher 29 (2000) ■ Jürgen Oelkers: «Schule und Wettbewerb: Neue Perspektiven für Leistung und Qualität», Vortrag Biblis 2007, www.ife.uzh.ch/de/ueberuns/emeriti/oelkersjuergen/vortraegeprofoelkers.html.

Kapitel 10
Tanjev Schulz/Klaus Hurrelmann (Hrsg.): Bildung und Kleinstaaterei. Brauchen wir mehr Zentralismus?, Weinheim 2012 ■ William G. Howell/Paul E. Peterson: The Education Gap. Vouchers and Urban Schools, Washington 2006.

Kapitel 11
Niklas Luhmann: «Codierung und Programmierung: Bildung und Selektion im Erziehungssystem», in: ders.: Schriften zur Pädagogik, Frankfurt am Main 2004 ■ James S. Coleman: «Families and Schools», in: Educational Researcher 16 (1987) ■ David Elkind: Das gehetzte Kind, Bergisch Gladbach 1999 ■ Hannah Arendt: «Die Krise in der Erziehung», in: dies.: Zwischen Vergangenheit und Zukunft. Übungen im politischen Denken 1, München 1994 ■ Thomas Kerstan: Was unsere Kinder wissen müssen, Hamburg 2018 ■ Sherry Turkle:

Reclaiming Conversation. The Power of Talk in a Digital Age, New York 2015.

Kapitel 12
John Hattie: Visible Learning. A Synthesis of Over 800 Meta-Analyses Relating to Achievement, London 2008 ■ Andreas Gruschka: Lehren, Stuttgart 2014 ■ Hannah Arendt: «Die Krise in der Erziehung», in: dies.: Zwischen Vergangenheit und Zukunft. Übungen im politischen Denken 1, München 1994 ■ Dan C. Lortie: Schoolteacher. A Sociological Study, Chicago 1975 ■ Quentin Skinner: Forensic Shakespeare, Oxford 2018 ■ Ralph Köhnen (Hrsg.): Einführung in die Deutschdidaktik, Stuttgart 2011 ■ Martin Wagenschein: Verstehen lehren – genetisch – sokratisch – exemplarisch, Weinheim 1999 ■ Willard Waller: The Sociology of Teaching, New York 1932 ■ Daniel T. Willingham: Why Don't Students Like School? A Cognitive Scientist Answers Questions about How the Mind Works and What It Means for the Classroom, San Francisco 2009.

Kapitel 13
Ralf Schwarzer, Matthias Jerusalem: «Das Konzept der Selbstwirksamkeit», in: Selbstwirksamkeit und Motivationsprozesse in Bildungsinstitutionen. Zeitschrift für Pädagogik, Beiheft 44 (2002) ■ Ludger Wößmann: Letzte Chancen für gute Schulen, München 2007.

Kapitel 14
Arthur G. Powell: Lessons from Privilege. The American Prep School Tradition, Cambridge, Mass. 1996 ■ Jürgen Kaube: «Schüler als Beruf», in: Sandra Rademacher/Andreas Wernet (Hrsg.): Bildungsqualen. Kritische Einwürfe wider den pädagogischen Zeitgeist, Wiesbaden 2015 ■ Hannah Arendt: «Die Krise in der Erziehung», in: dies.: Zwischen Vergangenheit und Zukunft. Übungen im politischen Denken 1, München 1994 ■ Frank Coffield u.a: Should We Be Using Learning Styles? What Research Has to Say about Practice, London 2004 ■ Gilbert K. Chesterton: What's Wrong With the World?, London 1910.

Das für dieses Buch verwendete Papier ist FSC®-zertifiziert.